产教融合、校企合作开发教材

财经内控体系建设科研创新团队成果教材

21 世纪高职高专规划教材 ◆ 商贸类系列

经济学基础

（第二版）

JINGJIXUE JICHU

主　编　黄　倩　秦　川

副主编　潘　伟　刘盛坤　涂　悦

参　编　周世兵　熊梦鸿　谢　睿

　　　　牟　莉　杨作亚

中国人民大学出版社

·北京·

第二版前言

本书注重适用性，以“基本知识和基本理论够用”为原则来取舍内容，努力做到针对性强，结构合理。在编写中注重理论联系实际，力求满足应用型人才培养的需要。在课程设计中，首先按照职业能力的要求把理论学习、动手能力、分析问题和解决问题能力的培养结合在特定的案例及实训任务中。其次，教材建设以项目为导向，以任务为驱动，采用全新的教材编写体例，并在文中穿插导入案例和实训任务，在每一个项目后都设计有项目技能训练题目。整个设计符合现代高职院校“以学生为中心”的教学理念，充分体现出工学结合、项目导向、任务驱动的教学模式。

本教材主要以经济类工作岗位的职业技能和职业素养为重点，坚持“理论系统，注重应用”的课程建设原则，将现实生活中反映经济学理论和知识的实际例子贯穿于整个课程中，从而充分体现教材的专业性、职业性和实践性；本教材包括微观经济学和宏观经济学两部分，总体介绍了经济学的基本原理、分析工具与方法、理论运用和政策分析。主要内容包括：市场理论，消费者行为理论，厂商行为理论，国民收入核算与决定论，经济增长和经济周期，宏观经济政策，等等。本书以习近平新时代中国特色社会主义思想为指导，全面融入党的二十大精神，始终把提高学生的思想道德素质与专业素养融为一体，培养学生诚实守信、爱岗敬业等优秀品质，为中国式现代化建设提供高技能人才支撑。通过本教材的学习，一方面使学生掌握现代经济学的基本理论、基本概念和基本方法，为进一步学习财经类的专业课程及将来从事经济工作奠定基础；另一方面使学生能分析日常生活和工作中常见的经济现象，帮助学生做出更加优化的决策。

本书既适合高职高专学生学习经济学课程使用，也可作为教师教学参考书和教师手册，同时可供社会上经济管理干部以及社会读者阅读参考。为方便教学，本书配有配套电子课件和项目技能训练题详细的参考答案，凡选用本书做教材的教师均可免费获取。

本书由重庆城市管理职业学院的黄倩和秦川担任主编，共同设计教材体例、内容框架和拟定写作大纲；重庆城市管理职业学院的潘伟、刘盛坤、涂悦担任本书副主编，参与审稿和修改工作；参加编写的人员还有重庆城市管理职业学院谢睿、周世兵、熊梦鸿、牟莉和杨作亚。具体编写分工如下：潘伟编写项目一；黄倩编写项目二和项目三；熊梦鸿编写项目四；秦川编写项目五；牟莉编写项目六；刘盛坤编写项目七；涂悦编写项目八；谢睿编写项目九；杨作亚编写项目十；周世兵编写项目十一。最后的统稿工作由黄倩和秦川共同完成。

本书在编写过程中，我们拜读了国内外许多专家和学者的论著，并借鉴了其中部分内容，在此谨向他们表示深深的感谢。同时，对书中的不足和遗漏之处，望各位专家学者、老师、同学见谅并给予批评指正，以便再版时修订完善。

编　者

目　录

项目一　走进经济学　1

任务一　学会选择与放弃　3
任务二　了解经济学十大原理　8
任务三　了解微观和宏观经济学的基本内容和方法　14

项目二　揭开需求、供给与均衡价格理论的面纱　19

任务一　了解需求理论　20
任务二　学习供给理论　25
任务三　认识均衡理论及其运用　28
任务四　熟悉弹性理论及其运用　34

项目三　学会理性消费　43

任务一　认识效用　44
任务二　认识基数效用论　45
任务三　认识序数效用论　51

项目四　透视厂商理论　61

任务一　了解厂商的生产活动——投入与产出　62
任务二　了解短期生产函数　65
任务三　了解长期生产函数　68

项目五　分析成本与收益　77

任务一　认识成本与短期成本函数　78
任务二　了解长期成本函数　84

项目六　探析市场理论　93

任务一　了解市场类型　95
任务二　了解完全竞争市场　98
任务三　了解完全垄断市场　105
任务四　了解垄断竞争市场　110
任务五　了解寡头垄断市场　114

项目七　揭示要素收入理论　121

任务一　了解生产要素的需求和供给　122
任务二　认识劳动和工资　127
任务三　了解土地和地租　129
任务四　了解资本、利息和利润　131
任务五　学习洛伦兹曲线和基尼系数　133

项目八　了解外部性、公共物品与非对称信息　137

任务一　了解市场失灵与外部性　139
任务二　认识公共物品　143
任务三　了解信息不对称与市场失灵　145
任务四　了解政府失灵和微观经济政策　147

项目九　国民收入决定理论　155

任务一　认识国民收入核算方法　156
任务二　理解国民收入核算中的恒等式　160
任务三　计算均衡的国民收入水平　162
任务四　分析国民经济一般均衡水平　167

项目十　失业、通货膨胀、经济增长与经济周期　173

任务一　认识失业理论　175
任务二　认识通货膨胀理论　179
任务三　认识经济周期理论　181
任务四　认识经济增长理论　185

项目十一　宏观经济政策　193

任务一　认识宏观经济政策的种类　195
任务二　分析经济中的自动稳定因素　198

参考文献　204

项目一

走进经济学

学习目标

1. 明确什么是经济学；
2. 了解经济学中的基本概念；
3. 了解经济学的基本原理；
4. 了解经济学的研究方法。

重点难点

1. 生产可能性边界的含义与运用；
2. 经济学基本原理的含义与理解。

项目导言

经济是一个古老的话题，因为人类一开始就面临着经济问题；但经济学却是一门比较年轻的科学，因为在亚当·斯密以前，经济学还不能算作独立的学科，有关的思想或理论往往围绕着哲学、法学或其他学科。如果把1776年亚当·斯密的《国富论》的出版作为经济学形成的标志，那么至今不过有两百多年的历史。然而，由于经济生活在人类社会生活中的基础地位和经济问题对人类社会发展的困扰，使得经济学成为近代以来发展最为迅速的科学之一，经济学成为当今的显学。经济学的殿堂是怎样的呢？

项目导入

——导入案例1-1　关于水资源短缺问题——资源的稀缺性

水，一个沉重的话题。我国是世界上13个贫水国家之一，人均水资源拥有量2 300吨，为全球人均拥有量的1/4。城市贫水状况更为严峻：全国660多座城市中有380座城市缺水，128座城市严重缺水，每年城市缺水量达58亿立方米，由此损失的工业产值达2 300亿元。随着城市人口的增加，水资源的缺口也越来越大。

素有"东方水都"之称的上海，三面临水，头上还顶着"一盆"太湖水，其人均水资源拥有量大大高于全国平均水平。可近些年由于苏州河和黄浦江一些河段受污染，该城市水厂取水口"节节败退"。每到枯水季节，太湖流入黄浦江的水减少，加上受潮水顶托，黄浦江下游的污水和东海咸潮上溯，造成向江浙两省"借水"吃的窘境。

——导入案例1-2　《南柯一梦西》——人的欲望的无限性与选择性的关系

终日奔忙只为饥，方才一饱便思衣；
衣食两般皆俱足，又想娇容美貌妻；
娶得美妻生下子，恨无天地少根基；
买到田园多广阔，出入无船少马骑；
槽头扣了骡和马，叹无官职被人欺；
县丞主簿还嫌小，又要朝中挂紫衣；
做了皇帝求仙术，更想登天跨鹤飞；
若要使人心理足，除是南柯一梦西。

问题1：空气、水、食物、钻石任你选择你最喜欢哪样？

分析：据说，人如果3分钟不呼吸就会憋死，3天不喝水会渴死，7天不吃饭会饿死，对于人的生存来讲，空气是最重要的，其次是水和食物，没有钻石照样能好好活着。那么现在假如问你最喜欢哪样，很多人的答案是钻石。因为对人们来说，空气、水、食物都是很容易得到的。

如果你想要什么就能得到什么，而不要付出任何代价，也就是说这个世界所有资源十分充裕，丝毫不存在"稀缺"，那么你还有偏好吗？你还能够作出选择吗？当然事实并非如此，没有资源的稀缺就不会有经济学，因此经济学认为人的欲望是无穷的，而满足欲望所需的资源是不足的，这种资源的相对有限性就是稀缺性。

无论社会还是个人，稀缺性都是普遍存在的。任何社会和个人都会遇到各种各样的稀缺性问题，正因为存在稀缺性，满足不了人们所有的欲望，才会产生研究它分析它的意愿，以使自己的利益最大化，经济学的研究目标也正是由这种稀缺性决定的。

问题 2：如果给你一个小时的时间，你将用来做什么？

时间是人类最宝贵的资源，如果给你一个小时的时间，你可以用来学习，或睡眠、娱乐，或打工赚钱。俗话说“天下没有免费的午餐”，为了得到我们喜爱的东西，通常就不得不放弃另一件我们喜爱的东西。在此时间是宝贵的，你必须将你的时间作最合理的安排。

因此，这就面临一个选择的问题，经济学所研究的就是稀缺性所引起的选择问题。

任务一

学会选择与放弃

理论知识

经济学是研究稀缺资源在各种可供选择的用途之间如何进行分配的一门学科。经济学的定义隐含了两大核心思想，即物品是稀缺的，社会必须有效率地利用其资源。

一、稀缺性

稀缺性是相对于人们无限的需要而言的，社会资源的数量是有限的，即社会提供再多的资源也是不够的。资源的稀缺性是相对的，是相对于人们无限的需要而言的。但这并不否认人类的无穷欲望，没有无穷的欲望，人类社会和文明就不会进步。

（一）人类的欲望是无穷的

需要是指人们想要得到的任何东西，包括物品、劳务、娱乐、旅游和某种环境。美国心理学家认为每一个人都有一个必须被满足的需要层次，其范围从基本的生理要求到爱、被尊重和自我实现。同一个人在一定时期内对同一种物品（如牛奶或面包）的需要是有限的，但从整体看，人类的需要是无限的。

（二）资源是有限的

资源是指生产要素、投入要素，是用来生产满足需要的物品的东西和劳务。资源可分为经济资源和免费资源。免费资源是指那些不需要付出代价即可获得的资源，而经济资源是指需要付出代价才能获取的资源。

在经济学传统里，经济资源被分为劳动、土地、资本和企业家才能四种要素。

（1）劳动是指由人类提供的所有努力，包括体力和脑力。

（2）土地是一切自然资源的简称。包括由大自然提供的一切，诸如土地本身、空间场所、矿产、森林、水域。土地和劳动被称为“初级生产要素”。

（3）资本是指由劳动和土地生产出来、再用于生产过程的生产要素。包括厂房、机器、设备、道路、原料和存货等。它是一种投入品。

（4）企业家才能是指企业家组织生产、经营管理、勇于创新和承担风险的能力总和，有时将之简称为“企业家”或“管理才能”。

二、资源配置：经济学要解决的主要问题

资源的稀缺性和欲望的无限性是人类社会的基本矛盾。如何解决这个矛盾，就是经济学要研究的主要问题，也就是我们经常说的资源配置问题，即研究如何利用有限的资源生产出最多的产品，最大限度地满足人们的需要。

（一）选择：资源的多用途性与需要的轻重缓急

土地可以生产粮食，又可以作为建筑基地，还可以作为交通用地和绿地。资源的稀缺性表现为用于生产某一种物品的资源多了，生产其他物品的该种资源就会相应减少。因为稀缺，人们不能得到所有想要的东西，不得不在有限的资源下做出选择。

（二）机会成本

从某种意义上说，经济学就是一门关于如何在给定的约束条件下做出最佳选择的学问。任何选择都是有代价的。一旦某一选择已定，便会产生机会成本。机会成本是用所有选择中的最佳选择的价值来度量的；或者用所失去的最佳选择的价值来度量。即为了得到某种东西所必须放弃的最佳东西。

经济学研究就是使决策者在现有信息的情况下，如何使机会成本更小一些。

我们将上述讨论总结在图 1－1 之中。

三、经济学要解决的三大基本经济问题

（一）生产什么

生产什么的问题实质上包括了生产什么品种、生产多少、什么时间以及什么地点生产四个方面的问题。何谓生产呢？生产是将投入转为产出的活动。一个经济系统必须决定产出的水平和构成：生产什么和多少。例如，一吨钢铁用来生产什么，汽车还是飞机？若生

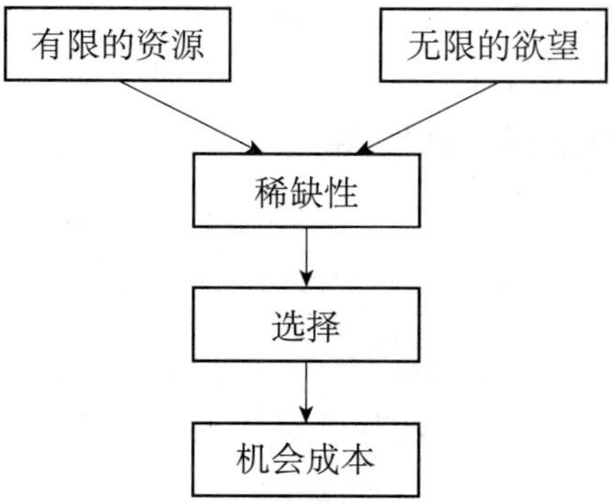

图 1-1　有关稀缺性的关系图

产飞机，生产多少最好？

所谓资源配置就是将生产要素按一定比例进行组合用于生产的活动。调节资源配置的方式主要有计划配置和市场配置两种。

（二）如何生产

一个经济系统必须决定采用什么样的生产方法或资源配置方式来生产预期水平和构成的产品，如何生产包括以下几个方面的问题：其一，由谁来生产；其二，用什么资源生产；其三，用什么技术生产；其四，用什么样的组织形式生产，即怎样生产。如蔬菜，用大棚生产还是传统的生产方式？是资本密集型生产，还是资金、技术密集型生产？要对此做出选择。

（三）为谁生产

为谁生产是指谁来享有生产出来的商品的问题。商品的分配取决于收入的分配。收入高的比收入低的人可以消费更多、更好的商品。为谁生产的问题实质上就是国民收入的分配和消费问题。

四、经济体制和两个基本的经济模型

要想用有限的资源生产出最多的产品，在生产时必须做到有效率：在不使其他人的境况变坏的前提下，一项经济活动如果不再有可能增进任何人的经济福利，那么这项经济活动就是有效率的，这被称为帕累托最优，也叫帕累托效率。

（一）市场经济如何解决三大基本经济问题

1. 生产什么的问题是消费者的“货币选票”所决定的

消费者选择购买某种商品，就是用货币投这种商品及其商品生产者一票。同时，消费者所支付的货币又成为该企业支付生产要素所有者的工资、租金、利息和利润的来源。

2. 如何生产的问题主要由企业之间的竞争决定

对生产者来说，对待价格竞争、实现利润最大化的最佳方法就是采用最为有效的生产手段使之成本最小化。

3. 为谁生产的问题是由生产要素的价格所决定的

要素市场的供需联合决定着工资、租金、利息和利润——它们被称为生产要素的价格。将所有的要素收益加总便得到了总收入。因此，人们的收入分配取决于所拥有的要素数量、质量以及价格。

（二）看不见的手

市场机制中最重要的就是价格体系。在经济学之父亚当·斯密看来，价格就像一只“看不见的手”协调着人们的经济行为及其活动。市场机制之所以会使经济活动有序地进行，就在于价格在市场经济中有两大相关的功能。

第一，价格提供了信息。价格的相对高低在市场经济中反映了商品和生产要素的稀缺程度，它为消费者、生产者以及中间商提供了各自所需的信息。

第二，价格提供了激励。正是价格所提供的信息，加上企业的利润动机，生产者便需决定生产什么、生产多少以及如何生产。

由此可见，价格机制在市场经济条件下具有资源配置的功能。如果价格扭曲，便会出现资源配置失当。

（三）其他经济体制

计划经济体制是指由中央计划生产什么、如何生产、为谁生产，资源的充分利用也依靠计划来实现。

混合型经济以一种经济制度为主，辅助以另一种经济制度。一方面是市场机制或者说是由一只“看不见的手”无意识地协调着人们的经济行为；另一方面，政府也在对一些经济活动进行有意识的干预（即一只“看得见的手”），这势必对人们的经济行为产生影响。这种由市场机制和政府调控相结合的经济便是一种混合经济。

（四）两个经济模型——生产可能性曲线和市场运行图

1. 生产可能性曲线

生产可能性曲线是用来表示在资源既定条件下所能达到的两种要素最大产量的组合。图 1－2 是黄油和大炮的生产可能性曲线。

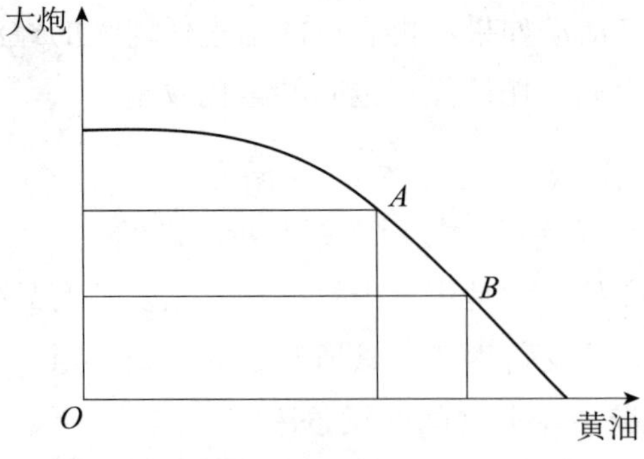

图 1－2　生产可能性曲线

从图 1－2 中可以看出，生产可能性曲线是一条斜率为负且凹向原点的曲线，其经济含义是：

第一，生产可能性曲线揭示了稀缺法则，即任何经济不可能无限量地生产。

第二，任何一个经济必须做出选择，但不可能同时选择两个不同的点。同时，决定了在生产可能性曲线上的某一点进行生产就意味着决定了资源的配置。

第三，选择就要付出代价，选择就有机会成本。在生产可能性曲线上任意点的斜率就代表着该产量水平上黄油的机会成本，其斜率为负表明要增加一种产品的生产势必要减少另一种产品的产量。

第四，凹向原点的生产可能性曲线反映了“（机会）成本递增法则”。以典型的替代关系“大炮与黄油”为例，它是指随着黄油的产量增加，每增加一个单位的黄油产量所需放弃的大炮产量呈递增的趋势，或者说，黄油的机会成本随其产量的增加而递增。

第五，生产可能性曲线可以说明资源配置的效率。在某种资源配置状态下，如果增加某种产品产量的同时不可能不减少其他产品的产量的话，这被称为有技术效率的。生产可能性曲线上的任意一点都隐含着资源配置是有技术效率的。这一效率的定义是由意大利经济学家帕累托首先提出的，因此，技术效率也可被称为帕累托效率。

2. 市场运行图

如图 1－3 所示。

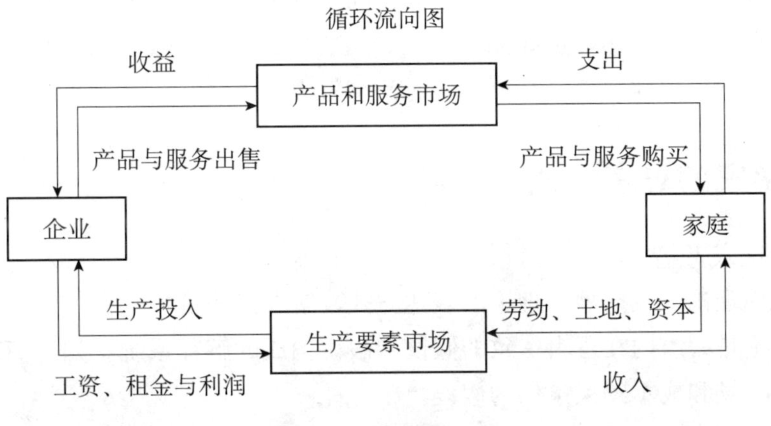

图 1－3　市场运行图

市场经济体制是在市场机制的作用下配置经济资源的体制，它由市场主体、市场客体、市场机制构成。

市场是指商品或劳务交换的场所或接触点；市场主体是指市场上从事各种交易活动的当事人；市场客体是指市场主体在市场活动中的交易对象；市场机制是通过市场价格和供求关系的变化及经济主体之间的竞争，协调生产与需求之间的关系和生产要素的流动与分配，从而实现资源配置的一套有机系统，其核心是价格机制和竞争机制。

实训任务

画一张市场经济运行图，确认模型中对应于下列每种活动的物品与劳务流向和货币流向。

（1）张博向店主支付3元买了250毫升牛奶。

（2）余丽在快餐店工作，每天赚40元。

（3）王益花10元看了一场电影。

（4）胡宾从他在A公司的10%股权中赚到了10万元。

任务二

了解经济学十大原理

理论知识

经济学在本质上是一种思维的技巧和分析问题的工具和方法。学习经济学是为了学会经济学家的思考方式。当然，正如你不能在一夜之间成为一个数学家、心理学家或律师一样，学会像经济学家一样思考也需要一些时间和努力。

一、经济学家的思考方式

（一）理论或模型

经济学利用理论（或模型：理论的表达方式）解释经济现象。

第一，理论是一组内在逻辑一致的假设和假说构成的解释系统。如厂商理论包含利润最大化假设、市场和成本约束条件的假设。

第二，理论或模型是对经济现象及其关系的简化描述。对于“厂商难道总是追求利润最大化吗”这样的批评有两点回答：任何科学总是简化的，“1比1地图是取消地图”；简化的模型有可能加深对经济现象和变动规则的理解。

（二）假设

假设的作用：如果你问一位物理学家，一块大理石从十层楼的顶端掉下来需要多长时间？他会通过假设这块大理石在真空中落下来回答这个问题。

假设可以使解释世界更容易。例如经济学家为了研究国际贸易的影响，可以假设世界只有两个国家组成，而且每个国家只生产两种产品。当我们理解了只有两个国家两种产品的这种假设世界中的国际贸易，才可以更好地理解现实世界中的国际贸易。

（三）检验

虽然经济学家像其他科学家一样引用理论和观察，但是在经济学中做实验是非常困难的。研究万有引力的物理学家可以在实验室里扔下许多物体得到能检验他们理论的数据，但研究通货膨胀的经济学家却不能为了得到有用的数据而控制一国的货币供给。经济学家和天文学家与进化论生物学家一样，通常不得不使用这个世界碰巧向他们提供的数据。

由于不能创造实验环境，统计和计量分析对于检验经济学理论假说具有极为重要的意义。对于需求与价格负相关假说，对于制成品（如数码相机）、服务产品（如理发劳务）和资源性产品（如石油、粮食）价格不同走势的假说，都可能在设立相关模型和观察实际数据基础上，并通过统计和计量分析技术来检验。

二、经济学十大原理

要能够像经济学家一样思考，首先需要掌握经济学家们思考分析经济问题的基本工具，哈佛大学著名经济学家曼昆将经济学家们的看家本领归纳为十大原理。

“经济”是什么这个问题并没有什么神秘之处。无论我们谈论的是中国经济、美国经济，还是全世界的经济，经济只不过是一个在生活中相互交易的一群人而已。由于一个经济的行为反映了组成这个经济的个人的行为，所以我们的经济学“探险”就从个人做出决策的基本原理开始。

（一）人们面临交替关系

关于作出决策的第一课可以归纳为一句谚语，“天下没有免费的午餐”。为了得到我们喜爱的一件东西，我们通常不得不放弃另一件喜爱的东西。作出决策要求我们在一个目标与另一个目标之间有所取舍。

当人们组成社会时，他们面临各种不同的交替关系。典型的交替关系是“大炮与黄油”之间的交替。我们把更多的钱用于国防以保卫我们的国家免受外国入侵（大炮）时，我们能用于提高国内生活水平的个人物品的消费（黄油）就少了。在现代社会里，同样重要的是清洁的环境和高收入水平之间的交替关系。要求企业减少污染的法律增加了生产物品与劳务的成本。由于成本高，结果这些企业赚的利润少了，支付的工资低了，收取的价格高了，或者是这三种结果的某种结合。因此，尽管污染管制给予我们的好处是更清洁的环境，以及由此引起的健康水平提高，但其代价是企业所有者、工人和消费者的收入减少。

社会面临的另一种交替关系是效率与平等之间的交替。效率是指社会能从其稀缺资源中得到最多东西。平等是指这些资源的成果公平地分配给社会成员。换句话说，效率是指经济蛋糕的大小，而平等是指如何分割这块蛋糕。政府在设计政策的时候，这两个目标往往是不一致的。

认识到人们面临交替关系本身并没有告诉我们，人们将会或应该作出什么决策。一个学生不应该仅仅由于要增加用于学习经济学的时间而放弃心理学的学习，社会不应该仅仅由于环境控制降低了我们的物质生活水平而不再保护环境。认识到生活中的交替关系是重要的，因为人们只有了解他们可以得到的选择，才能作出良好的决策。

（二）某种东西的成本是为了得到它而放弃的东西

假如美国投入 1 个劳动力，能分别生产衣服 5 件，或电子产品 10 件，而中国同样投入 1 个劳动力，能分别生产衣服 3 件或者电子产品 5 件，从中可以看到，无论制衣与电子加工，中国的效率都赶不上美国，但这绝不意味着在国际竞争中，中国的制衣、电子行业均会被美国同行挤掉。仔细算一下大家发现，在美国多生产 1 件衣服，必须放弃 2 件电子产品，而在中国多生产 1 件衣服，只需放弃 5/3 件电子产品。也就是说美国生产衣服的机会成本比中国要高，或反过来说，美国人生产电子产品的机会成本比中国人要低。聪明的美国人会发现，对美国最有利的战略不是凭借技术优势将中国所有的行业都挤掉，恰恰相反，在这个全球化时代，对美国最有利的做法是集中生产自己机会成本低的产品，而将机会成本高的产品交给别国去生产，这样做，对双方都有好处。

一种东西的机会成本是为了得到这种东西所放弃的东西。当作出任何一项决策，例如是否上大学时，决策者应该认识到伴随每一种可能的行动而来的机会成本。实际上，决策者通常是知道这一点的。那些年龄正处于念大学阶段的运动员如果退学而从事职业运动就能赚几百万美元，他们深深认识到上大学的机会成本极高。他们往往如此决定：不值得花费这种成本来获得上大学的收益。

（三）理性人考虑边际量

生活中的许多决策涉及对现有行动计划进行微小的增量调整，经济学家把这些调整称为边际变动。在许多情况下，人们可以通过考虑边际量来作出最优决策。

例如，假设一位朋友请教你，他应该在学校上多少年学。如果你给他用一个博士的生活方式与一个没有上完小学的人进行比较，他会认为这对他的决策没有帮助。你的朋友很可能已经受过某种程度的教育，并要决定是否再多上一两年学。为了作出这种决策，他需要知道，多上一年学所带来的额外收益和所花费的额外成本。通过比较这种边际收益与边际成本，他就可以评价多上一年学是否值得。

正如这些例子说明的，个人和企业通过考虑边际量将会作出更好的决策。只有一种行动的边际收益大于边际成本，一个理性决策者才会采取这项行动。

（四）人们会对激励作出反应

由于人们通过比较成本与收益作出决策，所以，当成本或收益变动时，人们的行为也会改变。这就是说，人们会对激励作出反应。例如，当苹果的价格上升时，人们就决定多吃梨少吃苹果，因为购买苹果的成本高了。同时，苹果园主决定雇用要的工人采摘苹果，因为出售苹果的收益高了。

对设计公共政策的人来说，激励在决定行为中的作用是重要的。公共政策往往改变了私人行动的成本或收益。当决策者未能考虑到行为如何由于政策的原因而变化时，他们的政策就会难以产生想要的效果。

（五）自由贸易是互利的

也许你听说过，在世界经济中印度人、越南人是我们的竞争对手。在某些方面，这是真的，因为中国和印度、越南企业生产许多相同的产品。又比如，长安公司和大众公司在汽车市场上争夺同样的顾客；长虹公司和创维公司在电视市场上争夺同样的顾客。

但在思考国家之间的竞争时，这种想法很容易产生误导。中国和日本之间的贸易并不像体育比赛一样，一方赢而另一方输。实际上，事实正好相反：两国之间的贸易可以使每个国家的状况都变得更好。

为了说明原因，我们考虑贸易如何影响你的家庭。当你的一个家庭成员找工作时要与也在找工作的其他家庭的家庭成员竞争；当各个家庭购物时，他们也相互竞争，因为每个家庭都想以最低的价格购买最好的东西。因此，在某种意义上说，经济中每个家庭都与所有其他家庭竞争。

尽管有这种竞争，但把你的家庭与所有其他家庭隔绝开来并不会更好。如果那样的话，你的家庭就必须自己种粮食，自己做衣服，自己盖房子。显然，你的家庭在与其他家庭交易的能力中受益匪浅。无论是在耕种、做衣服或盖房子方面，贸易使每个人可以专门从事自己最擅长的活动。通过与其他人交易，人们可以以较低的价格买到各种各样的物品与劳务。

国家和家庭一样也从相互交易的能力中获益。贸易使各国可以专门从事自己最擅长的活动，并享有各种各样的物品与劳务。日本人和印度人、越南人与巴西人一样，既是我们的竞争对手，又是我们在世界经济中的伙伴。

（六）市场是组织经济活动的一种好方法

苏联和东欧共产主义的巨变可能是20世纪后半期世界上最重要的变化。在这些国家里，政府的中央计划者能在最正确的位置上指导经济活动。这些计划者决定生产什么物品与提供何种劳务，生产多少，以及谁来生产和消费这些物品与劳务。支撑中央计划的理论是，只有政府才能以促进整个社会经济福利的方式组织经济活动。

大部分曾经是计划经济的国家现在已经放弃了这种制度，并努力发展市场经济。在市场经济中，中央计划者的决策被千百万企业和家庭的决策所取代。企业决定雇用谁和生产什么。家庭决定为哪家企业工作，以及用自己的收入买什么。这些企业和家庭在市场上相互交易，价格和个人利益引导着他们的决策。

乍一看，市场经济的成功是一个谜。千百万利己的家庭和企业分散作出决策似乎会引起混乱。但事实并非如此。事实已经证明，市场经济在以一种促进普遍经济福利的方式组织经济活动方面非常成功。

经济学家亚当·斯密在他1776年的著作《国富论》中提出了全部经济学中最有名的观察结果：家庭和企业在市场上相互交易，他们仿佛被一只“看不见的手”所指引，引起了合意的市场结果。当你学习经济学时，你将会知道，价格就是看不见的手用来指引经济活动的工具。价格既反映了一种物品的社会价值，也反映了生产该物品的社会成本。由于家庭和企业在决定购买什么和卖出什么时关注价格，所以，他们就不知不觉地考虑到了他们行动的社会收益与成本。结果，价格指引这些个别决策者在大多数情况下实现了整个社会福利最大化的结果。

（七）政府有时可以改善市场结果

虽然市场通常是组织经济活动的一种好方法，但这个规律也有一些例外。政府干预经济的原因有两类：促进效率和促进平等。这就是说，大多数政策的目标不是把经济蛋糕做大，就是改变蛋糕的分割。

看不见的手通常会使市场有效地配置资源。但是，出于各种原因，有时看不见的手不起作用。经济学家用市场失灵这个词来指市场本身不能有效配置资源的情况。

我们说政府有时可以改善市场结果并不意味着它总能这样。公共政策并不是天使制定的，他们也有着自己的利益。

（八）一国的生活水平取决于它生产物品与劳务的能力

世界各国生活水平的差别是惊人的。高收入国家的公民比低收入国家的公民拥有更多电视机、更多汽车、更好的食物、更好的医疗保健，以及更长的预期寿命。

随着时间推移，生活水平的变化也很大。在美国，从历史上看，收入的增长每年为2%左右（根据生活费用变动进行调整之后）。按这个比率，平均收入每 35 年翻一番。在一些国家，经济增长甚至更快。例如，在日本，近 20 年间平均收入翻了一番，韩国在近 10 年间平均收入翻了一番，而在中国，不到十年就能翻一番。

用什么来解释各国和不同时期中生活水平的巨大差别呢？这就是一个工人一小时所生产的物品与劳务量的差别。在那些每单位时间工人能生产大量物品与劳务的国家，大多数人享有高生活水平；在那些生产率低的国家，大多数人必须忍受贫困的生活。同样，一国的生产率增长率决定了平均收入增长率。

（九）当政府发行了过多货币时，物价上升

1921 年 1 月，德国一份日报价格为 0.3 马克。不到两年之后，1922 年 11 月，同样一份报纸价格为 7 000 万马克，经济中所有其他价格都以类似的程度上升。这个事件是历史上最惊人的通货膨胀的例子，通货膨胀是经济中物价总水平的上升。

什么引起了通货膨胀？在大多数严重或持续的通货膨胀情况下，罪魁祸首总是相同的：货币量的增长。当一个政府创造了大量本国货币时，货币的价值下降了。在 20 世纪 20 年代初的德国，当物价平均每月上升 3 倍时，货币量每月也增加了 3 倍。美国的情况虽然没有这么严重，但美国经济史也得出了类似的结论：20 世纪 70 年代的高通货膨胀与货币量的迅速增长是相关的，而 20 世纪 90 年代的低通货膨胀与货币量的缓慢增长也是相关的。

（十）社会面临通货膨胀与失业之间的短期交替关系

如果通货膨胀这么容易解释，为什么决策者有时却在使经济免受通货膨胀之苦上遇到

麻烦呢？一个原因是人们通常认为降低通货膨胀会引起失业暂时增加。通货膨胀与失业之间的这种交替关系被称为菲利普斯曲线。根据普遍的解释，这种交替关系的产生是由于某些价格调整缓慢。例如，假定政府减少了经济中的货币量，在长期中，这种政策变动的唯一后果是物价总水平将下降。但并不是所有的价格都将立即作出调整。在所有企业都印发新目录，所有工会都作出工资让步，以及所有餐馆都印了新菜单之前需要几年时间。这就是说，可以认为价格在短期中是黏性的。

由于价格是黏性的，各种政府政策都具有不同于长期效应的短期效应。例如，当政府减少货币量时，它就减少了人们支出的数量。较低的支出与居高不下的价格结合在一起就减少了企业销售的物品与劳务量。销售量减少又引起企业解雇工人。因此，在价格作出完全的调整之前，货币量减少就暂时增加了失业。

通货膨胀与失业之间的交替关系只是暂时的，但可以持续数年之久。因此，菲利普斯曲线对理解经济中的许多发展是至关重要的，特别是决策者在运用各种政策工具时可以利用这种交替关系。短期中决策者可以通过改变政府支出量、税收量和发行的货币量来影响经济所经历的通货膨胀与失业的结合。

实训任务

请同学分组讨论以下问题：

1. 看一场电影的机会成本是什么？

2. 水是生活必需的，一杯水的边际收益是大还是小？

3. 市场中那只“看不见的手”在做什么？

4. 描写下列各种情况所面临的权衡取舍：

（1）一个家庭决定是否购买一辆车。

（2）政府决定对交通部门的支出。

（3）一个公司总裁决定是否开一家新厂。

（4）一个教授决定用多少时间备课。

5. 你正计划星期六去从事业余工作，但一个朋友请你去溜冰。去溜冰的机会成本是什么？现在假设你已计划这天在图书馆学习，那么溜冰的机会成本又是什么？

6. 你得到了 500 元奖学金，你选择现在花掉它或者在支付 2%利息的银行账户中存一年。现在花掉 500 元的机会成本是什么？

7. 你的室友做饭比你快，但你打扫房间比你的室友快。如果你的室友承担全部做饭工作，你承担全部打扫工作，这比你们平均分摊每一项工作时你要花费的时间多了，还是少了？

8. 假设每个人在第二天醒来发现，政府给了他们一笔等于已有钱数的额外津贴。解释货币供给量翻一番对以下情况会有什么影响？

（1）支出物品与劳务的总量。

（2）价格是黏性时的物品与劳务的购买量。

（3）价格可以调整时的物品与劳务的价格。

任务三

了解微观和宏观经济学的基本内容和方法

理论知识

一、微观经济学

微观经济学（Microeconomics）研究在市场经济中的个体决策单位，如消费者、资源拥有者和企业的经济行为。它的着眼点是“个体”，而不是“总体”。因此，微观经济学也被称为“个量经济学”。

微观经济学是以单个经济单位为研究对象，通过研究单个经济单位的经济行为和相应的经济变量单项数值的决定来说明价格机制如何解决社会的资源配置问题。从定义中可以看出，微观经济学：

第一，研究的对象是单个经济单位的经济行为。

第二，解决的问题是资源配置最优化。

第三，中心理论是价格理论。

第四，研究方法是个量分析。

（一）微观经济学的基本假设

第一，市场出清。

第二，完全理性。

第三，完全信息。

（二）微观经济学的基本内容

第一，均衡价格理论。

第二，消费者行为理论。

第三，生产理论。

第四，分配理论。

第五，一般均衡理论与福利经济学。

第六，市场失灵与微观经济政策。

二、宏观经济学

宏观经济学（Macroeconomics）是研究宏观经济总量的一门学科。宏观经济总量或称宏观经济变量主要包括国民收入及其增长、价格总水平、就业与失业、利率水平和国际收支等。微观经济学研究某个别商品的均衡价格及其产量的决定，而宏观经济研究的是产出水平及其变化。

宏观经济学是以整个国民经济为研究对象，通过研究经济中各种有关总量的决定及其变化，来说明资源如何才能得到充分利用。从定义中可以看出，宏观经济学：

第一，研究的对象是整体经济。

第二，解决的问题是资源利用。

第三，中心理论是国民收入决定理论。

第四，研究方法是总量分析——个量的总和与平均量。

（一）宏观经济学的基本假设

第一，市场机制是不完善的。

第二，政府有能力调节经济，纠正市场机制的缺点。

（二）宏观经济学的基本内容

第一，国民收入决定理论。

第二，失业与通货膨胀理论。

第三，经济周期与经济增长理论。

第四，开放经济理论。

第五，宏观经济政策。

三、经济学的地位与作用

经济学是最古老的科学、最新颖的艺术，是社会科学之王。

凯恩斯认为，“经济学家的思想无论是否正确，其力量之大超过对它们的通常理解。事实上，世界总是受这些思想的统治的。许多自以为不受任何理论影响的实践家却往往是某个已故经济学家的奴隶。”

萨缪尔森作为现代西方主流经济学的代表人物，认为，“政治经济学是最古老的艺术，最新颖的科学——的确，它在社会科学中居于首要地位”。

美国的唐斯博士列举了对世界产生重大影响的16部巨著中，其中有3部经济学著作：

（1）亚当·斯密的《国富论》，1776年发表。亚当·斯密被认为是微观经济学的创始人，他在《国富论》中谈到过中国，他当时认为，中国的封建制度阻碍了经济的发展，中国的经济已经不可能再往高处走了。后来的事实证明了他的预计是非常准确的。

（2）马尔萨斯的《人口论》，1798年发表，只有短短的5万多字，在这部书中，马尔萨斯认为地球人口的增长是几何增长，即以指数方式增长，而生产和生活资料则是代数增长，若干年后，地球将人满为患。此书一发表，立即引起恐慌，引起了人们对此书的痛斥，但一旦出现人口危机，人们又大加赞赏。中国也有个“马尔萨斯”叫马寅初，“文革”时任北大校长，他回浙江老家考察后，怀着焦虑的心情提出了他的《新人口论》，希望提高人口质量，控制人口数量，否则，中国的人口问题将遗患子孙。当时中国向苏联学习，鼓励生育，以人多力量大等一些思想为指导，使中国失去了控制人口数量的最佳时期。

（3）卡尔·马克思的《资本论》，1930年发表，资本论改变社会结构。马克思的经济理论是一种普通的经济理论，也有它的时代局限性。

四、经济学的方法

西方经济学采用许多分析方法，如边际分析与最优分析、规范和实证分析、均衡和非均衡分析、静态和动态分析、流量和存量分析、总量和结构分析等。这里重点介绍规范和实证分析。

（一）实证分析

实证分析基本排除价值判断，只对经济现象、经济行为或经济活动及其发展趋势进行客观分析，得出一些规律性结论。主要回答的是“是什么”“为什么”这种问题。

（二）规范分析

规范分析和实证分析相反，规范分析是以一定的价值判断为基础，提出一些分析和处理问题的标准，作为决策的前提和制定政策的依据。这里所说的价值不是指商品价值范畴，是指好不好之类的价值判断。

知识链接

诺贝尔经济学奖

诺贝尔奖是由发明炸药的瑞典人诺贝尔（Alfred Nobel）在1895年设立的，1901年首次颁奖。受奖对象为在物理、化学、医药、文学以及对世界和平有杰出贡献的人。但在19世纪末期，社会科学尚在萌芽阶段，因此没有被包括在内。

到了1968年，当世界最古老的中央银行——瑞典银行——成立三百周年时，该行总裁感叹地问：“为什么诺贝尔奖只为自然科学而设立？”他认为人类生活环境的改善，社会科学有它重要的贡献，他全力争取设立诺贝尔经济学奖，最后终于得到瑞典政府同意，并经国会批准，由瑞典中央银行拨款设立另一个基金，颁赠给“以科学研究发展静态和动态的经济理论，以及对提高经济分析有积极贡献的人士”。

尽管经济学奖与其他五个奖的奖金来源及颁发组织不同，但其奖金金额、荣誉、仪式及遴选程序均相同。

经济学奖的遴选国首先由委员会将一份详细的问卷寄给世界各地的著名经济学者，征求他们的提名。通常经由各国学者推荐的候选者为100～200名。

然后委员会再聘请权威的经济学家研判这些提名学者的学术成就。被聘请担任评判的学者自然是保密的。通过这些匿名评委的判断，然后再进一步分析他们的成就，经过了这一次审查，只有五位进入“准决赛”。从五位中选出一位相当难，正因为这样难以取舍，所以经常出现两位候选人同时得奖。例如，1969年第一届经济学奖即由挪威的弗里希及荷兰的丁伯根分享。

遴选的主要标准是候选人的学说及成就对经济学的发展及现实世界的影响，这些影响一定要能促进现实世界或经济学的发展；另一个重要的考虑因素是候选人提出学说的独创性。而且，这些独创性必须是有意义的，而不是一些不着边际的空想。

实训任务

解释下列每一项政府活动是出于关注平等的动机还是关注效率的动机。

（1）管制有线电视频道的价格。

（2）向一些穷人提供可用来购买食物的票证。

（3）在公共场所禁止抽烟。

（4）把微软公司分解为几个较小的公司。

（5）对高收入的人实行高个人所得税。

（6）制定禁止酒后开车的法律。

项目技能训练

一、单选题

1. 资源的稀缺性是指（　　）。

A. 资源的绝对有限性　　B. 资源的充足性

C. 资源的稀少性　　D. 资源的相对有限性

2. 追求效用最大化的主体是（　　）。

A. 居民户　　B. 厂商　　C. 劳动者　　D. 政府

3. 微观经济学的中心理论是（　　）。

A. 均衡价格理论　　B. 消费者行为理论　　C. 生产者行为理论　　D. 分配理论

4. 宏观经济学的中心理论是（　　）。

A. 国民收入决定理论　　B. 失业与通货膨胀理论

C. 经济周期与经济增长理论　　D. 宏观经济政策

5. 解决“应该是什么”问题的经济学是（　　）。

A. 理论经济学　　B. 应用经济学　　C. 实证经济学　　D. 规范经济学

6. 解决“是什么”问题的经济学是（　　）。

A. 理论经济学　　B. 应用经济学　　C. 实证经济学　　D. 规范经济学

7. 以个别居民与厂商为研究对象的经济学理论是（　　）。

A. 微观经济学　　B. 宏观经济学　　C. 实证经济学　　D. 规范经济学

8. 以整个国民经济为研究对象的经济学理论是（　　）。

A. 微观经济学　　B. 宏观经济学　　C. 实证经济学　　D. 规范经济学

9.（　　）奠定了经济学作为一个独立学科的基础。

A. 亚当·斯密　　B. 马歇尔　　C. 凯恩斯　　D. 萨缪尔森

10.（　　）为首的经济学家把个量分析为主的微观经济学和以总量分析为主的宏观经济学拼和在一起形成了主流经济学派。

A. 亚当·斯密　　B. 马歇尔　　C. 凯恩斯　　D. 萨缪尔森

二、判断题

1. 自由取用物品是零点价格时供给小于需求的物品。（　　）

2. 经济物品是零点价格时供给小于需求的物品。（　　）

3. 微观经济学是宏观经济学的基础。（　　）

4. 假设就是对两个或更多的经济变量之间关系的阐述，也就是未经证明的理论。（　　）

5. 通过验证证明正确的假说就是理论。（　　）

6. 只要有人类社会，就会存在稀缺性。（　　）

7. “生产什么”“如何生产”和“为谁生产”这三个问题被称为资源利用问题。（　　）

8. 微观经济学要解决的问题是资源利用，宏观经济学要解决的问题是资源配置。（　　）

9. 实证经济学要解决“应该是什么”的问题，规范经济学要解决“是什么”的问题。（　　）

10. “人们的收入差距大一点好还是小一点好”的命题属于实证经济学问题。（　　）

项目二

揭开需求、供给与均衡价格理论的面纱

学习目标

1. 了解需求与供给的基本知识；
2. 理解供求如何决定市场均衡价格；
3. 掌握供求分析方法；
4. 了解供求弹性的含义与简单计算。

重点难点

1. 需求、供给的含义与规律，市场均衡价格的决定与运用是教学重点；
2. 需求、供给价格弹性的含义与计算，需求价格弹性与总收益的关系是难点。

项目导言

需求、供给和均衡价格理论是经济学最基础、最重要的知识，学习起来也有一定的难度，与其紧密相关的弹性理论也是非常重要的经济学理论，本项目将为你们揭开它们神秘的面纱。

项目导入

假如你是一个大型艺术博物馆的馆长。你的财务经理告诉你，博物馆缺乏资金，并建议你考虑改变门票价格以增加总收益。你将怎么办呢？你是提高门票价格，还是降低门票价格？

回答取决于需求弹性。如果参观博物馆的需求是缺乏弹性的，那么提高门票价格会增加总收益。但是，如果需求是富有弹性的，那么提高价格就会使参观者人数减少，以至于总收益减少。在这种情况下，你应该降价，参观者人数会增加，以至于总收益增加。

为了估算需求的价格弹性，你需要请教统计方面的专家。他们会用历史资料来研究门票价格变化时，参观博物馆人数的逐年变动情况。或者他们也可以用国内各种博物馆参观人数的资料来说明门票价格如何影响参观人数。在研究这两种资料时，还需要考虑到影响参观人数的其他因素（天气、人口、藏品多少等），以便把价格因素独立出来。

任务一 了解需求理论

理论知识

需求和供给被认为是市场两个主要的力量，是市场价格形成的主要因素。

一、需求的含义

需求不等于需要，经济学研究消费者的选择行为，而不去研究人们的需要。因为需要是一种主观愿望，它和价格、消费者的收入无关，是当价格为零时想要多少的问题。但是，一旦收入为给定，在某一个大于零价格的条件下，你想买多少，便是一个需求的问题。

因此，需求是与价格密切相关的。严格来说，需求是指在一定时期内，在一定的价格条件下，消费者所愿意购买某种商品的数量。即不同的价格与相应的需求量之间的关系就是需求。

需求有以下三个要点：

第一，消费者有购买欲望。需求量是一个意愿购买量。

第二，消费者有支付能力。需求是与价格密切相关的。

第三，需求量总是和时间相关。

二、需求表、需求曲线和需求定理

影响你对某种商品的需求量有很多因素，但最重要的莫过于商品自身的价格。价格是消费者在购买某种商品数量时所支付的货币量。需求量与价格的关系可以用需求表、需求曲线和需求函数来刻画。

（一）需求表

我们已知，需求是表明价格与需求量的一种关系。那么，需求表就是利用表格的形式表明价格与需求量之间关系的数字序列表。

在每一个价格下，将市场中的每个人的需求量加总便可得到市场需求表。表 2－1 是某商品的需求表，从中可以清楚地看出商品的价格与需求量之间的关系。

表 2－1　　某商品的需求表

价格与数量组合	A	B	C	D	E
价格 P（元）	1	2	3	4	5
需求量 Q_d（公斤）	50	40	30	20	10

（二）需求曲线

需求曲线是表明商品价格与需求量之间关系的一条曲线，它可分为个人需求曲线和市场需求曲线。

1. 个人需求曲线

将表 2－1 中每一组（P、Q）数值在图中描一个点，将这些点连接起来便得到一条需求曲线，如图 2－1 所示。

个人需求曲线是用曲线的形式表明某一个消费者的需求量与商品价格之间的关系。纵轴表示该商品 X 的价格，横轴表示商品 X 的数量（这里表现为需求量），曲线的任何一点均代表着某种价格与需求量的一种关系。

个人需求曲线有两个特征。其一，因变量 Q 从数学上说本应在纵轴，但它放在横轴；而自变量价格 P 本应在横轴，但它又在纵轴。为什么呢？最主要的原因是英国经济学家马歇尔最早绘出，后人按照马歇尔惯例照抄不误。次要的原因可能是行文上的方便，比如说

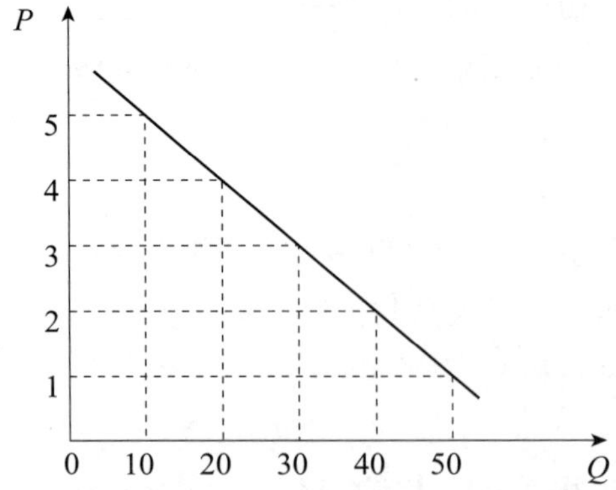

图 2-1　个人需求曲线

“在相同价格上，需求量增加或减少”就是看在同一水平的价格上需求量的变化，这就需要把价格放在纵轴。其二，需求曲线的斜率为负，它们的含义是：价格下降，你可能买得更多。

2. 市场需求曲线

将市场需求表用曲线的形式表现出来就是市场需求曲线。还可以在给定市场中每一个人的个人需求曲线的前提下来推导出市场需求曲线。这就需要在某一价格水平上将所有消费者的需求量加总得到市场需求曲线上的一点，以此类推，将所有这些点连接起来便可以得到一条市场需求曲线。

（三）需求定理

需求定理也称需求法则，是指在其他条件不变的情况下，商品的需求量与价格变化是反比的关系，即商品的价格高则需求量小，价格低则需求量大。

为什么商品的需求与价格会呈反比关系呢？原因主要有两点：第一，商品降价后，会吸引新的购买者，从而使需求量增加。第二，原先的购买者会因为商品价格下降而感到自己比过去稍微富裕一些，即实际收入增加，因而也会增加购买，这就是收入效应；同时，该商品价格下降使其他商品显得相对更贵了，消费者会增加该商品的购买以替代其他商品，这就是替代效应。

需求定理有两个例外：

（1）吉芬商品。英国统计学家吉芬（Giffen）在研究爱尔兰土豆销售状况时发现：当土豆价格下降时，消费者购买得更少；当土豆价格上升时，需求量反而上升。这种情形被后人称为“吉芬之谜”（Giffen Paradox）。

（2）炫耀性商品。社会心理因素也会导致某些商品的需求量与价格的变化方向出现“反常”。例如一些家庭为了显示其地位，愿意购买价格昂贵的名画、古董等；而当这些商品价格下跌到不足以显示其身份时，就会减少购买。具有这种“炫耀性消费”特征的商品被称为“炫耀性商品”，它是著名经济学家凡勃仑（Veblen）提出的。

三、影响需求的因素与需求函数

（一）影响需求的因素

（1）商品本身的价格：在其他条件相同的情况下，一种商品价格上升，该商品的需求量减少。

（2）消费者的收入（M）：一般情况下，消费者的收入与对商品的需求量呈正比关系。

（3）相关商品的价格（P_R）：相关商品可分为替代品和互补品。替代品是一种商品价格上升引起另一种商品需求增加的两种商品。互补品是一种商品价格上升引起另一种商品需求减少的两种商品。替代品是指具有相似功能的商品，如鸡和鸭；互补品是指一起消费才具有某种功能的商品，如汽车和汽油。

（4）预期变量：预期变量主要包括对自身商品价格的预期（P_E）和对收入的预期（M_E）。当你预期某个商品在近期会涨价时，为了避免未来支付更高的价格你会增加现行需求量，因此，需求曲线右移；反之则左移。当 M_E 上升时，对正常品的需求量上升，需求曲线右移；反之则左移。

（5）消费者的爱好：消费者对某一商品的爱好发生变化，也会影响到需求的变化。

（6）人口：当市场中的人口增加时，对大多数商品的需求量会有所增加，市场需求曲线右移；反之，左移。

（7）气候：许多商品的需求量和天气变化相关。

此外，政府政策、社会时尚等也会对需求产生影响。在此，我们不讨论。

（二）需求函数

需求函数表示一种商品的需求数量和影响该需求数量的各种因素之间的相互关系。如果我们把某种商品的需求量作为因变量，把影响人们对这种商品需求的各种因素作为自变量，我们就可以得出一个需求函数：

$$Q_d = f(Y, X, P, H, \Lambda)$$

由于一种商品的价格是决定需求量的最基本因素，所以，我们往往假定其他因素保持不变，仅仅分析价格因素对该商品需求量的影响，这样需求函数可以用下式表示：

$$Q_d = f(P)$$

其中：Q_d 表示需求量，P 代表价格，f 表示函数关系。

（三）需求量的变动和需求的变动

在现实生活中，影响需求的各种因素既影响需求量，也影响需求。但在经济分析中为了方便起见，我们要区分需求量的变动与需求的变动。

- 需求量：某一特定价格水平时，消费者购买某种商品的数量，它在图上表现为一个点。
- 需求：在某一特定时期内，在每一价格水平时愿意而且能够购买的商品量，它在图上表现为一条曲线。

需求量的变动：是指其他条件不变，价格变动所引起的变动，在图上表现为点在曲线上的移动，如图 2-2（a）所示。

需求的变动：是指价格之外的其他因素的变动所引起的变动，在图上表现为需求曲线的平移，如图 2-2（b）所示。

需求曲线是在其他因素不变的情况下，反映了不同的价格水平上“需求量的变化”。换言之，需求曲线刻画的是仅有自身价格变动时“需求量的变化”。而其他因素的变化使得在相同价格水平上需求量有所不同，这便是“需求的变化”，它导致需求曲线的平移。

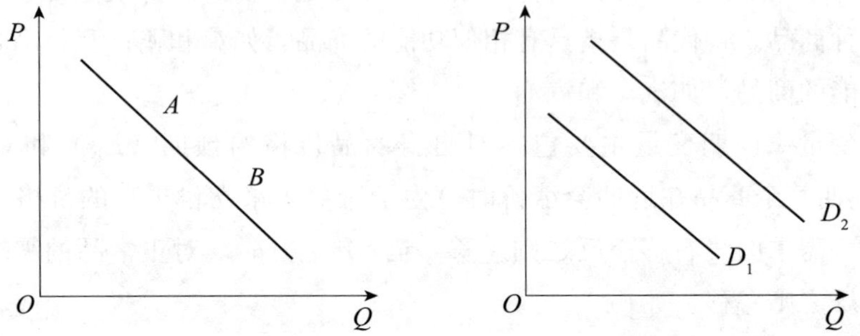

(a) 需求量的变化　　(b) 需求的变化

图 2-2

需求的决定因素与需求曲线变动的关系如表 2-2 所示：

表 2-2　需求的决定因素与需求曲线变动的关系

影响需求量的变量	这些变量的变动将导致
价格	沿着需求曲线变动
收入	需求曲线移动
相关物品价格	需求曲线移动
爱好	需求曲线移动
预期	需求曲线移动

实训任务

将学生分组，从需求的决定因素分析讨论下面每一种表述及其相应的需求曲线的变动。

1. 如果西红柿价格上升，面包市场会发生什么变动？如果饼干价格下降，面包市场又会发生什么变动？

2. 当寒流袭击江南大地后，全国市场中橘子汁的价格上升。

3. 当每年夏天天气炎热时，空调的价格直线上扬。

4. 当中东爆发战争时，汽油价格上升，节能型汽车价格上涨。

任务二

学习供给理论

理论知识

一、供给的含义

供给是在一定时期内，在一定价格条件下企业愿意生产并销售某种商品的数量。这一定义体现了供给也具有三个要点：意愿生产量，一定时期内，一定价格条件。

与需求一样，供给也可以分为个别供给和市场供给。

(1) 个别供给（单个厂商的供给）是指在某一特定时期内，单个生产者在各种可能的价格下愿意并且能够出售的某种商品的数量。

(2) 市场供给是指在某一特定时期内，在各种可能的价格下，生产某种商品的所有生产者愿意并且能够出售的某种商品的数量总和。市场供给是单个厂商供给的加总。

二、供给表、供给曲线和供给定理

影响供给的因素很多，最主要的因素是商品自身的价格。供给量与价格的关系可以用供给表、供给曲线和供给函数来说明。

(一) 供给表

供给表是关于商品的价格与供给量关系的一种表格形式。现假定，通过对个别供给在一些价格水平的加总，我们得到对某种商品 x 的市场供给表。

表 2-3 市场供给表

P（元）	2	3	4	5	6
市场供给量 Q_s（千吨）	10	20	30	40	50

可以发现：市场供给量 Q 与价格 P 成正比。

(二) 供给曲线

供给曲线是用曲线表示的关于商品供给量与价格的一种关系。同理，它又有个人供给曲线和市场供给曲线之分。后者为在一定价格水平上由个别供给之和所得到的一条曲线。

将表 2-3 的数据在图中描点并将这些点连接起来，即可得到一条供给曲线，如图 2-3 所示。它一般为一条斜率为正的曲线。

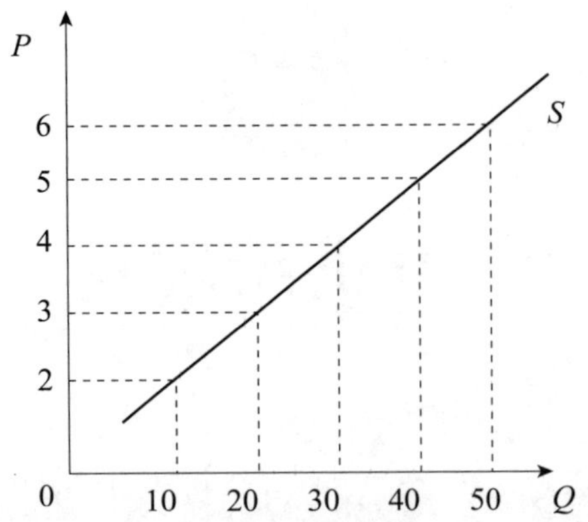

图 2－3　正斜率供给曲线

（三）供给定理

供给定理是指在其他条件不变的情况下，商品的供给量与价格成正比，即商品价格高，供给量大；价格低，则供给量小。商品的供给量之所以与价格成正比，一是因为价格上升后，现有的以利润最大化为目标的企业愿意提供更多的产量；二是价格上升后会吸引新企业进入该行业进行生产。正因为供给量与价格成正比，所以供给曲线通常从左下方向右上方倾斜，斜率为正。供给法则也可用数学公式表示，即：$dQ_s/d_p>0$。

同需求一样，供给定理也会出现某些例外情况。

(1) 像劳动力的供给，当工资增加时，一般都会增加劳动力的供给量；但当工资上涨超过一定限度后，劳动力供给反而下降。

(2) 一些原来以单件手工生产的商品，由于生产技术发展和规模经营，使成本锐减且大批量供给成为现实，这时虽然价格下降，厂商仍然愿意提供更多的商品。

三、影响供给的因素与供给函数

（一）影响供给的因素

(1) 商品本身的价格。如上所述，供给与商品的价格呈正比关系。

(2) 供给要素价格：如果生产要素的价格上升，意味着成本上升，利润减少，企业便会减少供给量；反之，企业会增加供给量。

(3) 技术水平：生产技术水平的提高，即效率的提高，隐含着生产一定产量所需成本的下降，或者在给定成本时产量会有所增加。这样企业就会在相同价格情况下增加供给量。

(4) 相关商品的价格：企业总是选择利润高的商品生产，当相关商品价格发生变动时，就会影响到企业增加或减少现有产品的供给量。

(5) 预期价格：当企业预期某种商品的价格上升，就会囤积商品，待高价出售，从而可能减少现期供给量；反之，将增加现期供给量。

(6) 自然条件：许多产品，特别是农产品的供给量与自然条件关系密切。

此外，政治事件、历史传统等也影响到商品的供给量。

（二）供给函数

供给函数表示一种商品的供给数量与影响该供给数量的各种因素之间的相互关系。如果我们把对某种商品的供给量作为因变量，把影响供给量的各种因素作为自变量，我们可以得到一个供给函数：

$$Q_s = f(A, B, P, G)$$

仍然将价格作为影响供给的内生变量，其余影响供给的因素作为外生变量，则供给函数为：$Q_s = f(P)$。

其中，Q_s 代表市场供给量，P 代表价格，f 为函数关系。

（三）供给量的变动和供给的变动

在经济分析中也要特别注意区分供给量的变动与供给的变动。

- 供给量：某一特定价格水平时，厂商提供某种商品的数量，它在图上表现为一个点。
- 供给：在某一特定时期内，在每一价格水平时愿意而且能够提供的商品量，它在图上表现为一条曲线。

- 供给量的变动：是指其他条件不变，价格变动所引起的变动，它在图上表现为点在曲线上的移动，如图 2－4（a）所示。
- 供给的变动：是指价格之外的其他因素的变动所引起的变动，在图上表现为供给曲线的平移，如图 2－4（b）所示。

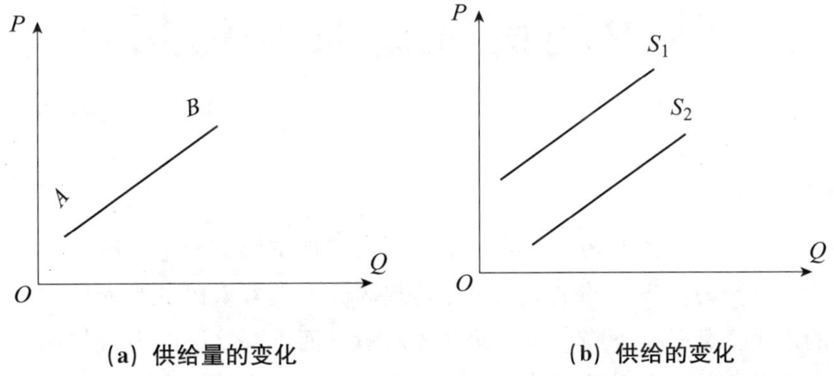

（a）供给量的变化　　**（b）供给的变化**

图 2－4

商品自身价格的变化，导致供给量沿着供给曲线发生变化，这被称为“供给量的变化”。而其他因素的变化导致供给曲线的左右移动，这被称为“供给的变化”。同理，我们需要注意“沿着供给曲线的移动”和“供给曲线的平移”的差异，这一差异实质上体现了“供给量的变化”和“供给的变化”的差异。“沿着供给曲线的移动”是由产品自身价格变化所致；而“供给曲线的平移”则是某产品自身价格之外的其他因素（如生产要素价格）变化所致。供给曲线右移表明，企业在任一相同的价格水平上所愿意提供的产品数量增加；左移，则减少。

实训任务

1. 申博成功后的短短几日内，上海楼市作出了迅速反应："世博板块"内观望已久的一些楼盘纷纷以每平方米高出原价三五百元的幅度对外销售；原先一些几乎已近谈妥的开发项目暂时告停，甲方的心理价位已上涨了10%～15%，并表示要再作出评估。

"世博"效应对房地产市场的影响范围深广。同时应该看到，在短期刺激性反应逐渐回归理性之后，上海房地产市场长远发展的动力，更大程度上来自"世博"为我们整体经济所作出的贡献。如何用供求理论理解和解释上述现象？

2. 从供给的决定因素分析下列事件对衬衣市场的影响及其供给曲线的变动：

（1）病虫害损害了棉花作物。

（2）西装价格下降。

（3）市场流行穿体恤。

（4）研制开发出新型衬衣面料，并投放市场。

（5）发明了新织布机。

任务三

认识均衡理论及其运用

理论知识

某大都市为了提高人民的物质生活水平，努力增加牛奶供给，从国外引进优良品种的奶牛。经过几年的努力，牛奶的供给水平迅速提高。但随着人民的收入增加，生活水平的提高，人口的出生率又稳定下降，对牛奶的需求量反而下降，一时造成牛奶供过于求，奶牛场的收支入不敷出，亏损日甚。若进一步提高价格，需求量还会下降；若降低价格，需求量估计也只是上升无几。反复考虑，最后决定忍痛宰牛。此例子说明牛奶的供给、需求与价格之间存在一定必然联系，本任务就给大家揭晓。

一、均衡、均衡价格和均衡产量

（一）需求与供给的均衡

1. 市场均衡的含义

西方学者认为，所谓均衡，是指一种相对静止的状态。当市场供给量恰好等于市场需求量时，便实现了市场均衡。当市场需求量不等于供给量时，要么出现过度供给，要么出现过度需求，这便是市场非均衡。

2. 均衡价格和均衡产量

当市场出现过度供给时，价格有下跌的趋势；当市场出现过度需求时，价格有上升的趋势；只有当市场供给量等于需求量时，价格没有任何变动的压力，市场实现了均衡。因此，均衡价格就是市场供需均衡时的价格。

均衡价格（Equilibrium Price）即成交价，是一种商品供给曲线和需求曲线相交时的价格。如图 2－5 所示，P_E 为均衡价格。

均衡数量是一种商品供给曲线和需求曲线相交时的数量，Q_E 为均衡数量。

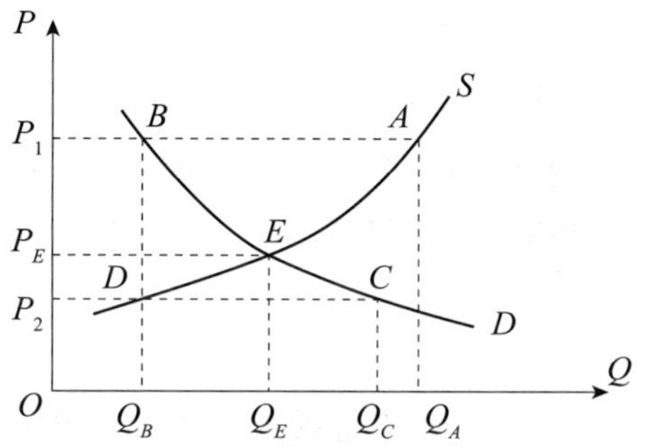

图 2－5　均衡价格的决定

3. 均衡价格的形成和竞争

均衡价格是唯一能持久的价格，是一种平衡价格。其他价格均是不稳定价格，会引起生产或消费的变动。如图 2－5 所示：

P_1价格时，需求量＜供给量，价格下降；
P_2价格时，需求量＞供给量，价格上升；
P_E价格时达到均衡。

4. 均衡的计算

如果需求曲线和供给曲线都用函数式表示，则用数学方法进行计算就显得简便很多。假设该市场中 A 商品的需求曲线为 $Q_d=800-100P$，A 商品的供给曲线为 $Q_s=-400+200P$，则均衡价格的计算如下：

$Q_d=800-100P$

$Q_s=-400+200P$

市场均衡条件为 $Q_d=Q_s$

即 $800-100P=-400+200P$

$300P=1\ 200$

解得均衡价格 $P_E=4$ 元，均衡数量 $Q_E=400$ 单位。

（二）均衡价格的变动

通常情况下均衡价格的变动有以下几种情况：

1. 供给不变，需求发生变动

如图 2-6 所示。

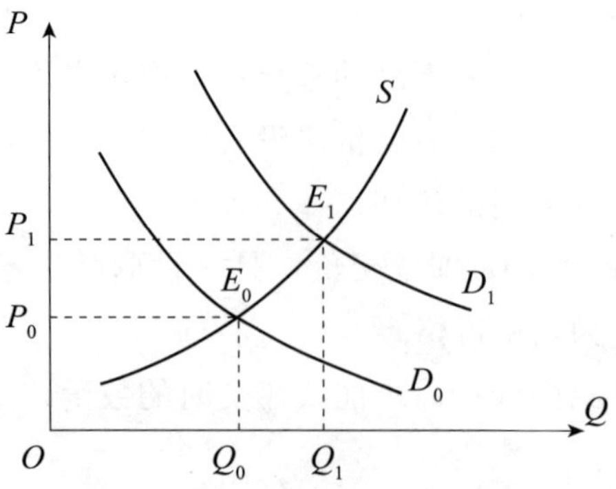

图 2-6　需求变动对均衡的影响

需求增加，均衡价格上升，均衡数量增加。需求减少，均衡价格下降，均衡数量减少。

结论：需求的变动引起均衡价格和均衡数量同方向变动。

2. 需求不变，供给变动

如图 2-7 所示。

供给的增加，均衡价格下降，均衡数量增加。供给减少，均衡价格上升，均衡数量减少。

结论：供给的变动引起均衡价格反方向变动，均衡数量的同方向变动。

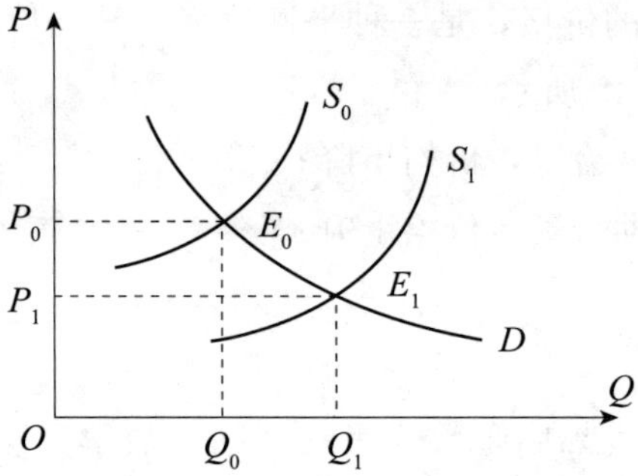

图 2-7　供给变动对均衡的影响

3. 供求定理

⇨ 需求的增加引起均衡价格上升，均衡数量增加
需求的减少引起均衡价格下降，均衡数量减少
供给的增加引起均衡价格下降，均衡数量增加
供给的减少引起均衡价格上升，均衡数量减少
供给的变动引起均衡价格的反方向变动，其他均为同方向

4. 需求和供给同时变动

当需求和供给同方向变化时，均衡数量也同方向变化，均衡价格要看两者作用的大

小；当需求和供给反方向变化时，均衡价格与需求变化同向，与供给变化反向，均衡数量的变化要视两者的作用大小而定。

二、均衡理论的应用

（一）支持价格和限制价格

1. 支持价格

支持价格（Support Price）又称价格下限，是政府为了扶植某一行业的生产而规定的该行业产品的最低价格。

支持价格一定高于均衡价格，如图 2-8 所示。

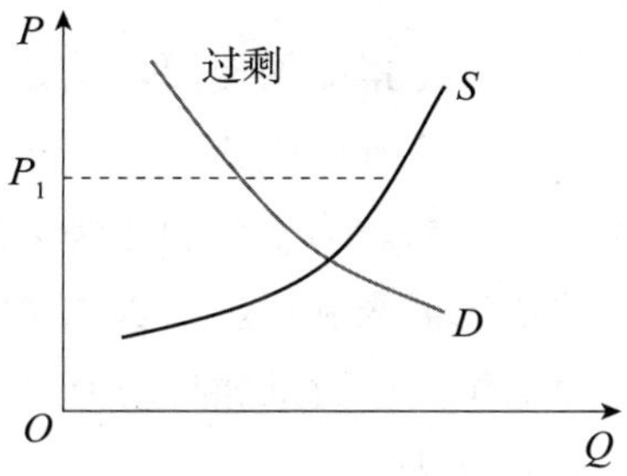

图 2-8　支持价格

有时，政府为了保护某些产品（特别是农产品）的销售者的利益而制定支持价格，支持价格往往要高出均衡价格，否则就没有激励生产者的作用。

如图 2-7 所示，最低限价会导致过度供给。政府可能要承受巨大的财政负担，从而使得这一政策不可能持续长久。如果政府不准备财政支持，只是规定一个最低限价，过度的供给会使得部分生产者愿意低于支持价格销售其产量，这样便产生了黑市。

2. 限制价格

限制价格（Price Ceiling），又称为价格上限，是政府为了限制某些生活必需品的物价上涨而规定的这些产品的最高价格。

限制价格一定低于均衡价格，如图 2-9 所示。

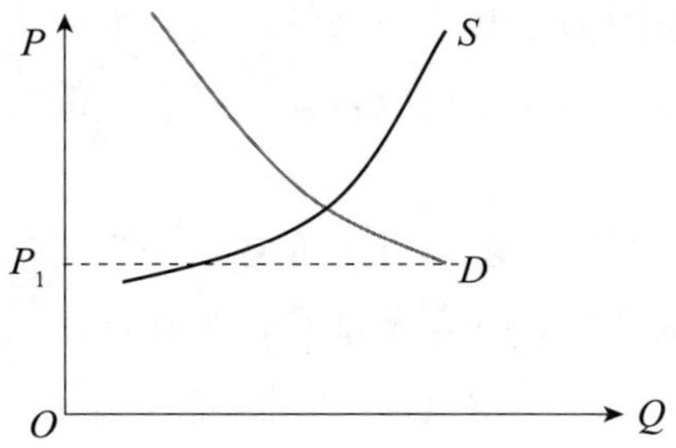

图 2-9　限制价格

限制价格政策一般是在战争时期或自然灾害等特殊时期使用，平常时期也会对某些生活必需品实行限制价格。

限制价格有利于实现社会的平等和安定，但是限制价格政策也会引起严重的不利后果：

价格水平低，不利于刺激生产，从而使产品长期存在短缺。
——例如：春运期间的运力紧张现象；医院看专家门诊难。
价格水平低，不利于抑制需求，从而使资源缺乏和严重浪费并存。
——例如：中国的自来水。
配给制会引起社会风气败坏，产生黑市交易。

（二）讨论现实社会中的一些现象并用均衡理论解释

1. 禁毒是增加还是减少了与毒品相关的犯罪

我们社会一个长期面临的问题是非法毒品的使用，比如，海洛因、可卡因和大麻。非法毒品的使用一方面会毁坏吸毒者及其家庭的生活。另外，吸毒上瘾也会使社会增加暴力犯罪和各种包括艾滋病在内的疾病的传播。为了控制非法毒品的使用，政府每年花大力气实行对毒品的禁运和打击。现在我们用需求和供给工具来考察政府的禁毒政策。

- 假设政府增加了打击毒品的工作人员数量和打击力度。
- 政府通过禁毒教育的手段来努力减少毒品的需求。

2. 为什么石油输出国组织不能保持石油的高价格

在 20 世纪 70 年代，OPEC 的成员决定提高世界石油价格，以增加他们的收入。他们采取了减少石油产量从而实现了这个目标。1973—1974 年，石油价格（根据总体通货膨胀率进行了调整）上升了 50%，1979 年上升了 4%，1980 年上升了 34%，1981 年上升了 34%。

但 OPEC 发现要维持高价格是困难的。从 1982 年到 1985 年，石油价格一直每年下降 10%左右。1986 年 OPEC 成员国之间的合作完全破裂了，石油价格猛跌了 45%。1990 年石油价格又回到了 1970 年的水平，而且 90 年代的大部分年份中保持在这个低水平上。

这个事件表明，供给与需求在短期与长期的弹性是不一样的。在短期，供给与需求较为缺乏弹性。供给缺乏弹性是因为已知的石油储藏量开采能力不能改变。需求缺乏弹性是因为购买习惯不会立即对价格变动作出反应，如许多老式的耗油车不会立即换掉，司机只好支付高价格的油钱。

在长期中，OPEC 以外的石油生产者对高价格的反应是增加石油的勘探并建立新的开采能力。消费者的反应是更为节俭，如用节油车代替耗油车。

这种分析表明为什么 OPEC 只有在短期中成功地保持了石油的高价格。在长期中，当供给和需求较为富有弹性时，OPEC 共同减少供给并无利可图。

现在 OPEC 仍然存在，你偶尔也会听到有关 OPEC 国家官员开会的新闻。但是，OPEC 国家之间的合作很少，这主要是由于该组织过去在保持高价格上的失败。

3. 征税的影响

所有的政府都用税收为公共支出筹资，由于税收是一种非常重要的政策工具，而且它在许多方面影响着我们的生活，所以税收研究是我们经常要做的。比如税收的合理运用有利于社会的稳定，富人们从社会稳定中得到的利益比穷人们要多得多，因此，富人应该交更多的税。在税收中我们常常要面临一个简单而敏感的问题：谁来承担税收负担？是买者？还是卖者？或者是双方分摊，那么，什么因素决定如何分配税收负担？举个例子来说：当政府决定通过一项法律，要求从每一个冰激凌的销售中征收 0.5 元的税。

我们首先考虑对买冰激凌的人收税。很明显，这项税收会影响冰激凌的需求。因为买者不得不交税，假如原本是 2 元一个，现在买者不得不花 2.5 元才能买到一个冰激凌。于是，买的人变少了，假设冰激凌销售的均衡数量大致持平，卖者不得不降低市场价格，比如降了 0.2 元，买者支付 2.3 元。那么是谁支付了税收？我们看到，在一个新的均衡条件下，一般性结论是：(1) 冰激凌的销量减少了。(2) 买者与卖者分摊税收负担。由于是向买者收税，因此在新的均衡时，买者为该物品（冰激凌）支付得多了，而卖者得到的少了。

那么，换个角度，如果向卖者收税，又将如何呢？在这种情况下，首先影响到冰激凌的供给。由于并不向买者征税，那么卖者原先得到的有效价格由 2 元降至 1.5 元，下降了 0.5 元。卖者因为增加了成本，供给得越多，亏损得也越多。同样假设冰激凌销售的均衡数量大致持平，卖者必然会抬高市场价格，比如原价 2 元，现价 2.3 元。价格高了，当然又会降低一定的数量。让我们回过头来想一想，谁支付了税收？于是，我们得出一个令人惊讶的结论：对买者征税和对卖者征税是相同的。在这两种情况下，税收在买者支付的价格与卖者得到的价格之间打入了一个楔子。无论税收是向买者征收还是向卖者征收，买者价格与卖者价格之间的楔子是相同的。在新均衡时，买者和卖者分摊税收负担。对买者征税和对卖者征税的唯一差别是谁把钱交给政府。

4. 谁支付消费税

1990 年，美国国会针对游艇、私人飞机、皮衣、珠宝和豪华轿车这类物品通过了一项新的奢侈品税。这种税的目的是增加那些承担税收负担最轻松的人的税收。由于只有富人能买得起这类奢华东西，所以，对奢侈品征税看来是向富人征税的一种合理方式。

但是，事实的情况却并不尽如人意。例如，考虑一下游艇市场。百万富翁不买游艇是很容易的；他可以去买更大的房子，可以去世界的某些地方度假，或者可以留给继承人大笔遗产。与此相比，游艇工厂因为征税之后带来的坏影响却不是能够轻松解决的。游艇工厂不能轻而易举地转向其他用途，而且，建造游艇的工人，大部分也不愿意由于市场状况的变化而改换职业。在这种情况下，我们可以作出一个明确的预测。税收负担将主要落在供给者身上。这就是说，对游艇征税主要负担落在建造游艇的企业和工人身上，因为最后是他们的产品价格下降了，工人收入随之下降。但是工人并不富裕。因此，奢侈品税的负担落在中产阶级身上的比落在富人身上的多。

在这种税付诸实施之后，关于奢侈品税带来的不良影响导致美国国会在 1993 年废除了大部分奢侈品税。

实训任务

1. 分小组讨论分析均衡价格的变动。

(1) 假设今年夏季天气特别炎热，这种情况将如何影响冰棍市场?

(2) 假设今年夏季不少冰棍生产厂家由于设备质量问题而停工，这个事件将如何影响冰棍市场?

(3) 如以上两种情形同时出现又将如何影响冰棍市场?

2. 案例分析：

1990 年夏季，伊拉克入侵科威特，世界石油价格飞涨。一些大学非常得意使用了新设备，不再使用石油而是天然气作为热源，并指望这一举措为学校节省大量经费。但是，令他们震惊的是，他们并没有省到什么钱。当他们收到公众服务公司账单时，他们发现，像石油价格一样，天然气价格也猛涨了。这些大学的行政长官对公众服务公司非常气愤并指控他们搞“价格欺诈”。其理由是，伊拉克入侵科威特对天然气没有影响。因此，没有理由涨价。

这些大学长官对吗? 还是那些公司利用国际性的石油危机进行价格欺诈从而牟取暴利? 请利用供需分析回答以下两个问题：(1) 为什么伊拉克入侵科威特导致石油价格飞涨? (2) 为什么天然气价格也会随之涨价?

任务四 熟悉弹性理论及其运用

理论知识

一、弹性的含义及公式

（一）弹性的含义

“弹性”是一个物理学概念，是指某物体对外部作用力的反应程度。例如沙发的弹性大，木头的弹性小。经济学的“弹性”是指两个有函数关系的变量之间，其自变量变动引起因变量变动的反应程度。

需求价格弹性是指价格变动引起需求量变动的反应程度。具体来说，它是指价格变动的比率所引起的需求量变动的比率，即需求量变动对价格变动的反应程度。

需求价格弹性又简称为需求弹性。

（二）弹性系数的计算公式

各种商品的需求弹性是不同的，一般用弹性系数来表示商品弹性的大小。

需求弹性系数 E_d 是需求量变动的比率与价格变动的比率的比值。

$$\text{弹性系数}=\frac{\text{因变量的变动比例}}{\text{自变量的变动比例}}$$

设两个经济变量之间的函数关系为 $y=f(x)$，具体的弹性公式为：

$$E=\frac{\Delta y/y}{\Delta x/x}=\frac{\Delta y}{\Delta x}\cdot\frac{x}{y}$$

式中：E 为弹性系数，Δy、Δx 分别为变量 y、x 的变动量。

二、需求的价格弹性

（一）需求的价格弹性的含义

需求的价格弹性是需求量对价格变动的反应程度，或者说，价格变动百分之一会使需求量变动百分之几。需求弹性分为需求弧弹性和需求点弹性两种。

（二）需求的价格弹性的计算公式

$$E_d=\frac{\text{需求量变动百分比}}{\text{价格变动百分比}}=\frac{\Delta Q/Q}{\Delta P/P}=\frac{\Delta Q}{\Delta P}\cdot\frac{P}{Q}$$

1. 需求弧弹性的计算公式

$$E_d=\frac{\dfrac{\Delta Q}{\frac{Q_1+Q_2}{2}}}{\dfrac{\Delta P}{\frac{P_1+P_2}{2}}}=\frac{\Delta Q}{\Delta P}\cdot\frac{P_1+P_2}{Q_1+Q_2}$$

2. 需求点弹性的计算公式

$$E_d=\lim_{x\to\infty}=\frac{\Delta Q}{\Delta P}\cdot\frac{P}{Q}=\frac{\mathrm{d}Q}{\mathrm{d}P}\cdot\frac{P}{Q}$$

（三）对需求价格弹性的理解

在理解需求弹性的含义时要注意以下四点：

（1）在需求量和价格这两个经济变量中，价格是自变量（主动因素），需求量是因变量（被动因素）。

（2）需求弹性系数是相对数之比，不是绝对量之比。

（3）需求弹性系数可正可负，但是通常都取绝对值，即正值。

例如：某种商品原来的价格为 100 元时，需求量为 150 件；后降价降到 80 元时，需求量上升为 180 件，试计算该商品的需求弹性系数。

解：$\Delta Q = 180 - 150 = 30$(件)，$Q_1 = 150$(件)；

$\Delta P = 80 - 100 = -20$(元)，$P_1 = 100$(元)；

$$E_d = \left| \frac{\Delta Q/Q_1}{\Delta P/P_1} \right| = \left| \frac{30/150}{-20/100} \right| = 1$$

（4）在同一条需求曲线上，不同点的弹性系数大小并不相同。

例如：有一条呈直线的需求曲线，斜率为 1，如图 2－10 所示。

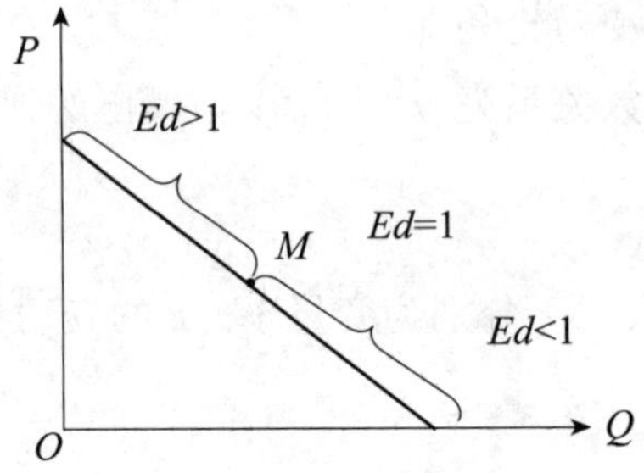

图 2－10　需求弹性

$$E_d = \left| \frac{\Delta Q/Q}{\Delta P/P} \right| = \left| \frac{\Delta Q}{\Delta P} \cdot \frac{P}{Q} \right| = \frac{1}{|\text{斜率}|} \cdot \frac{P}{Q}$$

（四）需求价格弹性的类型和影响因素

1. 需求价格弹性的类型

根据需求的价格弹性绝对值的大小，一般把需求价格弹性分为五种类型：

（1）$|E_d|>1$，称为弹性需求或富有弹性。

（2）$|E_d|=1$，称为单元弹性或单位弹性。

（3）$|E_d|<1$，称为非弹性需求或缺乏弹性。

（4）$E_d=0$，称为需求完全无弹性。

（5）$E_d=\infty$，称为完全富有弹性。

2. 影响需求的价格弹性的因素

（1）商品对消费者的必要程度。必要程度高，价格弹性小。

（2）替代品与互补品。替代品的价格变化会引起价格弹性反向变化，互补品的价格变化会引起价格弹性正向变化。

（3）购买商品的支出占人们收入的比重。比重越大，价格弹性越小。

（4）商品的功能。商品功能越多，价格弹性越小。

三、弹性与收益——需求价格弹性的应用

价格弹性是企业制定价格策略的基础。价格弹性能够直接反映价格变动对需求量的影响程度，企业可以根据价格弹性对销售收入的影响进行相应的决策。

（一）总收益

总收益（Total Revenue）又称总收入，指厂商出售一定量商品所得到的全部收入。

$TR=P\cdot Q$

总收益不是指利润，而是指成本与利润之和。

（二）富有弹性的商品价格变动与总收益之间的关系

当商品价格下降时，需求量增加的幅度大于价格下降的幅度，总收益增加。
当商品价格上升时，需求量减少的幅度大于价格上升的幅度，总收益减少。

如图 2－11 所示。

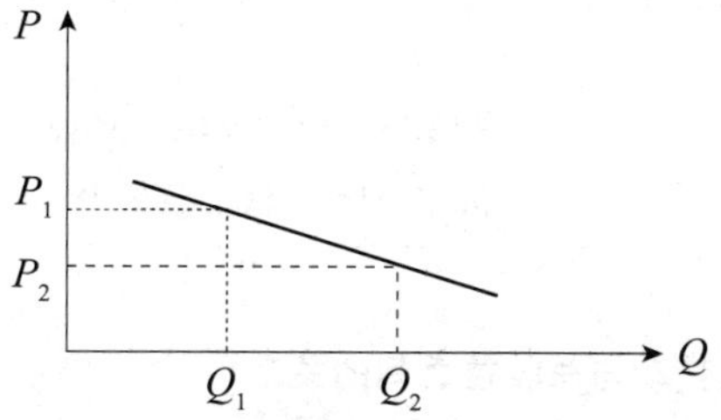

由图可知：
$TR_1=P_1Q_1<TR_2=P_2Q_2$
价格下降，总收益增加

图 2－11　富有弹性的商品价格变动与总收益间的关系

由图 2－11 可知，当 $|E_d|>1$ 时，降价不仅增加销售量，而且增加销售收入。

例如：某种化妆品的需求弹性系数为 2，当价格为 200 元时，需求量为 2 000 瓶。

（1）当价格降到 150 元时，需求量是多少？总收益是增加了还是减少了？为多少元？

（2）若价格上升到 240 元时，情况又如何？

解：（1）$E_d=\left|\dfrac{\Delta Q/Q_1}{\Delta P/P_1}\right|=2$，价格下降，需求量增加，$\Delta Q>0$

$$\Delta Q=\left|E_d\cdot\frac{\Delta P}{P_1}\cdot Q_1\right|=\left|2\times\frac{150-200}{200}\times 2\,000\right|=1\,000\text{（瓶）}$$

$P_1>P_2$　$Q_1<Q_2$　$Q_2=Q_1+\Delta Q=3\,000$（瓶）

$\Delta TR=P_2Q_2-P_1Q_1=150\times 3\,000-200\times 2\,000=50\,000$（元）

（2）价格上升，需求量减少，$\Delta Q<0$

$$\Delta Q=-\left|E_d\cdot\frac{\Delta P}{P_1}\cdot Q_1\right|=-\left|2\times\frac{240-200}{200}\times 2\,000\right|=-800\text{（瓶）}$$

$P_1<P_2$　$Q_1>Q_2$　$Q_2=Q_1+\Delta Q=1\,200$（瓶）

$\Delta TR=P_2Q_2-P_1Q_1=240\times 1\,200-200\times 2\,000=-112\,000$（元）

所以，当价格下降到 150 元时，总收益增加了 50 000 元，需求量为 3 000 瓶；

当价格上升到 240 元时，总收益减少了 112 000 元，需求量为 1 200 瓶。

由此可见，富有弹性的商品是适于适当降价的，价格下降有助于总收益增加，这就是我们通常所说的“薄利多销”的原因所在。

（三）缺乏弹性的商品价格变动与总收益之间的关系

当商品价格下降时，需求量增加的幅度小于价格下降的幅度，总收益减少。
当商品价格上升时，需求量减少的幅度小于价格上升的幅度，总收益增加。

由图 2－12 可知，当 $|E_d|<1$ 时，降价会增加销售量，但同时也导致销售收入下降；

提价尽管使销售量减少，但却能增加销售收入。

例如：某种面粉的需求弹性系数为 0.5，当价格为 1.8 元时，需求量为 9 000 千克。

（1）当价格上涨到 2.0 元时，需求量是多少？总收益是增加了还是减少了？为多少元？

（2）若价格下降到 1.5 元时，情况又如何？

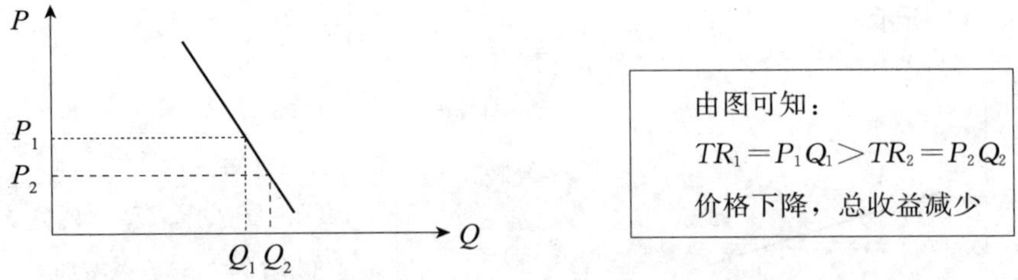

图 2－12　缺乏弹性的商品价格变动与总收益之间的关系

解：(1) $E_d = \left|\dfrac{\Delta Q/Q}{\Delta P/P}\right| = 0.5$，价格上升，需求量减少，$\Delta Q<0$

$$\Delta Q = -\left| E_d \cdot \frac{\Delta P}{P_1} \cdot Q_1 \right| = -\left| 0.5 \times \frac{2.0-1.8}{1.8} \times 9\,000 \right| = -500\text{（千克）}$$

$P_1<P_2$　$Q_1>Q_2$　$Q_2=Q_1+\Delta Q=8\,500$（千克）

$\Delta TR=P_2Q_2-P_1Q_1=2.0\times 8\,500-1.8\times 9\,000=800$（元）

(2) 价格下降，需求量增加，$\triangle Q>0$

$$\Delta Q = \left| E_d \cdot \frac{\Delta P}{P_1} \cdot Q_1 \right| = \left| 0.5 \times \frac{1.5-1.8}{1.8} \times 9\,000 \right| = 750\text{（千克）}$$

$P_1>P_2$　$Q_1<Q_2$ $Q_2=Q_1+\Delta Q=9\,750$（千克）

$\Delta TR=P_2Q_2-P_1Q_1=1.5\times 9\,750-1.8\times 9\,000=-1\,575$（元）

所以，当价格上升到 2.0 元时，总收益增加了 800 元，需求量为 8 500 千克。

当价格下降到 1.5 元时，总收益减少了 1 575 元，需求量为 9 750 千克；

由此可见，缺乏弹性的商品是适于适当提价的。

四、需求的收入弹性

需求的收入弹性是指需求量对收入变动的反应程度，或者说，消费者收入水平变动百分之一会使需求量变动百分之几。其计算公式如下：

$$E_i = \frac{\text{需求变动百分比}}{\text{收入变动百分比}} = \frac{\Delta Q/Q}{\Delta I/I} = \frac{\Delta Q}{\Delta I} \cdot \frac{I}{Q}$$

式中：E_i为需求的收入弹性；ΔQ 为需求量变动的绝对数量；Q 为需求量；ΔI 为收入变动绝对数量；I 为收入。

$E_i>1$，表示需求量变动的幅度大于收入变动的幅度，例如奢侈品。

$0<E_i<1$，表示需求量变动的幅度小于收入变动的幅度，例如必需品。

$E_i<0$，表示这种商品为低档商品，当收入增加时，需求量反而减少。

五、需求的交叉弹性

交叉弹性说明一种产品的需求量对另一种相关产品价格变化的反应程度。设有两种相关的产品 x 和 y，计算 y 产品交叉弹性的一般公式为：

$$E_{yx}=\frac{y\text{ 商品需求量变动百分比}}{x\text{ 商品价格变动百分比}}=\frac{\Delta Q_y/Q_y}{\Delta P_x/P_x}=\frac{\Delta Q_y}{\Delta P_y}\cdot\frac{P_x}{Q_x}$$

当 $E_{yx}>0$，说明商品是替代商品。

当 $E_{yx}<0$，说明商品是互补商品。

$|E_{yx}|$ 越大，说明商品之间替代或互补关系越密切。

$|E_{yx}|$ 越小，说明商品之间相关性小。

六、供给弹性

（一）供给的价格弹性的含义

供给的价格弹性是指在一定时期内，一种商品的供给量的变动对于该商品的价格变动的反应程度，它是商品供给量变动率与价格变动率之比。其计算公式如下：

$$E_s=\frac{\text{供给量变动的百分比}}{\text{价格变动的百分比}}=\frac{\Delta Q/Q}{\Delta P/P}=\frac{\Delta Q}{\Delta P}\cdot\frac{P}{Q}$$

（二）供给的价格弹性的类型

（1）$E_s=0$，称为供给完全无弹性。

（2）$E_s<1$，称为供给缺乏弹性。

（3）$E_s=1$，称为供给单位弹性。

（4）$E_s>1$，称为供给富有弹性。

（5）$E_s=\infty$，称为供给完全弹性。

实训任务

1. 分组讨论分析：“农业丰收了，农民就一定能富裕吗?”

《五代史·冯道传》中记载这样一件事，有一次，明宗问冯道：“天下虽丰，百姓得计否?”道曰：“谷贵饿农，谷贱伤农。”什么是“谷贱伤农”? 为什么会出现“谷贱伤农”的现象?

大家可能已经发现这样一种情况，在丰收的年份，当粮农兴冲冲地将粮食运到集贸市场出售时，发现尽管多收了三五斗，但是总收入不增反降。这就是人们常说的“谷贱伤农”现象。对于这一现象，该如何解释? 请运用需求价格弹性理论来分析。

2. 分组讨论：你是一个大型艺术博物馆的馆长，你的财务经理告诉你，博物馆缺乏资金，并建议你考虑改变门票价格以增加总收益，你将怎么办? 你是决定提高门票价格还是降低门票价格。如果是普通电影院的总经理又会怎么办?

3. 小组讨论：

（1）用经济学原理解释每年春运市场的价格波动状况，以及是否应该提价或限制价格。

（2）用经济学原理解释政府针对香烟可以采取的对策。

项目技能训练

一、单选题

1. 下列会导致粮食制品的均衡价格下降的是（　　）。

A. 鸡蛋价格上升　　B. 良好的天气情况

C. 牛奶价格上升　　D. 收入上升

2. 下列因素中不会使需求曲线移动的是（　　）。

A. 购买者（消费者）收入变化　　B. 消费者偏好变化

C. 其他有关商品的价格变化　　D. 商品价格变化

3. 当其他条件不变时，汽车的价格上升，将导致（　　）。

A. 汽车需求量的增加　　B. 汽车供给量的增加

C. 汽车需求的增加　　D. 汽车供给的减少

4. 在需求和供给同时减少的情况下，（　　）。

A. 均衡价格和均衡交易量都将下降

B. 均衡价格将下降，均衡交易量的变化无法确定

C. 均衡价格的变化无法确定，均衡交易量将减少

D. 均衡价格将上升，均衡交易量将下降

5. 粮食市场的需求是缺乏弹性的，当粮食产量因灾害而减少时，（　　）。

A. 粮食生产者的收入减少，因粮食产量下降

B. 粮食生产者的收入增加，因粮食价格会更大幅度上升

C. 粮食生产者的收入减少，因粮食需求量会大幅度减少

D. 粮食生产者的收入不变，因粮食价格上升与需求量减少的比率相同

6. 政府把价格限制在均衡水平以下可能导致（　　）。

A. 买者低价买到了希望购买的商品数量　B. 大量积压

C. 黑市交易　　D. A 和 C

7. 如果价格下降 10% 能使消费者的购买量增加 1%，则这种商品的需求量对价格（　　）。

A. 富有弹性　　B. 具有单位弹性　　C. 缺乏弹性　　D. 弹性不能确定

8. 下列将导致商品需求量的变动而不是需求的变化的是（　　）。

A. 消费者收入的变化　　B. 技术水平变动

C. 消费者预期该商品的价格上升　　D. 该商品的价格下降

9. 均衡价格一定随着（　　）。

A. 需求与供给的增加而下降　　B. 需求的增加和供给的减少而下降

C. 需求的减少和供给的增加而下降　　D. 需求和供给的减少而下降

10. 假如生产某种商品所需原材料的价格上升，则这种商品（　　）。

A. 需求曲线向左方移动　　B. 供给曲线向左方移动

C. 需求曲线向右方移动　　D. 供给曲线向右方移动

二、判断题

1. 需求就是消费者在一定时期内，在每一价格水平时愿意购买的商品量。

2. 生产技术提高所引起的某种商品产量的增加称为供给的增加。

3. 两种互补品之间，其中一种商品价格上升，会使另一种商品需求量增加。

4. 支持价格是政府规定的某种产品的最高价格。

5. 直线型需求曲线的斜率不变，因此其价格弹性也不变。

6. 限制价格应高于市场价格，支持价格应低于市场价格。

7. 假定其他条件不变，某种商品价格的变化将导致它的供给量变化，但不会引起供给的变化。

8. 在商品过剩的条件下，卖者之间的竞争会压低价格；在商品短缺的条件下，买者之间的竞争会抬高价格。

9. 商品短缺所带来的价格变化，会进一步导致短缺数量的增加。

10. 假定需求不变，供给的增加将引起均衡价格的下降和均衡交易量的减少。

三、计算题

1. 已知某一时期内某商品的需求函数为 $Q_d=100-5P$，供给函数为 $Q_s=-50+5P$，求均衡价格 P_e 和均衡数量 Q_e。

2. 某商品的价格由 20 元上升到 30 元后，需求量相应减少 10%，问该商品的需求弹性是多少？该商品价格变化对总收益有何影响？

3. 已知某产品的需求价格弹性 $E_d=0.5$，该产品原销售量为 $Q_d=800$ 件，单位产品价格 $P=10$ 元，若该产品价格上调 10%，计算该产品提价后销售收入变动多少元？

四、问答题

1. 支持价格有何作用？政府应如何处理过剩产品？

2. 试运用供求定理分析我国粮价走势（设币值稳定）。

3. 利用需求弹性理论对“薄利多销”进行分析。

4. 利用需求弹性理论对“谷贱伤农”进行分析。

项目三

学会理性消费

学习目标

1. 了解基数效用论和序数效用论的基本内容；
2. 理解两种理论关于消费者达到效用最大化的前提条件和均衡条件，并在此基础上说明需求定理。

重点难点

1. 消费者均衡的条件；
2. 边际效用递减规律；
3. 无差异曲线与边际替代率。

项目导言

效用用来表示消费者在消费商品时所感受到的满足程度，于是，就产生了对这种“满足程度”即效用的度量问题，即效用的大小问题。既然效用有大有小，那么比较效用大小的标准是什么？在这一问题上，西方经济学家先后提出了基数效用和序数效用的概念，并在此基础上，形成了分析消费者行为的两种方法，它们分别是基数效用论者的边际分析方法和序数效用论者的无差异曲线分析法。所以，前者也称为边际效用分析，后者也称为无差异曲线分析。本项目就告诉大家如何理性消费。

项目导入

美国总统罗斯福连任三届后，曾有记者问他有何感想，总统一言不发，只是拿出一块三明治面包让记者吃，这位记者不明白总统的用意，又不便问，只好吃了。接着总统拿出第二块，记者还是勉强吃了。紧接着总统拿出第三块，记者为了不撑破肚皮，赶紧婉言谢绝。这时罗斯福总统微微一笑：“现在你知道我连任三届总统的滋味了吧?”这个故事揭示了经济学中的一个重要的原理：边际效用递减规律。

任务一 认识效用

理论知识

一、效用的含义

效用是指消费者从消费某种物品中所得到的满足程度，或者说商品满足人的欲望和需要的能力和程度。

如果消费者消费某种物品获得的满足程度高，则效用大，反之，满足程度低，则效用小。

效用是一种心理感觉，它是一种主观感受，不同于使用价值。它的特点如下：

（1）同一物品对不同的消费者而言，其效用缺乏可比性；

（2）同一种物品对同一消费者，其效用具有可比性，面包少吃和多吃的感觉是不一样的；

（3）同一物品的效用，会因时间、地点的不同而有所不同。

二、效用的两种选择学说

效用论又称为选择论，是对消费者行为的说明，所以也称为消费者行为理论。

基数和序数这两个术语来自数学。基数是指 0，1，2，3……基数是可以加总求和的。序数是指第一，第二，第三……序数只表示顺序或等级，序数是不能加总求和的。

（一）基数效用论

基数效用论认为，效用是可以计量并加总求和的，因此，效用的大小可以用基数（1、2、3……）来表示，正如长度单位可以用米来表示一样。所谓效用可以计量，就是指消费者消费某一物品所得到的满足程度可以用效用单位来进行衡量。

例如：人渴了喝一杯茶，感到很舒服，效用评价为 10 个效用单位；然后又看了一份报纸，感觉还好，效用评价为 5 个效用单位。因此，喝一杯茶的效用大于看一份报纸，同时消费这两份物品得到的总效用为 15 个效用单位。

基数效用论采用的是边际效用分析法。

（二）序数效用论

效用是一种心理感觉，没有客观标准，也很难用具体数字来衡量与表示，因此，许多西方经济学家认为，基数效用论难以成立，并提出了代替基数效用论的序数效用论。

序数效用论认为，效用无法计量并加总求和，只能表示出满足程度的高低与顺序，因此，效用只有用序数（第一、第二、第三……）来表示。

序数效用论采用无差异曲线分析法。

这两种理论所得出的结论是相同的，只是表述与分析方法不同。

实训任务

用序数效用论分析：一个人口渴了，喝一杯茶感觉好还是看一份报纸感觉好？为什么？

任务二

认识基数效用论

理论知识

一、总效用和边际效用

总效用（*TU*）是指消费者消费物品得到的总满足程度。

边际是指自变量每增加一单位所引起的因变量的增加量。

边际效用（*MU*）是指消费者增加一单位物品的消费所带来的总效用（满足程度）的增加量。

以数学表达式表示：

$$MU=\frac{\Delta TU}{\Delta Q},\Delta Q\rightarrow 0\text{ 时},MU=\frac{\mathrm{d}(TU)}{\mathrm{d}Q}$$

边际效用递减规律是指消费者在连续消费某种物品时，随着物品消费量的增加，消费者从物品消费中得到的边际效用是递减的。

例如：人饿了吃面包，第一个感觉最好，第二个其次，依次类推，即边际效用在减少，当吃饱了如果再让他吃则会感到难受，边际效用就为负的了。如表 3 - 1 所示：

表 3 - 1　　吃面包的效用

面包数（个）	总效用（*TU*）	边际效用（*MU*）
0	0	—
1	30	30
2	50	20
3	60	10
4	60	0
5	50	−10

边际效用递减规律可以用以下两个原因来解释：

（一）生理或心理的原因

消费一种物品的数量越多，即某种刺激的反复越多，人生理上的满足或心理上的反应就会减少，从而满足程度减少。我们在消费同一种物品，例如连续吃巧克力时就会有这种感觉。

（二）物品本身用途的多样性

一种物品都有多种用途，这些用途的重要性不同。消费者总是先把物品用于最重要的用途，而后用于次要的用途。当他有若干这种物品时，把第一单位用于最重要的用途，其边际效用就大，把第二单位用于次重要的用途，其边际效用就小了。以此顺序用下去，用途越来越不重要，边际效用就递减了。

总效用和边际效用的关系可用图 3 - 1 表示，从中可以看出：

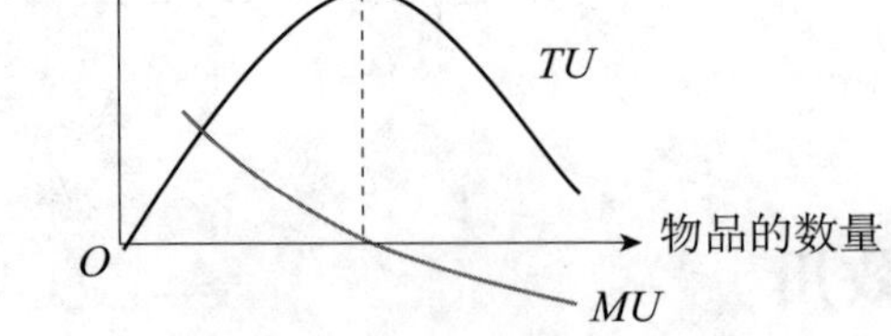

图 3 - 1　总效用和边际效用

（1）边际效用是递减的；

（2）边际效用大于 0 时，总效用增加；

（3）边际效用等于 0 时，总效用最大；

（4）边际效用小于 0 时，总效用减少。

二、消费者均衡

（一）消费者均衡的定义

消费者均衡就是研究消费者在收入既定的情况下，如何消费可以实现效用最大化。如果消费者实现了这种状态，就说明消费者实现了消费者均衡。

消费者均衡是指消费者通过购买各种商品和劳务实现最大效用时，既不想再增加，也不想再减少任何商品购买数量的一种相对静止的状态。效用论认为，消费者的目的是在既定的收入下通过购买各种商品和劳务的选择来实现效用最大化，消费者均衡就是表示消费者实现这一目的时的心理满足状态。我们知道“均衡”具有不变的意思，由于消费者已经达到最满意状况，他不会改变所购买的各种商品和劳务的数量；如果消费者的消费未能使他的效用最大化，他就会改变消费决策，重新调整购买各种商品和劳务的数量，直到增加的总效用达到最大化为止。

什么情况下这才会达到最大满足即消费者均衡状况？

（二）消费者均衡的条件

在研究消费者均衡时，我们假设：第一，消费者的收入是既定的，每 1 元货币的边际效用对消费者都是相同的。第二，物品的价格是既定的。消费者均衡正是要说明在这些假设条件之下，消费者如何把有限的收入分配于各种物品的购买与消费上，以获得最大效用。

消费者均衡的条件是，消费者用全部收入所购买的各种物品所带来的边际效用，与为购买这些物品所支付的价格的比例相等，或者说每 1 单位货币所得到的边际效用都相等。

根据边际效用递减规律，如果某种物品购买数量太多，会导致最后一单位货币购买该物品得到的效用太少，即$\frac{MU_x}{P_x}<\frac{MU_y}{P_y}$，显然应当减少其购买量，增加另一种物品的购买量；对于另一种物品的情形也如此。只有当最后一单位货币无论购买何种物品，带来的效用是相等的时，总效用得到最大。

用公式表示为：

$P_xQ_x+P_yQ_y=M$　　（1）　　限制条件（限制收入是既定的）

$\frac{MU_x}{P_x}=\frac{MU_y}{P_y}=MU_m$　　（2）　　均衡条件

【例】 假定某人在消费商品 x、y 时的边际效用如表 3-2 所示，且 $P_x=P_y=2$ 美元，货币收入为 20 美元。

表 3-2　　某人在消费商品 x、y 时的边际效用

Q	1	2	3	4	5	6	7	8	9	10	11
MU_x	16	14	11	10	9	8	7	6	5	3	1
MU_y	15	13	12	8	6	5	4	3	2	1	0

要求：

1. 说明此人的均衡条件。

2. 消费者将如何安排他的消费以使其达到效用最大化?

第一步：将表中的边际效用除以每种商品的价格，如表 3-3 所示：

表 3-3　　计算边际效用与商品价格的比值

Q	1	2	3	4	5	6	7	8	9	10	11
MU_x/P_x	8	7	5.5	5	4.5	4	3.5	3	2.5	1.5	0.5
MU_y/P_y	7.5	6.5	6	4	3	2.5	2	1.5	1	0.5	0

第二步：消费者均衡的条件是：$\frac{MU_x}{P_x}=\frac{MU_y}{P_y}=MU_m$，从表中可见，共有五组商品组合满足此条件，它们是：

①$x=6$，$y=4$；②$x=8$，$y=5$；③$x=9$，$y=6$；④$x=10$，$y=8$；⑤$x=11$，$y=10$

但是，只有其中第①组同时满足消费者均衡的条件和消费者购买能力的约束条件 $M=P_x\times Q_x+P_y\times Q_y$

即：20 美元$=6\times2+4\times2$

因此，消费者在消费 6 单位 x 商品、4 单位 y 商品时达到效用最大。

（三）消费者剩余与生产者剩余

1. 边际效用递减规律与需求定理

消费者购买物品时，必定会将自己的货币与物品相比较，即一元货币的边际效用和一元货币所购买到的物品的边际效用相等时，消费者才会购买，否则消费者不会购买或者生产者不会提供。简而言之，就是一分钱一分货，花一元钱所得到的东西就应当值一元钱，否则从纯经济学的角度讲，交换行为不可能发生。

根据边际效用递减规律，随着人们消费物品的数量增加，边际效用是递减的。假设货币的边际效用不变，随着物品数量的增加，人们愿意支付的价格在下降。如表 3-4 所示（假设 1 元=10 个效用单位）：

表 3-4　　边际效用与价格的关系

面包数（个）	边际效用（MU）	价格（元）
0	—	—
1	30	3
2	20	2
3	10	1
4	0	0

所以，需求量与价格反方向变动的原因是边际效用递减。

2. 消费者剩余

(1) 支付意愿与消费者剩余。

支付意愿是指消费者愿意为某种物品或劳务支付的最高价格。

消费者剩余是指消费者从商品中得到的满足程度超过了他实际付出的价格部分，或者说是消费者愿意为一种物品支付的数量减去消费者为此实际支付的数量。

消费者剩余并不是实际收入的增加，只是一种心理感觉。因为消费者行为理论是一种心理分析，所以，这一概念是有意义的，而且可以运用于分析其他问题。

例如：有一辆轿车要卖出，采取拍卖的形式进行出售，现在有四个可能的买主 A、B、C、D，他们均想购买该辆轿车，但他们每人愿意支付的价格都有限，且不同，如表 3-5 所示：

表 3-5　四个买主的最高支付价

买者	最高支付价（万元）
A	100
B	80
C	70
D	60

从低向高叫价时，当 A 买主叫出 80 万元（或略高一点），叫价停止。于是，A 买主支付 80 万元（或略高一点）得到该辆轿车。而 A 买主愿意为此支付 100 万元，实际上支付了 80 万元，于是 A 买主得到了 20 万元的消费者剩余。

(2) 消费者剩余与需求曲线。

从以上的例子可知，相应的买者需求表如表 3-6 所示：

表 3-6　相应的买者需求表

价格（万元）	买者	需求量
100 以上	无	0
80 以上	A	1
70 以上	A、B	2
60 以上	A、B、C	3
60	A、B、C、D	4

相应的需求曲线如图 3-2 所示：

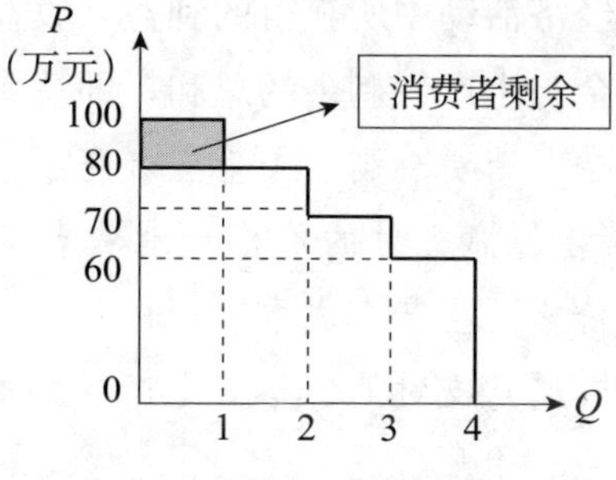

图 3-2　消费者剩余图 (1)

从图 3－2 中可知，需求曲线以下和价格以上的面积为消费者剩余。于是对于一般商品就可以如下描述消费者剩余，如图 3－3 所示：

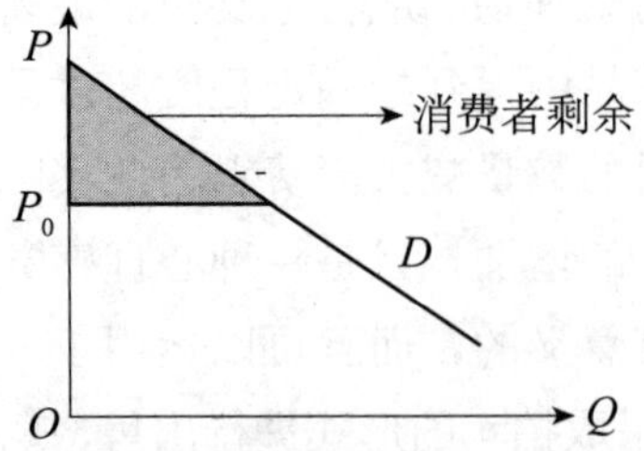

图 3－3　消费者剩余图（2）

（3）价格对消费者剩余的影响。

如图 3－4 所示。

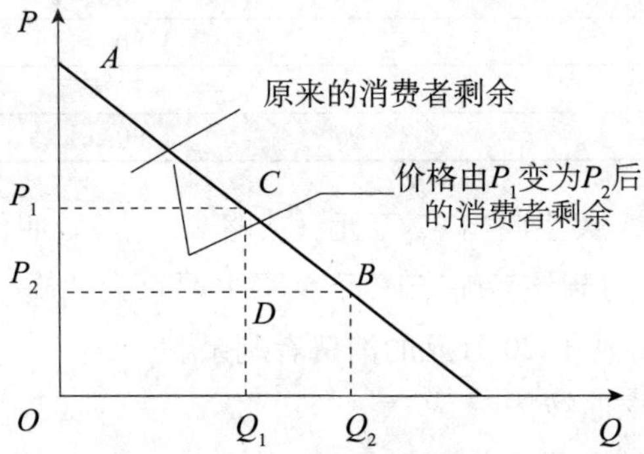

图 3－4　消费者剩余图（3）

3. 生产者剩余

（1）成本与生产者的意愿是指生产者愿意出售其物品或劳务的最低价格。

（2）生产者剩余是指生产者出售一种物品或劳务的价格与生产者成本的差额。

三、市场效率

（一）社会经济福利与总剩余

社会经济福利是指社会在经济活动中所获得的利益（收益）。

社会经济福利用消费者剩余与生产者剩余的总和，即总剩余来衡量。即：

社会经济福利＝总剩余＝消费者剩余＋生产者剩余

＝(消费者愿意支付的价格－消费者实际支付的价格)＋（生产者出售价格－生产者成本)

＝消费者愿意支付的价格－生产者成本

（二）市场效率与平等

市场效率是指资源配置使社会所有成员从稀缺资源中得到的总剩余最大化的性质。

平等是指经济成果（福利）在社会成员中公平分配的特征。

（三）市场均衡的评价

自由市场是有效率的吗？

要判断自由市场是否有效率，要看总福利是否最大，或通过改变价格或数量能否使社会总福利达到最大。

结论：自由市场是有效率的资源配置方式。

（四）市场效率与市场失灵

（1）市场有效配置的前提：

第一，市场是完全竞争的，即没有市场势力（垄断）；

第二，不存在外部性。

（2）市场失灵：市场不能有效配置稀缺资源的功能。

实训任务

分析讨论以下题目：

1. 什么是效用和边际效用？

2. 你有一双鞋，似乎第二只鞋的边际效用大于第一只鞋，这是否违背了边际效用递减规律？

3. 钻石用处极小而价格昂贵，生命必不可少的水却非常之便宜。请用边际效用的概念加以解释。

4. 什么是基数效用论？

5. 什么是消费者均衡？它有哪些条件？

任务三 认识序数效用论

理论知识

一、消费可能线

在运用无差异曲线来分析消费者均衡时，我们还必须了解另一个概念：消费可能线。

消费可能线又称家庭预算线，或等支出线。消费可能线是用来表示在消费者收入与商品价格既定的条件下，消费者所能购买到的两种商品数量最大组合的一条线。

例如：某消费者的收入为 20 元，购买两种水果，苹果为 2.50 元/斤，鸭梨为 2.00 元/斤。该消费者购买这两种水果，可以形成不同数量组合，如图 3－5 所示：

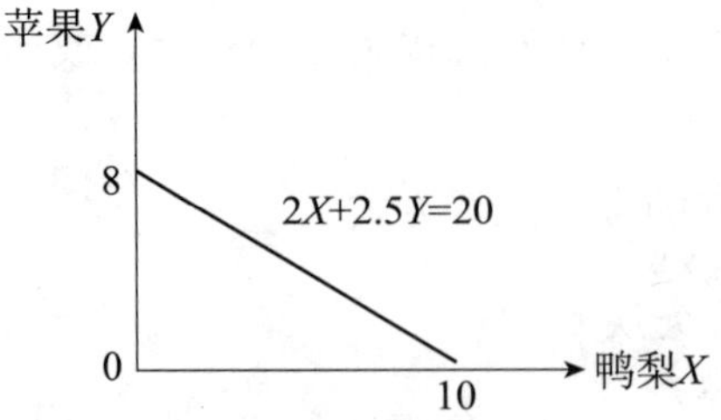

图 3－5　消费可能线

消费可能线表明了消费者消费行为的限制条件，限制支出或收入一定，即

$$M = P_X Q_X + P_X Q_X$$

消费可能线随着消费者的收入和商品的价格改变而改变。

价格不变，收入上升，消费可能线向右上方平行移动。
收入不变，价格同时成倍上升，消费可能线向左下方平行移动。

二、无差异曲线

无差异曲线（Indifference Curve）是用来表示两种商品的不同数量组合给消费者带来的效用是完全相同的一条曲线。

例如：假设下列任何一个组合的总效用相同，如表 3－7 所示：

表 3－7　总效用相同的苹果与梨的组合

苹果	梨
8	2
6	4
2	8

根据表 3－7，绘制无差异曲线，如图 3－6 所示。

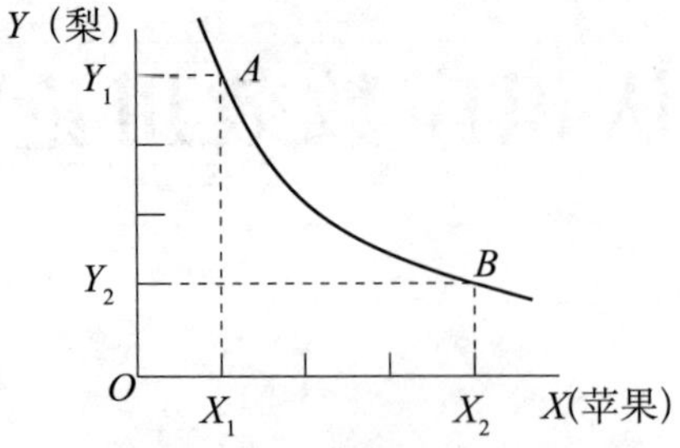

图 3－6　无差异曲线

在图 3－6 中，横轴代表 X 商品的数量，纵轴代表 Y 商品的数量，AB 为无差异曲线，线上任何一点上 X 商品与 Y 商品不同数量的组合给消费者所带来的效用都是相同的。因

此，无差异曲线也被称为等效曲线。

从图 3－6 中可知，无差异曲线有四个基本特征：

（1）无差异曲线是一条向右下方倾斜的曲线，其斜率为负值。表明两种不同数量的商品组合带来的效用是相等的。在收入与价格既定的条件下，消费者为了得到或维持相同的总效用，在增加一种商品的消费时，必须减少另一种商品的消费。两种商品不能同时增加或减少。

（2）同一平面图上可以有无数条无差异曲线，即坐标平面上存在一组无差异曲线。同一条无差异曲线代表相同的效用，不同的无差异曲线代表不同的效用。离原点越远的无差异曲线，所代表的效用越大；离原点越近的无差异曲线，所代表的效用越小。可用图 3－7 图说明这一点：

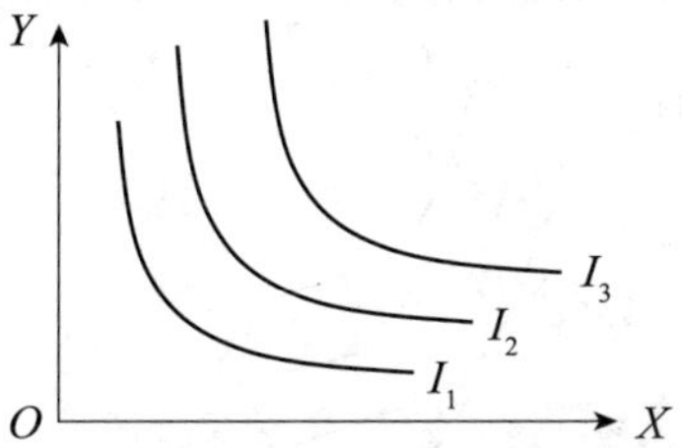

图 3－7　无差异曲线组

在图 3－7 中，I_1、I_2、I_3是三条不同的无差异曲线，它们分别代表不同的效用，其顺序为：$I_1<I_2<I_3$。

（3）同一平面上，任意两条无差异曲线不能相交。这一点我们用反证法来证明。因为在交点上两条无差异曲线代表了相同的效用，与第二个特征相矛盾。

（4）无差异曲线是一条凸向原点的线。这是由边际替代率递减所决定的。在无差异曲线图中，边际替代率也就是无差异曲线的斜率。无差异曲线的斜率是递减的，无差异曲线也就是凸向原点的。

三、边际替代率

想象一下，当一个消费者沿着一条既定的无差异曲线上下滑动时，两种商品数量的组合会发生变化，但消费者所得到的效用却是不变的。也可以反过来说，消费者若要维持效用水平不变，则在增加一种商品的同时，必然会减少另一种商品的消费。

边际替代率（Marginal Rate of Substitution，MRS）是指消费者在保持相同的效用时，减少的一种商品的消费量与增加的另一种商品的消费量的比值。

$$MRS_{YX}=\frac{\Delta Y}{\Delta X}$$

ΔY 是一种商品的减少量，ΔX 是另一种商品的增加量。

又知无差异曲线没有改变，即效用大小没有改变，于是：

$$MU_X\cdot\Delta X+MU_Y\cdot\Delta Y=0$$

$$MRS_{YX}=\frac{\Delta Y}{\Delta X}=-\frac{MU_X}{MU_Y}$$

这样，每增加一单位的 X 商品，X 商品的边际效用在递减，而 Y 商品的边际效用随着 Y 的数量的减少而增加。因此，X 商品所能代替的 Y 商品的数量就越来越少，于是 MRS 在不断下降。

由此可见，边际替代率是负的，并且呈递减趋势的。

四、消费者最佳购买量的决定

现在我们把无差异曲线与消费可能线结合在一起来分析消费者均衡。

如果把无差异曲线与消费可能线合在一个图上，那么，消费可能线必定与无数条无差异曲线中的一条相切于一点。在这个切点上，就实现了消费者均衡。可用图 3-8 来说明这一点：

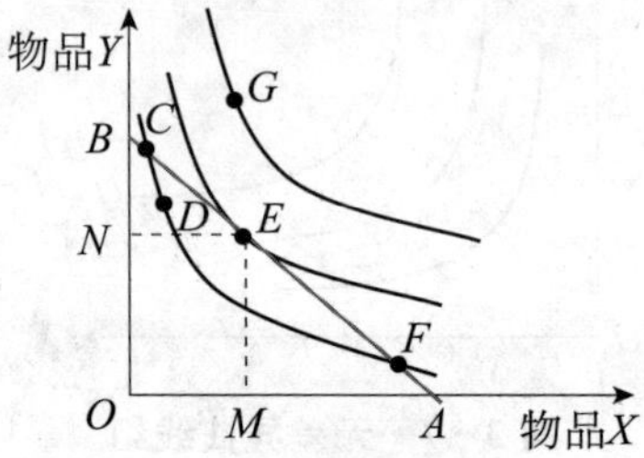

图 3-8　无差异曲线和消费可能线

在图 3-8 中，I_1、I_2、I_3 为三条无差异曲线，它们效用大小的顺序为 $I_1<I_2<I_3$。AB 为消费可能线。AB 线与 I_2 相切于 E，这时实现了消费者均衡。这就是说，在收入与价格既定的条件下，消费者购买 OM 的 X 商品，ON 的 Y 商品，就能获得最大的效用。

为什么只有在 E 点时才能实现消费者均衡呢？

（1）解释为什么图中 G、D、C 和 F 点不是消费者的均衡点；

（2）解释 E 点为何成为既定收入下消费者效用最大的消费组合点。

（1）当商品 X 和 Y 的价格给定时，该消费者的收入不足以使其达到最外那根无差异曲线上的 G 点，在 D 点，消费者处于最靠近原点的那根无差异曲线上，效用最低，且还未花完消费者手中的钱，消费者倾向于购买更多的效用。在 C 点和 F 点，消费者已将其全部收入花完，但仍处于最低的效用无差异曲线上，不是最好的购买方案。

（2）在 E 点，消费者的收入与其效用无差异曲线相切，意味着这是他所能购买到的最高水平的总效用。更高的效用水平需要更多的收入才能消费，所以，该切点就是消费者均衡的点，即能购买到的最高水平总效用的商品的组合。

五、不同商品价格变动的效果分析

（一）商品的分类

根据商品的需求量与人们收入水平之间的关系不同，把商品分为正常商品和低档商品两种。

1. 正常商品

如果商品的需求量与人们收入水平呈同方向变动，则这种商品称为正常商品。也就是说，正常商品的需求量会随着人们收入水平的增加而增加，会随着人们收入水平的减少而减少。

正常商品又分为必需品和奢侈品。

必需品：就是商品的需求量的增加幅度小于人们收入水平的增加幅度的商品。例如：粮食、牙膏、盐等。

奢侈品：就是商品的需求量的增加幅度大于人们收入水平的增加幅度的商品。例如：金银饰品、旅游、汽车等。

2. 低档商品

如果商品的需求量与人们收入水平呈反方向变动，则这种商品称为低档商品。也就是说，低档商品的需求量会随着人们收入水平的增加而减少，会随着人们收入水平的减少而增加。例如低档服装等。

低档商品又分为一般低档商品和吉芬商品。其中一般低档商品是指商品价格下降，需求量增加的商品。而吉芬商品是指价格下降，需求量下降的商品。

（二）替代效应和收入效应

商品价格变动会发生两个方面的效应，即替代效应和收入效应，通过这两个方面的效应使商品的需求量发生变动。

替代效应：在满足程度不变的情况下，一种商品的价格变动会引起其他商品的相对价格发生变动，导致商品之间的相互替代，从而引起该种商品需求量发生相应变动，这种效应称为替代效应。

收入效应：在名义收入水平不变的情况下，一种商品的价格变动会使消费者的实际收入发生变动，从而引起该种商品需求量发生相应变动，这种效应称为收入效应。

1. 正常商品的两种效应（X 商品价格下降）

替代效应可用图 3－9 描述：

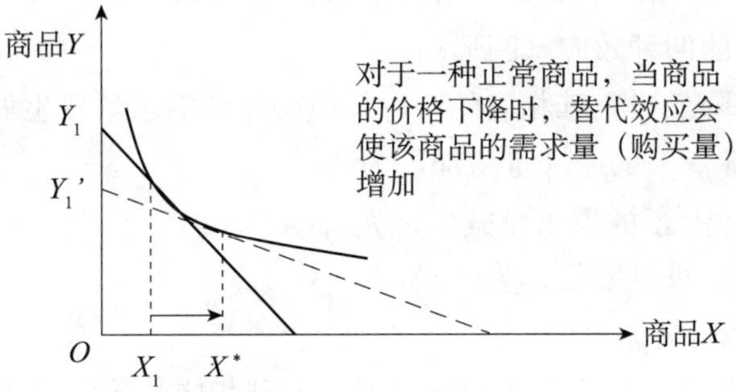

图 3－9　替代效应图

如图 3－9 所示，当 X 商品价格下降收入预算线由 Y_1 变为 Y'_1，其与效用水平线切点

随之移动对应 X 的需求量由 X_1 变动到 X^*：可知，商品 X 的需求量（购买量）增加了 X_1X^*。

收入效应可用图 3－10 描述：

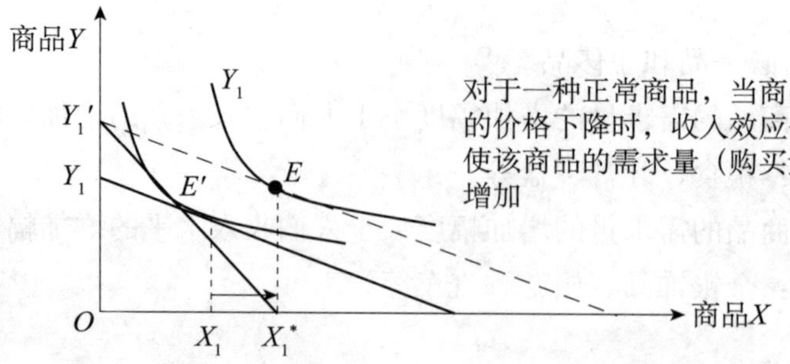

图 3－10　收入效应图

如图 3－10 所示，当 X 商品价格下降，收入预算线由 Y_1 变为 Y'_1，其与效用线的切点由 E 移到 E'，对应 X 的需求量由 X_1 变动到 X_1^*，由此可知商品 X 的需求量（购买量）增加了 $X_1X_1^*$。

总效应可用图 3－11 描述：

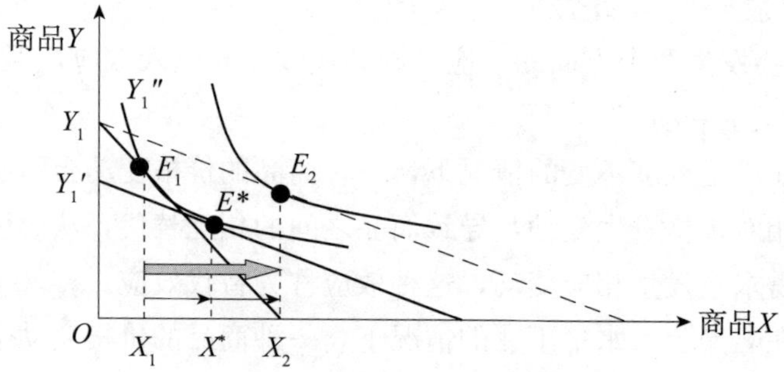

图 3－11　总效应曲线图

如图 3－11 所示，替代效应使 X 的需求量从 X_1 增加到 X^*，收入效应使 X 的需求量从 X^* 增加到 X_2，故总效应是由 X_1 增加到 X_2，增加了 X_1X_2。

对于正常商品，当价格下降时，其需求量最终会增加。

2. 一般低档商品的两种效应（图形略）

当商品 X 的价格降低时，其相应的两种效应会导致需求量发生如下变化：

$\begin{cases}\text{替代效应会使商品 X 的需求量增加，为 } X_1X^*\text{。}\\ \text{收入效应会使商品 X 的需求量减少，为 } X_2X^*\text{。}\end{cases}$

最终是商品 X 的需求量增加，为 X_1X_2。

3. 吉芬商品的两种效应（图形略）

对于一种吉芬商品 X，当商品价格下降时，两种相应的效应导致其需求量如下变化：

$\begin{cases}\text{替代效应会使商品 X 的需求量增加，为 } X_1X^*\text{。}\\ \text{收入效应会使商品 X 的需求量减少，为 } X_2X^*\text{。}\end{cases}$

⇨最终是商品 X 的需求量减少，为 X_1X_2。

由以上分析可知，价格下降对于正常商品、一般低档商品和吉芬商品的替代效应、收入效应和总效应的影响如表 3－8 所示：

表 3－8　　价格下降对不同商品的替代效应、收入效应、总效应的影响

类别	替代效应	收入效应	总效应
正常商品	增加	增加	增加
一般低档商品	增加	减少	增加
吉芬商品	增加	减少	减少

六、收入消费曲线和价格消费曲线

（一）收入消费曲线

收入消费曲线是指在两种商品的价格水平之比为常数的情况下，每一收入水平所对应的两种商品最佳购买组合点组成的轨迹。

两种商品的价格水平之比为常数意味着消费可能线的斜率一定。随着人们收入水平的变动，消费可能线会发生平行移动。每一条消费可能线均会与一条无差异曲线相切，其切点就是消费者的最佳消费点，也就是两种商品的最佳购买组合点，把这些点连接起来就形成商品的收入消费曲线，如图 3－12 所示：

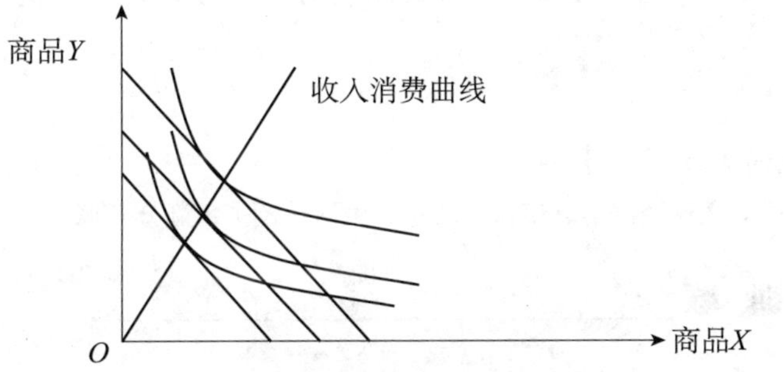

图 3－12　收入消费曲线图

（二）价格消费曲线

价格消费曲线是指在一种商品的价格水平和消费者收入水平为常数的情况下，另一种商品价格变动所对应的两种商品最佳购买组合点组成的轨迹，如图 3－13 所示：

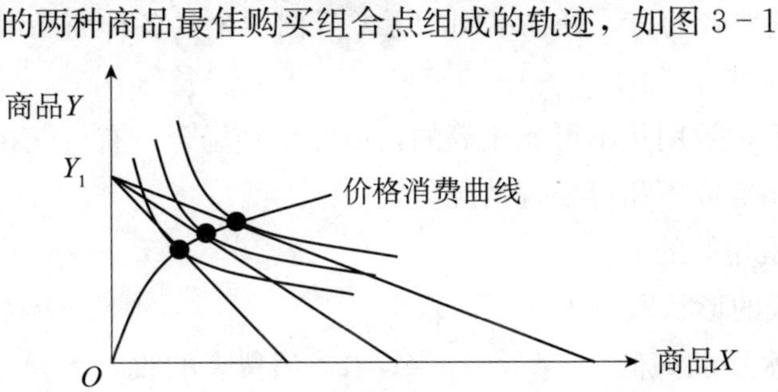

图 3－13　价格消费曲线图

如图 3－13 所示，Y 商品的价格水平和消费者收入水平不变时，商品 X 的价格变动引起预算线与效用线的切点，移动这些切点连在一起形成的轨迹即是价格消费曲线。

实训任务

是穷人幸福还是富人幸福

对于什么是幸福，美国经济学家萨谬尔森用“幸福方程式”来概括。这个“幸福方程式”就是：幸福＝效用/欲望，从这个方程式中我们看到欲望与幸福成反比，也就是说人的欲望越大越不幸福。但我们知道人的欲望是无限的，那么多大的效用不也等于零吗？因此我们在分析消费者行为理论的时候，我们假定人的欲望是一定的。那么我们在离开分析效用理论时，再来思考萨谬尔森提出的“幸福方程式”，真是觉得他对幸福与欲望关系的阐述太精辟了，难怪他是诺贝尔奖的获得者。

对于幸福，不同的人有不同的理解，政治家把实现自己的理想和抱负作为最大的幸福；企业家把赚到更多的钱当作最大的幸福；老师把学生喜欢听自己的课作为最大的幸福；老百姓往往觉得平平淡淡衣食无忧才是最大的幸福。幸福是一种感觉，自己认为幸福就是幸福。但无论是什么人，一般都把拥有的财富多少看作衡量幸福的标准，一个人的欲望水平与实际水平之间的差距越大，他就越痛苦。反之，就越幸福。

因此，“知足常乐”“适可而止”等有着深刻的经济含义，我们要为自己最大化的幸福作出理性的选择。

思考：

你认为穷人幸福还是富人幸福？

资料来源：梁小民．微观经济学纵横谈．北京：生活·读书·新知三联书店，2011。

项目技能训练

一、单选题

1. 总效用曲线达到顶点时，（　　）。

A. 平均效用达到最大点　　B. 边际效用为零

C. 边际效用达到最大点　　D. 平均效用与边际效用相等

2. 对于同一消费者而言，处在不同的无差异曲线上的各种商品组合（　　）。

A. 效用是不可能相等的

B. 一般情况下，效用是不可能相等的，但在个别场合，有可能相等

C. 效用是否相等或不相等要视情况而定

D. 效用可能是相等的

3. 无差异曲线的形状取决于（　　）。

A. 商品效用水平的高低　　B. 消费者的收入

C. 商品价格　　D. 消费者偏好

4. 随着收入和价格的变化，消费者的均衡也发生变化。假如在新的均衡下，各种商品的边际效用均低于原均衡状态的边际效用，这意味着（　　）。

A. 消费者生活状况没有变化　　B. 消费者生活状况恶化了

C. 消费者生活状况得到了改善　　D. 无法确定

5. 无差异曲线如果是呈直角形的话，说明（　　）。

A. 消费者对两种商品的主观评价是替代品

B. 消费者对两种商品的主观评价是互补品

C. 消费者对两种商品的主观评价是完全替代品

D. 消费者对两种商品的主观评价是完全互补品

6. 如果消费可能线平行移动，可能的原因是（　　）。

A. 消费者购买的其中一种商品的价格发生变化

B. 消费者购买的两种商品的价格发生不同比例的变化

C. 消费者购买的两种商品的价格发生同比例而且同方向的变化

D. 消费者购买的两种商品的价格发生同比例但不同方向的变化

7. 如果一份肯德基的边际效用为 3，一件金利来衬衫的边际效用为 20，当二者的价格分别为 15 元和 150 元时，消费者的消费行为应该是（　　）。

A. 增加衬衫或减少肯德基的消费　　B. 增加肯德基或减少衬衫的消费

C. 同时增加或减少二者的消费　　D. 对二者的消费量不变

8. 如果一个小包子的边际效用为 5，一个苹果的边际效用为 10，当二者的价格分别为 0.5 元和 1.2 元时，消费者的消费行为应该是（　　）。

A. 增加小包子或减少苹果的消费　　B. 增加苹果或减少小包子的消费

C. 同时增加或减少二者的消费　　D. 对二者的消费量不变

9. 已知消费者的收入为 50 元，商品 X 的价格为 5 元，商品 Y 的价格为 4 元。假定该消费者计划购买 6 单位 X 和 5 单位 Y，商品 X 和 Y 的边际效用分别为 60 和 30。如果他想实现效用最大化，他应该（　　）。

A. 增加 X 和减少 Y 的购买量　　B. 增加 Y 和减少 X 的购买量

C. 同时减少 X 和 Y 的购买量　　D. 同时增加 X 和 Y 的购买量

10. 已知消费者的收入为 50 元，商品 X 的价格为 5 元，商品 Y 的价格为 4 元。假定该消费者计划购买 6 单位 X 和 5 单位 Y，商品 X 和 Y 的边际效用分别为 40 和 40。如果他想实现效用最大化，他应该（　　）。

A. 增加 X 和减少 Y 的购买量　　B. 增加 Y 和减少 X 的购买量

C. 同时减少 X 和 Y 的购买量　　D. 同时增加 X 和 Y 的购买量

二、判断题

1. 对于同一个消费者来说，同样数量的商品总是提供等量的效用。

2. 序数效用论认为商品效用的大小取决于商品的价格。

3. 无差异曲线的斜率不变时，无差异曲线呈直线，表示两种商品之间是互补的关系。

4. 商品 X 和 Y 的价格按相同的比率上升，而收入不变时，预算线向右上方平行移动。

5. 只要商品数量在增加，消费者得到的总效用就一定增加。

6. 只要总效用是正数，边际效用就不可能是负数。

7. 只要商品消费数量连续增加，消费者得到的边际效用就一定减少。

8. 无差异曲线是一条凹向原点的线。

9. 消费者均衡就是消费者获得了最大边际效用。

10. 按序数效用理论，消费者均衡点应该是无差异曲线与消费可能线的交点。

三、简答题

1. 简要分析无差异曲线的基本特征。

2. 钻石用处极小而价格昂贵，生命必不可少的水却非常之便宜，请用边际效用的概念加以解释。

四、计算题

1. 若甲用全部收入能购买 4 单位 X 和 6 单位 Y，或者 12 单位 X 和 2 单位 Y。

（1）作出预算线。

（2）商品 X 的价格与商品 Y 的价格之比是多少？

2. 设某人的效用函数为 $U=2X+2Y+XY+8$，预算约束为 $5X+10Y=50$（$P_X=5$，$P_Y=10$），求：

（1）X，Y 的均衡值；

（2）货币的边际效用；

（3）最大效用。

项目四

透视厂商理论

学习目标

1. 了解厂商生产函数的含义与表示；
2. 理解生产要素合理投入和生产要素最优组合的意义，掌握生产规律。

重点难点

1. 边际产量递减规律；
2. 生产要素的合理投入区域，生产要素的最优组合；
3. 规模报酬的变动及其变动的原因。

项目导言

厂商理论是经济学中非常重要的一个内容，本项目将会给大家深入透彻地分析和阐述厂商的类别，详细地讲解厂商的各种函数的含义和计算，让大家理解生产要素组合和生产要素最适组合的意义，掌握生产规律。

项目导入——钻石恒久远，一颗永流传

南非的钻石公司德比尔可以说是垄断了钻石的所有权，它控制了世界钻石生产的80%左右。虽然这家企业的市场份额不是100%，但它也大到足以对世界钻石价格产生重大影响的程度。

德比尔拥有多大的市场势力呢？答案取决于有没有这种产品的相近替代品。如果人们认为翡翠、红宝石和蓝宝石都是钻石的良好替代品，那么，德比尔的市场势力就较小了。在这种情况下，德比尔任何一种想提高钻石价格的努力都会使人们转向其他宝石。但是，如果人们认为其他石头都与钻石非常不同，那么，德比尔就可以在相当大程度上影响自己产品的价格。德比尔支付了大量广告费。乍一看，这种决策似乎有点奇怪。如果垄断者是一种产品的唯一卖者，为什么它还需要广告呢？德比尔广告的一个目的是在消费者心目中把钻石与其他宝石区分开来。当德比尔的口号告诉你“钻石恒久远，一颗永流传”时，你马上会想到翡翠、红宝石和蓝宝石并不是这样。（而且，要注意的是，这个口号适用于所有钻石，而不仅仅是德比尔的钻石——德比尔垄断地位的象征。）如果广告是成功的，消费者就将认为钻石是独特的，不是许多宝石中的一种，而且，这种感觉就使德比尔有更大的市场势力。

思考：

垄断厂商就可以100%地控制产品价格吗？

任务一 了解厂商的生产活动——投入与产出

理论知识

一、企业的形式与类型

（一）企业的形成

在市场经济中，企业一般采取三种形式：单人业主制、合伙制和股份公司。

（1）单人业主制是由一个人所有并经营的企业。它的特点在于所有者和经营者是同一个人。这种企业形式产权明确，责权利统一在一个人身上，激励和制约都显而易见。但这种企业有两个缺点：一是以一个人的财力和能力难以做大，无法实现规模经济、专业化分工等好处；二是在市场竞争中这种企业寿命短，出现得快，消失得也快。

（2）合伙制是由若干人共同拥有、共同经营的企业。这种企业可以比单人业主制企业大，但缺点是实行法律上的无限责任制，这种无限责任制使每一个合伙人都面临巨大风险，企业越大，每个合伙人面临的风险越大。此外，合伙制企业内部产权并不明确，责权利不清楚，合伙者易于在利益分配和决策方面产生分歧，从而影响企业的发展。

（3）现代市场经济中最重要的企业形式是有限责任公司和股份有限公司（简称股份公司）。股份公司是由投资者（股东）共同所有，并由职业经理人经营的企业，股东是公司的共同所有者。股份公司的优点是：第一，公司是法人，不同于自然人。第二，公司实行有限责任制，这样就减少了投资风险，可以使企业无限做大。第三，实行所有权与经营权分离，由职业经理人实行专业化、科学化管理，提高了公司的管理效率。股份公司的一个缺点是双重纳税，但公司最重要的问题在于所有权与经营权分离后，所有者、经营者、职工之间的关系复杂，以及由此可能引起的管理效率下降。

（二）企业生产的类型

第一产业：利用工具直接作用于自然界，利用自然资源生产初级产品的产业。

第二产业：利用工具作用于初级产品，对初级产品进行再加工，以满足人们生产或生活对物质资料需要的产业。

第三产业：是指满足人们基本物质资料需要以外的各种劳务部门。

如图 4－1 所示。

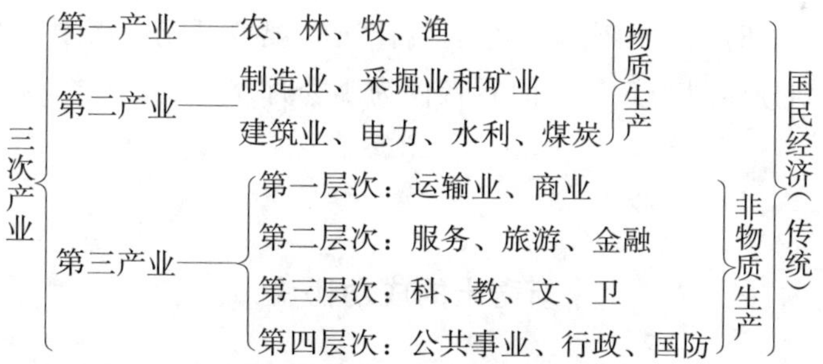

图 4－1　三次产业的划分

二、生产与生产要素

（一）生产

在生产中要投入各种生产要素并生产出产品，所以，生产也就是把投入变为产出的过程，即生产是对各种生产要素进行组合以制成产品的行为。

西方经济学中所谓的“生产”，是指一切能够创造或增加效用的人类活动，生产活动不仅包括物质资料的生产，也包括劳务，如理发、看病、政府提供公共服务、警察维护社会治安、音乐演奏，等等。生产过程就是各种生产要素进行组合、共同协作生产出产品的过程。从物质技术的角度来分析，生产过程可以分解为两个方面：一是投入（Input），即生产过程所使用的各种生产要素，如劳动、土地、资本和企业家才能等；二是产出（Output），即生产出来的各种物质产品的数量。

（二）生产要素

生产要素是指生产中所使用的各种资源。这些资源可以分为劳动、资本、土地与企业家才能。劳动指生产中劳动力所提供的服务。资本指生产中所使用的厂房、设备、原料，等等。土地指生产中所使用的各种自然资源，包括耕地、建筑用地、水源、自然中的矿藏等。企业家才能指企业家对整个生产过程的组织与管理工作。西方经济学家特别强调企业家才能，认为把劳动、土地、资本组织起来，使之产生效益的关键正是企业家才能。

（三）短期和长期生产理论

微观经济学的生产理论可以分为短期生产理论和长期生产理论。

（1）短期生产理论指生产者来不及调整全部生产要素的数量，至少有一种生产要素的数量是固定不变的时间周期。

（2）长期生产理论指生产者可以调整全部生产要素的数量的时间周期。

相应地，在短期内，生产要素投入可以分为不变要素投入和可变要素投入。生产者在短期内无法进行数量调整的那部分要素投入是不变要素投入。由于在长期内所有的要素投入量都是可变的，因而也就没有可变要素投入和不变要素投入的区分。

在这里，短期和长期的划分是以生产者能否变动全部要素投入的数量为标准的。对于不同的产品生产，短期和长期的具体时间的规定是不相同的。比如，变动一个大型炼油厂的规模可能需要 5 年的时间，而变动一个豆腐作坊的规模可能仅需要 1 个月的时间。即前者的短期和长期的划分界限为 5 年，而后者仅为 1 个月。

实训任务

新奇士的成功秘诀

在北京超市，澳大利亚和美国的脐橙一般可卖到每千克 70 多元，我国赣南的脐橙才每千克 8 元左右。那么是不是我国赣南脐橙的品质要差些呢？其实不然，国外专家也承认，中国的脐橙内质比美国的新奇士强。赣南脐橙的可溶性固形物含量在 13%以上，美国脐橙在 11%以下；美国脐橙酸度在 1%以上，赣南脐橙在 0.8%以下；美国脐橙出口亚洲需要经过长途运输，采摘不能完全成熟；另外外观颜色上，赣南脐橙偏橙红色，美国脐橙是橙黄色。那么，既然我国脐橙同美国脐橙相比具有这么多优点，为什么又“价不如人”呢？问题的关键可能在于我们的脐橙种植者还是以单打独斗的方式在激烈的市场竞争中拼杀，而美国脐橙种植者则是以编队方式进入。为此，我们不妨看一看美国新奇士橙种植者协会到底能做些什么吧！

新奇士橙种植者协会是一个 1893 年由一百个加州果农组成的联合会，到如今发展成拥有超过 6 500 个果农家族的果农协会，全方位地为果农提供产前、产中、产后服务。“新奇士”是一个统一的商标，所有成员产的水果都用统一的“新奇士”商标。作为协会，对内，他们为果农提供各种技术服务；对外，他们代表果农向全球市场推广产品。协会的代表常年奔赴世界各地，将各地的价格及时反馈给协会，从而制定统一价格，避免恶性竞争。而果农地里的每一棵果树的成熟期，都被输入协会的电脑，从而使产量均匀地分布在各个时期，以防市场波动较大，果贱伤农。

思考：

农民所面对的接近完全竞争的市场形态能不能通过某些途径改造成其他形态的市场？

任务二

了解短期生产函数

理论知识

一、生产函数及短期生产函数的含义

李明是某海岛上的一位捕鱼能手。最近，他购买了一条机动捕鱼船在近海捕鱼。每次下海都要雇用一些临时人员，分别按捕鱼的销售收入的固定百分比付给临时人员工资。李明记录了最近 15 次雇用临时人员的人数和捕鱼的数量（见表 4－1）。这一期间，鱼的销售价格一直没有变化。

表 4－1　雇用人数与捕鱼量

日期	雇用人数（人）	捕鱼量（吨）
10.3	6	3.8
10.8	17	7.3
10.12	9	5.6
10.16	5	3.1
10.20	12	7.3
10.25	3	1.5
10.30	14	8.0

续前表

日期	雇用人数（人）	捕鱼量（吨）
11.4	15	7.8
11.7	5	3.3
11.10	12	7.6
11.14	8	4.5
11.19	16	7.7
11.22	10	6.4
11.26	9	6.1
11.30	14	8.1

根据上述资料，你能找出雇用人员与捕鱼量的关系吗？

（一）生产函数

生产要素的数量与组合和它所能生产出来的产量之间存在一定的依存关系。生产函数正是表明一定技术水平之下，生产要素的数量和某种组合与它所能生产出来的最大产量之间依存关系的函数。

生产函数（Production Function）是指在一定时期内，在生产技术水平不变的情况下，投入某种组合的生产要素同最大可能的产出之间关系的函数。它是反映生产过程中投入和产出之间的技术数量关系的一个概念。

（二）短期生产函数

短期生产函数是指短期内至少有一种生产要素使用量不能改变的生产函数。只有一种投入要素变化的情况下，通常假定是劳动要素的变化。

在生产函数 $Q=f(L, K)$ 中，假定资本投入量是固定的，用 K 表示，劳动投入量是可变的，用 L 表示，则生产函数可以写成：$Q=f(L, K)$，$Q=f(L)$。

这就是通常采用的一种可变生产要素的生产函数的形式，也被称为短期生产函数。

根据短期生产函数 $Q=f(L)$，可以得到劳动的总产量、劳动的平均产量和劳动的边际产量的概念。

二、总产量、平均产量和边际产量

（一）总产量、平均产量和边际产量的含义

总产量（TP）是指一定的生产要素投入量所提供的全部产量。

如果只考虑劳动和资本两种生产要素，则 $TP=f(L,K)$ 。假设 K 是确定的，只变化 L，那么 $TP=f(L,K_0)$ 。

平均产量 AP 是指平均每单位生产要素所提供的产量。

$$AP=\frac{TP}{L}=\frac{f(L,K_0)}{L}$$

边际产量 MP 是指增加一单位可变要素投入所引起的总产量的增加量。

$$MP=\frac{\mathrm{d}TP}{\mathrm{d}L}=\frac{\mathrm{d}f(L,K_0)}{\mathrm{d}L}\text{ 或 }MP=\frac{\Delta TP}{\Delta L}$$

总产量、平均产量和边际产量可用图 4－2 表示。

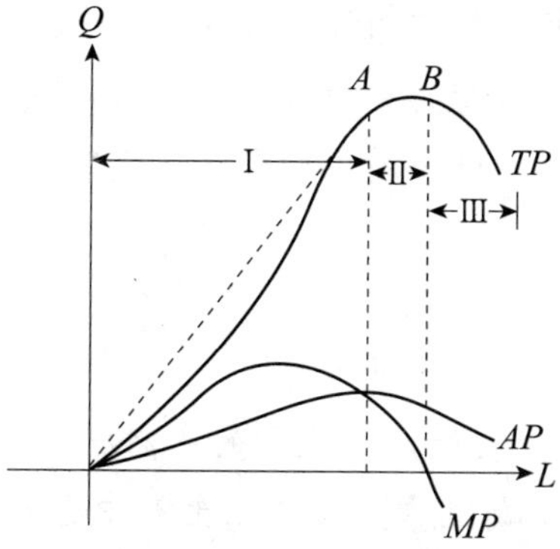

图 4－2　总产量、平均产量和边际产量

总产量、平均产量和边际产量的关系：

在其他条件不变的情况下，随着一种生产要素的增加，总产量曲线、平均产量曲线和边际产量曲线都是先上升而后下降。这反映了边际产量递减规律。

$MP>0$ 时，TP 上升；$MP=0$ 时，TP 最大；$MP<0$ 时，TP 下降。
AP 与 MP 相交于 AP 的最高点，相交前，$MP>AP$；相交后，$MP<AP$。

（二）一种生产要素的合理投入

在确定一种生产要素的合理投入时，我们根据总产量、平均产量与边际产量的关系，可将生产划分为三个阶段，即把图 4－2 分为三个区域。

Ⅰ区域是劳动量从零增加到 A 这一阶段，这时平均产量一直在增加，边际产量大于平均产量。这说明，在这一阶段，相对于不变的资本量而言，劳动量不足，所以劳动量的增加可以使资本得到充分利用，从而产量递增。由此看来，劳动量最少要增加到 A 点为止，否则资本无法得到充分利用。

Ⅱ区域是劳动量从 A 增加到 B 这一阶段，这时平均产量开始下降，边际产量递减，即增加劳动量仍可使产量增加，但增加的比率是递减的。由于边际产量仍然大于零，总产量仍在增加。在劳动量增加到 B 时，总产量可以达到最大。

Ⅲ区域是劳动量增加到 B 点以后，这时边际产量为负数，总产量绝对减少。由此看来，劳动量的增加超过 B 之后是不利的。

（三）边际报酬递减规律

1. 定义

在技术水平不变的情况下，把一种可变的生产要素投入到其他不变的生产要素中时，随着这种可变生产要素投入量的增加，产品的边际产量是先增加后减少的，这种规律就叫边际报酬递减规律。

2. 边际产量递减的原因

因为在厂商的生产中，不变要素和可变要素有一个最佳组合（两者的效率都得到最大限度的发挥）。起初，相对于固定要素，可变要素太少，随着可变投入的不断增加，不变要素和可变要素的组合比例不断接近合理化，因此，增加可变要素时其效率不断提高，带来的产量的增加量不断增加，所以起初边际产量曲线上升。当可变要素的投入量不断增加以至于超过两者的最佳组合时，可变要素投入显得太多，其效率降低，因而增加一单位可变要素带来的产量的增加量即边际产量就出现递减的现象。

实训任务

阅读以下内容思考并理解它的经济学规律：

1. 一块农田，不施肥，产量较低，施适量的肥料产量增加，但是肥料施得太多，产量又会减少，这就是边际收益递减规律。在工业生产中也如此，劳动力的投入也要适度，劳动力投入适量时，生产效率最高，在投入人力太少或者太多时，生产效率均会下降。

2. 三季稻不如两季稻

20 世纪 60 年代，时髦的口号是“人有多大胆，地有多高产”。于是一些地方把传统的两季稻改为三季稻。结果总产量反而减少了。从经济学的角度看，这是因为违背了一个最基本的经济规律：边际产量递减规律。

两季稻是农民长期生产经验的总结，它行之有效，说明在传统农业技术下，固定生产要素已经得到了充分利用。改为三季稻之后，土地过度利用引起肥力下降，设备、肥料、水资源等由两次使用改为三次使用，每次使用的数量不足。这样，三季稻的总产量就低于两季稻了。群众总结的经验是“三三见九，不如二五一十”。

因此，边际收益递减规律，是我们研究一种生产要素合理投入的出发点。

任务三

了解长期生产函数

理论知识

前面对短期生产函数的考察，分析了一种可变生产要素的投入量和产量之间的关系。在长期内，由于生产者可以调整全部的生产要素的数量，所以，接下来对长期生产函数的考察，将以两种可变生产要素的生产函数，来讨论可变生产要素的投入组合和产量之间的关系。

两种（或多种）生产要素按原来的技术系数增加，也就是生产规模的扩大。所以，我们研究两种生产要素的合理投入，就是要确定多大的生产规模是最适宜的。这一问题的解决，涉及经济学中的另一个重要规律——规模经济。

在技术系数可以变动，即两种生产要素的配合比例可以变动的情况下，这两种生产要素按什么比例配合最好呢？这就是生产要素最适组合所研究的问题。

一、生产要素的最适组合

（一）生产要素的最适组合条件

厂商为了实现生产要素的最适组合，一定要考虑购买各种生产要素所能获得的边际产量与所付出的价格。这样，生产要素最适组合的原则是：在成本与生产要素价格既定的条件下，应该使所购买的各种生产要素的边际产量与价格的比例相等，即要使每一单位货币无论购买何种生产要素都能得到相等的边际产量。

假定所购买的生产要素是资本与劳动。我们用 K 代表资本，MP_K代表资本的边际产量，P_K代表资本的价格，Q_K代表购买的资本量；用 L 代表劳动，MP_L代表劳动的边际产量，P_L代表劳动的价格，Q_L代表购买的劳动量；M 代表成本，MP_M代表货币的边际产量，则生产要素最适组合条件可写为：

$$P_L \cdot L + P_K \cdot K = M \qquad (1)$$

$$\frac{MP_L}{P_L} = \frac{MP_K}{P_K} \qquad (2)$$

上述（1）式是限制条件，说明厂商所拥有的货币量是既定的，购买资本与劳动的支出不能超过这一货币量，也不能小于这一货币量。超过这一货币量的购买是无法实现的，而小于这一货币量的购买也达不到既定资源时的利润最大化。（2）式是生产要素最适组合的条件，即所购买的生产要素的边际产量与其价格之比相等，也就是说每一单位货币不论用于购买资本，还是购买劳动，所得到的边际产量都相等。生产要素的最适组合也可以称为生产者均衡。

（二）等产量曲线

等产量曲线是表示在技术水平不变的条件下，两种生产要素的不同数量组合所带来的商品的产量是相同的一条曲线，如图 4－3 所示。

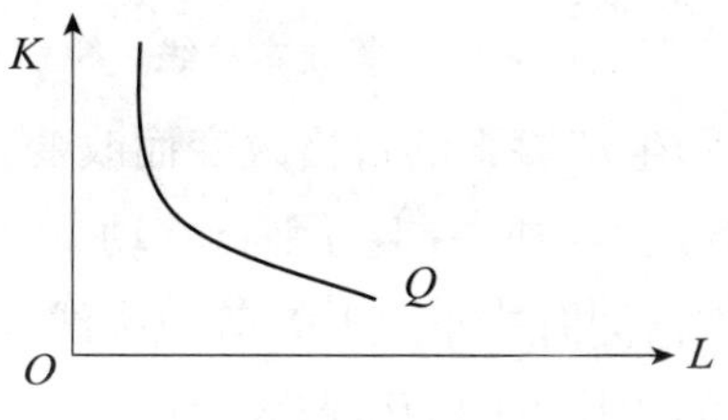

图 4－3　等产量曲线

从图 4－3 可知，等产量曲线有四个基本特征：

(1) 等产量曲线是向右下方倾斜的，其斜率是负值；
(2) 在同一平面上可以有无数条等产量曲线；
(3) 在同一条平面图上，任意两条等产量曲线不能相交；
(4) 等产量曲线是一条凸向原点的线。

等产量曲线凸向原点，这可以用边际技术替代率来解释。

边际技术替代率（Marginal Rate of Technical Substitution，MRTS）是指在产出量不变时，减少一单位生产要素的投入而必须增加的另一生产要素的投入量。$MRTS_{LK}$ 代表以劳动代替资本的边际技术替代率，即：

$$MPTS_{LK}=\frac{\Delta K}{\Delta L}$$

边际技术替代率是负的，并且呈递减趋势。

由于生产要素 K 的减少而失去的产出量与生产要素 L 的增加而得到的产出量相等，即

$$\Delta K\cdot MP_K+\Delta L\cdot MP_L=0$$

$$MPTS=\frac{\Delta K}{\Delta L}=-\frac{MP_L}{MP_K}$$

根据边际收益递减规律，随着生产要素 L 的增加，L 的边际产出减少，即 $MP_L\downarrow$，而随着生产要素 K 的减少，K 的边际产出增加，即 $MP_K\uparrow$，因此 $\frac{\Delta K}{\Delta L}$ 呈递减趋势。

（三）等成本曲线

等成本曲线是指在生产要素的价格和厂商的成本既定的条件下，厂商可以购买的两种生产要素的最大数量组合点的轨迹，如图 4－4 所示。

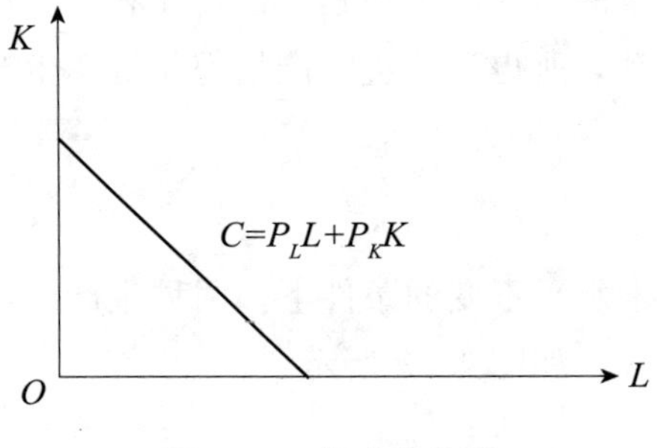

图 4－4　等成本曲线

等成本线随着厂商的成本和生产要素的价格改变而改变。

价格不变，成本上升，等成本线向右上方平行移动。
成本不变，生产要素的价格同时成倍上升，等成本线向左下方平行移动。

等产量曲线和等成本曲线的相切点即为生产要素的最适组合，如图 4－5 所示。

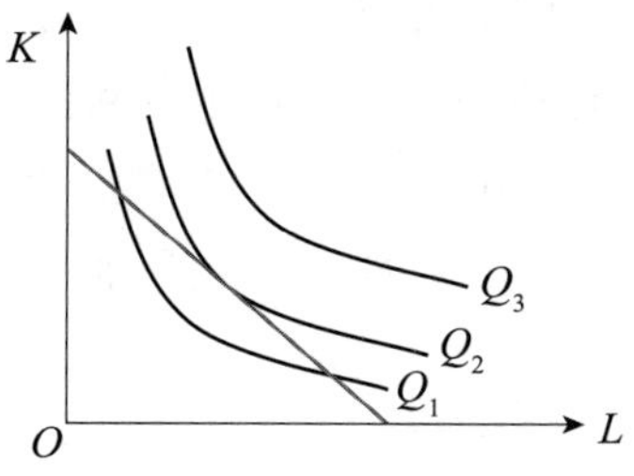

图 4-5　生产要素的最适组合

（四）生产扩展线

生产扩展线是指对于每一种可能的产出水平所对应的生产要素最佳投入点的轨迹，或者说，在每一种可能的生产要素投入成本水平下所对应的最大产出点的轨迹，它实际上就是把每个等成本线与等产量线的切点连接起来形成的曲线，如图 4-6 所示。

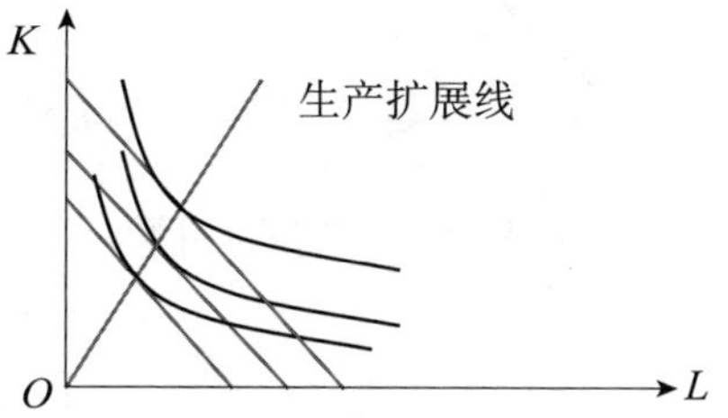

图 4-6　生产扩展线

二、规模报酬分析

（一）规模报酬递增

规模报酬递增是指当企业的生产规模扩大时，企业产量或者收益的增加速度快于生产要素投入的增加速度，如图 4-7 所示。例如当企业投入增加一倍时（100%），即规模扩大一倍，企业的收益增加量大于一倍（超过 100%）。这就是我们常说的出现了规模经济。

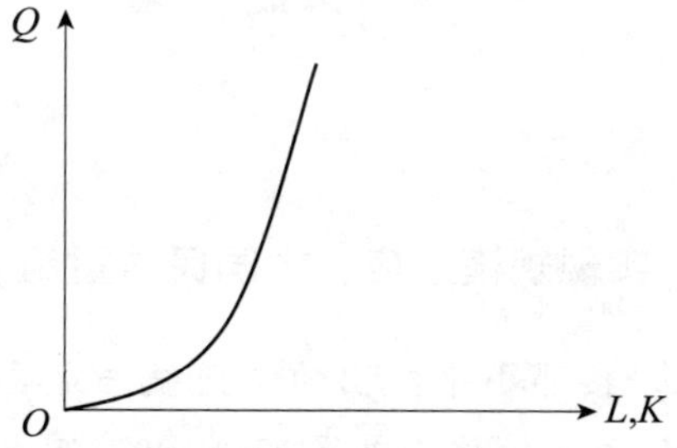

图 4-7　规模报酬递增

规模经济可以用内在经济和内在不经济来解释。

（1）内在经济是指一个企业在生产规模扩大时由自身内部所引起的产量增加。引起内在经济的原因主要有：第一，可以使用更加先进的机器设备。第二，可以实行专业化生产。第三，可以提高管理效率。第四，可以对副产品进行综合利用。第五，在生产要素的购买与产品的销售方面也会更加有利。第六，技术创新能力的提高。

（2）内在不经济是指一个企业由于本身生产规模过大而引起产量或收益减少。引起内在不经济的原因主要是：第一，管理效率的降低。第二，生产要素价格与销售费用增加。

（二）规模报酬固定

规模报酬固定是指当企业的生产规模扩大时，企业产量或者收益的增加速度等于生产要素投入的增加速度，如图 4-8 所示。

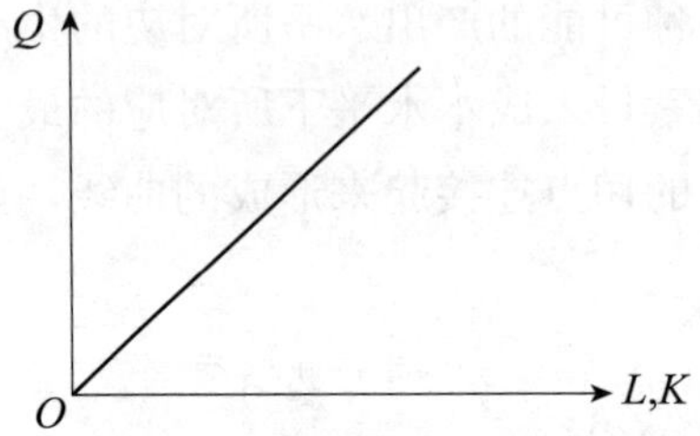

图 4-8　规模报酬固定

（三）规模报酬递减

规模报酬递减是指当企业的生产规模扩大时，企业产量或者收益的增加速度慢于生产要素投入的增加速度，如图 4-9 所示。这就是我们常说的出现了规模不经济。

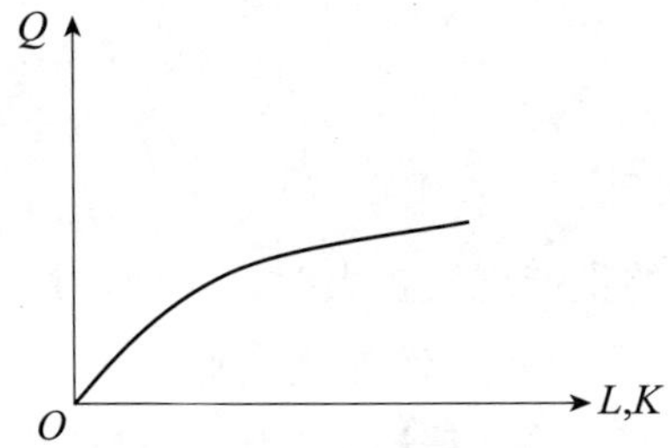

图 4-9　规模报酬递减

实训任务

实现规模效应，中国民航重组

中国民航自 1980 年 2 月，按邓小平提出的“民航一定要企业化”的要求，开始进行改革。1993 年，国航、东航和南航组建企业集团。1997 年，东航和南航先后在香港及纽约证券交易所挂牌上市，分别筹资 2.82 亿美元。同年，海南航空公司在国内上市 B 股。1998 年经中央批准《全国军民航空管制区域调整方案》和《全国航路管制指挥移交和航线管制指挥方案》，加快了民航管理体制改革的步伐。经过长期准备和论证，2002 年 5 月民航重组方案正式宣布。2002 年 8 月，中国民航重组六集团正式挂牌。

(1) 南方航空公司。以南方航空集团公司为主体，联合中国北方航空公司和新疆航空公司组建，包括中国北方航空公司、新疆航空公司、中国南方航空进出口贸易公司等10家全资企业和中国南方航空股份有限公司（65.2%股权）、澳门全怡海外旅游有限公司（60%股权）等四家控股企业。共有注册资本52亿，资本规模501亿。

(2) 东方航空公司。以东方航空公司为主体，兼并中国西北航空公司，联合云南航空公司组建。包括中国西北航空公司、云南航空公司等10家全资企业和中国东方航空股份有限公司（61.64%股权）、上海东方旅游投资开发公司（51%股权）等20家控股企业。注册资本49.2亿元，资产规模473亿元。

(3) 中国航空集体公司。由中国国际航空公司、中国航空总公司和中国西南航空公司组建，包括中国航空结算中心等3家全资企业和民航贸易发展有限责任公司（80%股权）等两家控股企业。注册资本55亿元，资产规模573亿元。

(4) 民航信息集团。以民航信息计算机信息中心为主体，将中国航空结算中心整体并入，包括中国航空结算中心等3家全资企业和民航贸易发展有限责任公司（80%股权）等2家控股企业，注册资本15亿元。

(5) 航空油料集团。由中国航空油料总公司及其所属部分事业单位组建而成，包括中国民航油料总公司等5个全资企业和一个控股企业——中国航油（新加坡）股份有限公司（75%股权），注册资本36亿元。

(6) 航空器材进出口集团。在中国航空器材进出口总公司及其所属部分企业基础上组建，包括北京航工经济发展公司、北京华材航空客货服务公司等6个全资企业和北京三元飞机刹车技术联合开发公司（70%股权）、中国航空能源（新加坡）有限公司（50%股权）等8家控股企业，注册资本10亿元。

思考：

1. 中国民航为何要施行重组？企业的适度规模是如何确定的？
2. 运用分工和专业化的观点，谈谈中国民航在未来经营中如何实现规模经济。

项目技能训练

一、单选题

1. 对于一种可变要素投入的生产函数 $Q=f(L)$，所表示的厂商要素投入的合理区域为（　　）。

A. 开始于 AP 的最大值，终止于 TP 的最大值

B. 开始于 AP 与 MP 相交处，终止于 MP 等于零

C. 是 MP 递减的一个阶段

D. 以上都对

2. 当 $MP_L > AP_L$ 时，我们是处于（　　）。

A. 对于 L 的Ⅰ阶段　　　　B. 对于 K 的Ⅲ阶段

C. 对于 L 的Ⅱ阶段　　D. 以上都不是

3. 当单个可变要素的投入量为最佳时，必然有（　　）。

A. 总产量达到最大

B. 边际产量达到最高

C. 平均产量大于或等于边际产量且边际产量大于 0

D. 边际产量大于平均产量

4. 当平均产量递减时，边际产量是（　　）。

A. 递减　　B. 为负　　C. 为零　　D. 以上三种可能都有

5. 等产量曲线上各点代表的是（　　）。

A. 为生产同等产量而投入的要素价格是不变的

B. 为生产同等产量而投入的要素的各种组合比例是不能变化的

C. 投入要素的各种组合所能生产的产量都是相等的

D. 无论要素投入量是多少，产量是相等的

6. 如果等成本曲线围绕它与纵轴的交点逆时针转动，那么将意味着（　　）。

A. 横轴表示的生产要素的价格下降

B. 纵轴表示的生产要素的价格上升

C. 横轴表示的生产要素的价格上升

D. 纵轴表示的生产要素的价格下降

7. 当边际产量曲线与横轴相交时（　　）。

A. 总产量最大　　B. 总产量最小　　C. 平均产量最大　　D. 边际产量最大

8. 规模收益递减是在下述（　　）情况下发生的。

A. 连续地投入某种生产要素而保持其他生产要素不变

B. 按比例连续增加各种生产要素

C. 不按比例连续增加各种生产要素

D. 上述都正确

9. 如下图所示，厂商的理性决策应在（　　）。

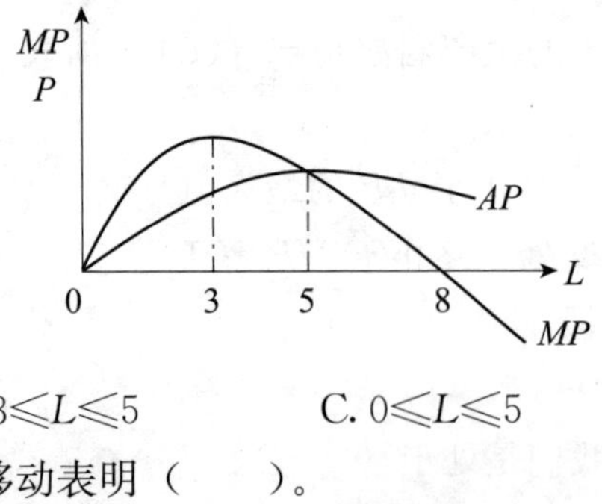

A. $3\leqslant L\leqslant 8$　　B. $3\leqslant L\leqslant 5$　　C. $0\leqslant L\leqslant 5$　　D. $5\leqslant L\leqslant 8$

10. 等成本线平行向外移动表明（　　）。

A. 产量增加了　　B. 成本增加了

C. 生产要素的价格按不同比例提高了　　D. 成本减少了

二、判断题

1. 随着某种生产要素投入量的增加，边际产量和平均产量到一定程度将趋于下降，其中边际产量的下降一定先于平均产量。(　　)

2. 平均产量曲线一定在边际产量曲线的最高点与之相交。(　　)

3. 只要总产量减少，边际产量一定为负。(　　)

4. 假定生产 X 产品使用 A、B 两要素，则 A 的价格下降必将导致 B 的使用量增加。(　　)

5. 如果两种生产要素的价格相等，那么厂商最好要用相同数量的这两种要素投入。(　　)

6. 一般来说，企业规模大比小好。(　　)

7. 当企业的生产规模扩大时，所需劳动力增加 150%，资本增加 1 倍，则该企业属于劳动密集型。(　　)

8. 一个企业生产规模过大会引起管理效率降低，这样所引起的产量或收益的减少属于内在不经济。(　　)

9. 一个行业扩大使一个企业可以减少用于交通设施的支出，这样所引起的产量或收益的增加属于外在经济。(　　)

10. 两种生产要素的最适组合之点就是等产量线与等成本线的交点。(　　)

三、计算题

1. 如果某企业仅生产一种产品，并且唯一可变要素是劳动，也有固定成本。其短期生产函数为 $Q=-0.1L^3+3L^2+8L$：其中，Q 是每月产量，单位为吨；L 是雇用工人数。试问：

①欲使劳动的平均产量达到最大，该企业需要雇用多少工人？

②要使劳动的边际产量达到最大，该企业应该雇用多少工人？

2. 某厂商的生产函数为 $Q=L^{3/8}K^{5/8}$，又假定市场上的要素价格为 $P_L=3$ 元，$P_K=5$ 元，求：(1) 如果厂商的总成本为 160 元，厂商的均衡产量以及所使用的劳动量和资本量。(2) 求产量为 25 时的最低成本以及所使用的劳动量和资本量。

项目五

分析成本与收益

学习目标

1. 会计成本、机会成本和经济成本的定义及其联系和区别；
2. 了解各种短期和长期成本曲线的形状及其特征；
3. 成本极小化的条件，掌握短期成本分析和长期成本分析；
4. 熟悉成本、收益和利润之间的关系。

重点难点

1. 短期成本分析和长期成本分析；
2. 各成本曲线的形状及特征。

项目导言

成本也称为生产费用，是生产中使用的各种生产要素的支出。在分析成本时，实际上是分析生产要素的货币形态。这样就使成本分析与生产要素分析既有联系又有区别。本项目的重点是分析短期与长期中各种成本的分类与特点，所以，对成本的分析首先要区别短期与长期。收益是出售产品时得到的收入，是产量的货币形态。

生产理论分析了生产要素投入量与产量之间的关系。但是，生产者为了实现利润最大化，不仅要考虑这种物质技术关系，还要考虑成本与收益之间的经济关系。这样，我们就必须分析成本与收益问题。

项目导入

——选择与机会成本

王元是职业学校的应届毕业生。临近毕业时，他面临着三种选择。一是选择继续学习深造。那么他需要付出的代价是：学费 7 500 元/学年；住宿费 1 200元/学；学习资料费 500 元/学年；基本生活费 300 元/月。三年共计花费 38 400 元。二是选择就业，他可以利用学校学到的职业技能进入一家合资企业工作，月收入约 1 500 元。每月基本生活费 300 元。三年中，他可以获得净收入 43 200 元。三是选择边工作边学习，他可以选择一家国有企业工作，月收入约 800 元。同时利用业余时间，进入成人教育学院学习深造。这样他每年的学习生活费用如下：学费 3 200 元/学年；学习资料费 250 元/学年；基本生活费 300 元/月。三年来收入 28 800 元，学习生活费用 21 150 元，净收入 7 650 元。

如果你是王元，应该选择哪一种？各种选择给你带来的机遇与成本怎样？

任务一　认识成本与短期成本函数

理论知识

一、几个主要的成本概念

（一）显明成本和隐含成本

企业的生产成本可以分为显明成本和隐含成本两个部分。

1. 显明成本

企业生产的显明成本是指厂商在生产要素市场上购买或租用所需要的生产要素的实际支出。例如，某厂商雇用了一定数量的工人，从银行取得了一定数量的贷款，并租用了一定数量的土地，为此，这个厂商就需要向工人支付工资，向银行支付利息，向土地出租者支付地租，这些支出便构成了该厂商生产的显明成本。

显明成本具有两个特征：生产要素来自外部；涉及直接的货币支付。

2. 隐含成本

企业生产的隐含成本是指厂商本身自己所拥有的且被用于该企业生产过程的那些生产要素的总价格。例如，为了进行生产，一个厂商除了雇用一定数量的工人、从银行取得一定数量的贷款和租用一定数量的土地之外（这些均属显明成本支出），还动用了自己的资金和土地，并亲自管理企业。西方经济学家指出，既然借用了他人的资本需付利息，租用了他人的土地需付地租，聘用他人来管理企业需付薪金，那么，同样道理，在这个例子中，当厂商使用了自有生产要素时，也应该得到报酬。所不同的是，现在厂商是自己向自己支付利息、地租和薪金。所以，这笔价值就应该记入成本之中。由于这笔成本支出不如显明成本那么明显，故被称为隐含成本。隐含成本也必须从机会成本的角度按照企业自有生产要素在其他最佳用途中所能得到的收入来支付，否则，厂商会把自有生产要素转移出本企业，以获得更高的报酬。

隐含成本具有两个特征：厂商自有生产要素；不涉及直接的货币支付，代表厂商放弃的收益。

（二）会计成本和经济成本

1. 会计成本

会计成本是指在购买生产要素时实际发生的、且高度可见的成本。它包括：使用他人劳动力所支付的工资，从其他企业购买的原材料和半成品价值、租用他人拥有的厂房的租金、支付他人资本的利息等，这些成本被概括为显明成本。

2. 经济成本

经济成本不仅仅包括显明成本，它还包括了隐含成本。后者是指在生产过程中使用的，但又未被支付报酬的那一部分费用。从以上讨论可知：

会计成本＝显明成本

经济成本＝显明成本＋隐含成本＝会计成本＋隐含成本

如果有隐含成本的话，经济成本大于会计成本。

相应地，会计利润和经济利润也不相等。

会计利润＝销售收入－会计成本

经济利润＝销售收入－经济成本

（三）短期成本和长期成本

短期是指部分生产要素可以调整的时期，可以调整的生产要素主要是原材料、工人人数、燃料等，不可以调整的生产要素主要是机器设备、厂房、管理人员等。长期是指所有生产要素均可以调整的时期。

长期和短期并不是指时间长短，而是根据生产要素是否可以调整来划分的。在短期中，便有可变成本（*VC*）和固定成本（*FC*）之分，而长期就没有固定成本和可变成本的区分了，一切成本都是可变的。

对应于生产分析中的短期和长期分析，成本分析也分为短期分析和长期分析。

二、成本函数

成本函数以函数形式表示 Q 与 C 之间的关系：$C=C(Q)$。由于生产函数有短期和长期之分，相应地，成本函数也有短期和长期之分，前者指投入的生产要素中的某些要素（通常指资本）的规模和技术状况既定不变，经营决策受既定规模的约束，一般用于企业的日常经济决策，以确定既定规模下的最优产出率；后者指投入的所有生产要素都可改变，即厂商可以按确定的产量水平来选择生产该产量的最适当的规模，一般用于长期规划，以确定既定产量下的最佳生产规模。

三、短期成本及其分类

（一）短期总成本、固定成本和可变成本

（1）短期总成本（Short-run Total Cost，STC），是指在短期中投入的所有生产要素的成本。短期总成本分为固定成本与可变成本。

（2）短期固定成本（Short-run Total Fixed Cost，STFC），是指短期中与产量无关的成本。固定成本是指厂商在短期内必须支付的不能调整的生产要素的费用。这种成本不随产量的变动而变动，是固定不变的。其中主要包括厂房和设备的折旧，以及管理人员的工资。

（3）短期可变成本（Short-run Total of Variable Cost，STVC），是指短期中随产量变化而变化的成本。可变成本是指厂商在短期内必须支付的可以调整的生产要素的费用。这种成本随产量的变动而变动，是可变的，其中主要包括原材料、燃料的支出以及生产工人的工资。

总成本（*TC*）＝总不变成本（*TFC*）＋总可变成本（*TVC*）

短期总成本（*STC*）＝短期固定成本（*STFC*）＋短期可变成本（*STVC*）

短期成本曲线如图 5－1 所示。

（4）短期总成本、固定成本和可变成本之间的关系。

从图 5－1 中可以看出，固定成本是一条直线，而短期总成本不是从原点出发的，它是从 *STFC* 点出发的。这三种成本的变动规律与关系是：固定成本在短期中是固定不变的，不随产量的变动而变动，即使产量为 0 时，也仍然存在固定成本。可变成本随产量的变动而变动。它变动的规律是最初在产量开始增加时由于固定生产要素与可变生产要素的效率未得到充分发挥，因此，可变成本的增加率要大于产量的增加率。以后随着产量的增

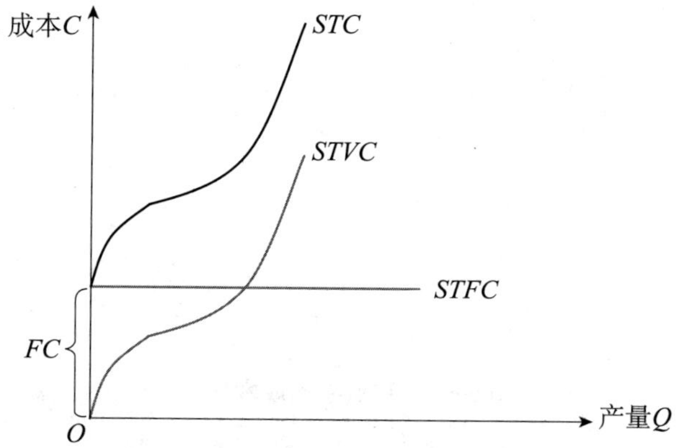

图 5-1　短期成本曲线

加，固定生产要素与可变生产要素的效率得到充分发挥，可变成本的增加率小于产量的增加率。最后由于边际收益递减规律可变成本的增加率又大于产量增加率。

在图 5-1 中，横轴 *OQ* 代表产量，纵轴 *OC* 代表成本，*FC* 为固定成本曲线，它与横轴平行，表示不随产量的变动而变动，是一固定数。*STVC* 为可变成本曲线，它从原点出发，表示没有产量时就没有可变成本。该曲线向右上方倾斜，表示随产量的变动而同方向变动。特别应该注意的是，它最初比较陡峭，表示这时可变成本的增加率大于产量的增加率；然后较为平坦，表示可变成本的增加率小于产量的增加率；最后又比较陡峭，表示可变成本的增加率又大于产量增加率。*STC* 为短期总成本曲线，它不从原点出发，而从固定成本出发，表示没有产量时也不为零，总成本最小也等于固定成本。*STC* 曲线向右上方倾斜也表示了总成本随产量的增加而增加，其形状与 *VC* 曲线相同，说明总成本与可变成本变动规律相同。*STC* 曲线与 *VC* 曲线之间的距离也可以表示固定成本。

（二）短期平均固定成本、平均可变成本与平均成本

（1）短期平均成本（*SC*）是指短期内生产每一单位产品平均所需要的成本。短期平均成本分为平均固定成本与平均可变成本。

短期平均成本（*SC*）＝短期平均固定成本（*SAFC*）＋短期平均可变成本（*SAVC*）

（2）短期平均固定成本（*SAFC*）是指平均每单位产品所消耗的固定成本。

短期平均固定成本（*SAFC*）＝总固定成本／总产量

（3）短期平均可变成本（*SAVC*）是指平均每单位产品所消耗的可变成本。

短期平均变动成本（*SAVC*）＝总变动成本／总产量

短期平均固定成本、平均可变成本与短期平均成本的变动规律和关系如图 5-2 所示。从中可以看出：

平均固定成本随着产量的增加而减少，这是因为固定成本总量不变，产量增加，分摊到每一单位上的固定成本也就减少了。它变动的规律是起初减少的幅度很大，以后减少的

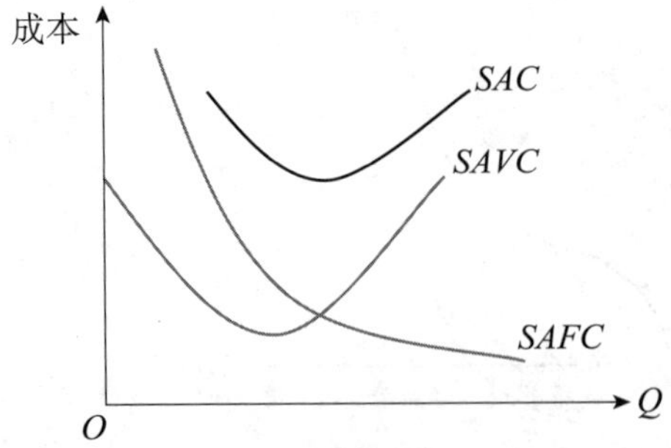

图 5－2 短期平均成本曲线

幅度越来越小。

平均可变成本变动的规律是，起初随着产量的增加，生产要素的效率逐渐得到发挥，因此平均可变成本减少；但产量增加到一定程度后，由于边际收益递减规律而增加。

短期平均成本的变动规律是由平均固定成本与平均可变成本决定的。当产量增加时，平均固定成本迅速下降。以后，随着平均固定成本越来越小，它在平均成本中也越来越不重要，这时平均成本随平均可变成本的变动而变动，即随产量的增加而下降，产量增加到一定程度之后，又随产量的增加而增加。

在图 5－2 中，*SAFC* 为短期平均固定成本，它起先比较陡峭，说明在产量开始增加时，它下降的幅度很大，以后越来越平坦，说明随着产量的增加，它下降的幅度越来越小。*SAVC* 为短期平均可变成本，它起先下降而后上升，呈 U 形，表明随着产量增加先下降而后上升的变动规律。*SAC* 为短期平均曲线，它也是先下降而后上升的 U 形曲线，表明随产量增加先下降而后上升的变动规律：但它开始时比平均可变成本曲线陡峭，说明下降的幅度比平均可变成本大，以后的形状与平均可变成本曲线基本相同，说明变动规律类似平均可变成本。

（三）边际成本与平均成本

（1）短期边际成本（*SMC*）是指在短期内厂商每增加一单位产量所增加的总成本量。如果以 *SMC* 代表短期边际成本，以 $\triangle Q$ 代表增加的产量，则有：

$$\text{边际成本}\quad MC=\frac{\Delta TC\ (Q)}{\Delta Q}\text{或者 }\mathrm{MC}=\frac{\mathrm{d}TC}{\mathrm{d}Q}$$

$$SMC=\frac{\Delta STC}{\Delta Q}=\frac{\Delta STVC}{\Delta Q}\text{或者 }SMC=\frac{\mathrm{d}STC}{\mathrm{d}Q}=\frac{\mathrm{d}STVC}{\mathrm{d}Q}$$

短期边际成本，即增加一单位产品所增加的成本，短期边际成本曲线如图 5－3 所示。它的变动取决于平均可变成本，因为所增加的成本是可变成本。在开始时，边际成本随产量的增加而减少，而且其水平低于平均成本，因为边际成本的增加中没有固定成本。在边际成本低于平均成本时，平均成本也是下降的，因为所增加的可变成本减少，平均成本自然也减少。当边际成本的增加大于平均成本时，平均成本就要增加。所以，边际成本与平均成本的关系是：当平均成本下降时，边际成本低于平均成本，当平均成本上升时，边际成本高于平均成本，只有在平均成本达到最低点时，边际成本与平均成本相等。

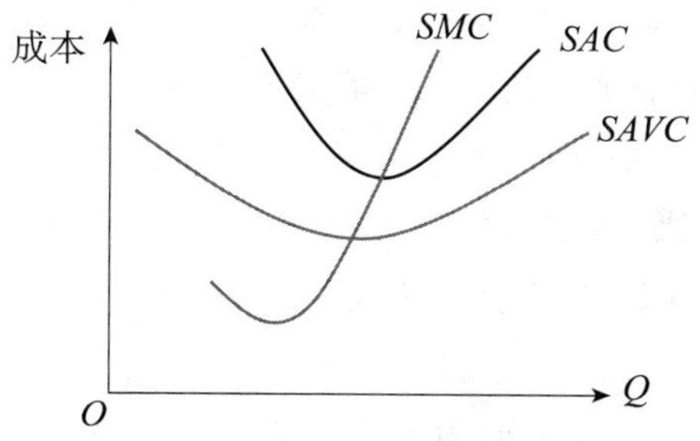

图 5-3　短期边际成本曲线

在图 5-3 中，*SMC* 是边际成本曲线，它先下降而后上升，表明边际成本随着产量的增加先减少而后增加的变动规律。边际成本曲线也是一条“*U*”形曲线。在图中，边际成本曲线与平均成本曲线一定相交于平均成本的最低点。在这一点上，平均成本与边际成本相等。在相交之前，平均成本曲线在边际成本曲线之上，说明平均成本大于边际成本。在相交之后，平均成本曲线在边际成本曲线之下，说明平均成本小于边际成本。

（2）短期各平均成本和短期边际成本的特点和相互之间的关系如图 5-4 所示：

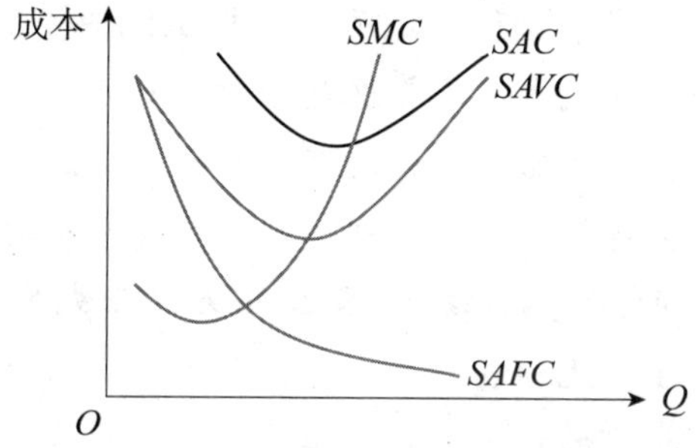

图 5-4　短期平均和边际成本关系曲线

- *SAFC* 是一直递减的；
- *SAC*、*SAVC*、*SMC* 均是先下降后上升的；
- *SMC* 与 *SAVC*、*SAC* 相交于 *SAVC*、*SAC* 的最低点；
- *SMC* 与 *SAC* 相交前，*SAC* 下降且 $SMC<SAC$；相交后，*SAC* 上升且 $SMC>SAC$；
- *SMC* 与 *SAVC* 相交前，*SAVC* 下降且 $SMC<SAVC$；相交后，*SAVC* 上升且 $SMC>SAVC$。

实训任务

阅读分析下面两个案例，并分组讨论案例中用了哪些成本理论。

案例 1　大商场平时为什么不延长营业时间?

节假日期间天津劝业场和许多大型商场都延长营业时间，为什么平时不延长？现在我们用边际分析理论来解释这个问题。

从理论上说延长营业时间一小时，就要支付一小时所耗费的成本，这种成本既包括直接的物耗，如水、电等，也包括由于延时而需要的售货员的加班费，这种增加的成本就是我们所学习的边际成本。假如延长一小时增加的成本是 1 万元（注意这里讲的成本是西方成本概念，包括成本和正常利润），那么在延长的一小时里他们由于卖出商品而增加收益大于1万的话，作为一个精明的企业家他还应该再将营业时间延长，因为这时他还有一部分该赚的钱没赚到手。相反如果他在延长一小时里增加的成本是1万，增加的收益不足1万，他在不考虑其他因素情况下就应该取消延时的经营决定。节假日期间，人们有更多的时间去旅游购物，使商场的收益增加，而平时工作紧张、家务繁忙，人们没有更多时间和精力去购物，就是延时服务也不会有更多的人光顾，增加的销售额不足以抵偿延时所增加的成本。这就能够解释在节假日期间延长营业时间而在平时不延长营业时间的经济学的道理。

无论是边际收益大于边际成本还是小于边际成本，厂商都要进行营业时间调整，说明这两种情况下都没有实现利润的最大化。只有在边际收益等于边际成本时，厂商才不调整营业时间，这表明已把该赚的利润都赚到了，即实现了利润的最大化。

案例2　利润在经济学家与会计师眼中是不同的

为了说明这个问题我们假设一例。假设王先生用自己的银行存款30万收购了一个小企业，如果不支取这30万元钱，在市场利息5%的情况下他每年可以赚到1.5万元的利息。王先生为了拥有自己的工厂，每年放弃了1.5万元的利息收入，这1.5元就是王先生开办企业的机会成本之一。经济学家和会计师以不同的方法来看待成本。经济学家把王先生放弃的1.5万也作为他企业的成本，尽管这是一种隐性成本。但是会计师并不把这1.5万元作为成本表示，因为在会计的账面上并没有货币流出企业去进行支付。

为了进一步经济学家和会计师之间的差别，我们换一个角度，王先生收购企业时用自己的储蓄10万元，并以5%的利息从银行借了20万元。王先生的会计师只衡量显性成本，将把每年为银行贷款支付的1万元利息作为成本，因为这是从企业流出的货币量。与此相比，根据经济学家的看法，拥有的机会成本仍然是1.5万元。

现在我们再回到企业的目标——利润。由于经济学家和会计师用不同方法衡量企业的成本，他们也会用不同的方法衡量利润。经济学家衡量企业的经济利润，即企业总收益减去生产所销售物品与劳务的所有机会成本。会计师衡量企业的会计利润，即企业的总收益只减企业的显性成本。

任务二

了解长期成本函数

理论知识

在长期，厂商可以调整全部生产要素，可以根据它所要生产的数量来调整生产规模。

本任务将讨论对于任何产量，如果厂商能够选择最佳生产规模，厂商成本将具有怎样的特征？

一、长期总成本

（一）定义

长期总成本（LTC）是指厂商在长期中在每一个产量水平上通过选择最优的生产规模所能达到的最低总成本。根据对长期总成本函数的规定，可以由短期总成本曲线出发，推导长期总成本曲线。

（二）长期总成本曲线

如图 5－5 所示。

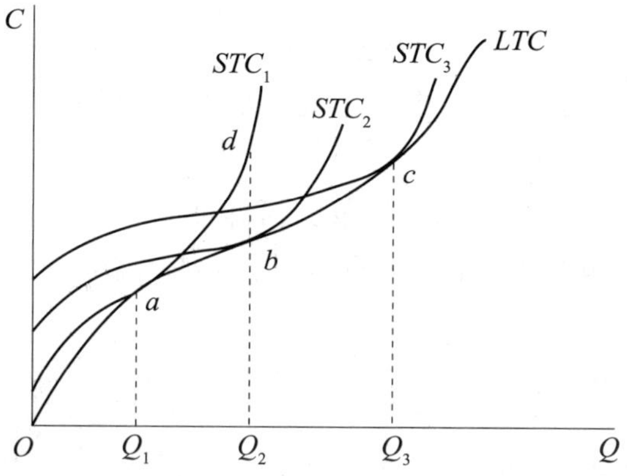

图 5－5　最优生产规模的选择和长期总成本曲线

长期总成本是从原点出发的。

图 5－5 中，有三条短期总成本曲线 STC_1、STC_2、STC_3，它们分别代表三个不同的生产规模。由于短期总成本曲线的纵截距表示相应的总固定成本 TFC 的数量，因此，从图中三条短期总成本曲线的纵截距可知，STC_1 曲线所表示的总固定成本小于 STC_2 曲线，STC_2 曲线所表示的总固定成本又小于 STC_3 曲线，而总固定成本的多少（如厂房、机器设备等）往往表示生产规模的大小，因此，从三条短期总成本曲线所代表的生产规模看，STC_1 曲线最小，STC_2 曲线中等，STC_3 曲线最大。

如果厂商在长期内选择的产量为 Q_1、Q_2、Q_3，则每一产量水平上通过选择最优的生产规模所能达到的最低总成本分别为总成本曲线 STC_1、STC_2、STC_3 上的 a、b、c。显然，厂商在长期内选择任意产量水平，都会通过选择最优的生产规模实现最低总成本，我们把通过选择最优的生产规模选择的每一产量水平下的最低总成本连接起来就得到长期成本曲线。显然，长期总成本曲线是由无数的短期总成本线的切点联结成的一条曲线，经济学上把长期总成本曲线叫做短期总成本线的包络线，如图 5－6 所示。

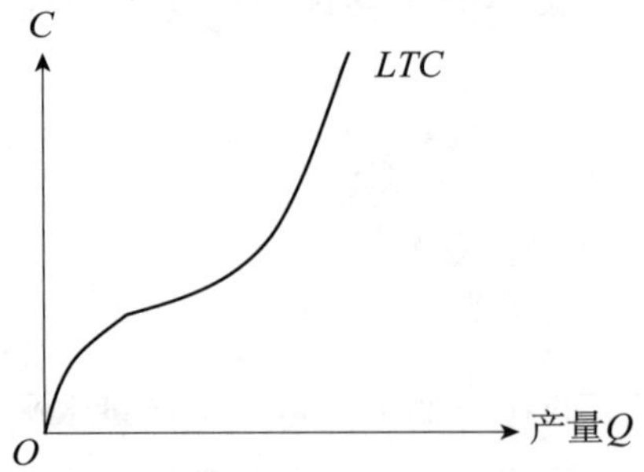

图 5-6　长期总成本曲线

二、长期平均成本

长期平均成本曲线（*LAC*）是由短期平均成本曲线描绘出来的。

由于市场的需求是不断变化的，企业也应根据市场的变化，适时调整自己的生产规模，这就决定了企业需要调整其固定资产的投入，此时企业的经营决策由短期变成了长期。

下面分析长期成本曲线的形状。

从理论上讲，长期是由无数个短期组成的。我们只以三个较典型的生产规模为例：小规模生产、适度规模生产和大规模生产。根据规模经济规律，三条相应的短期平均成本曲线如图 5－7 所示。

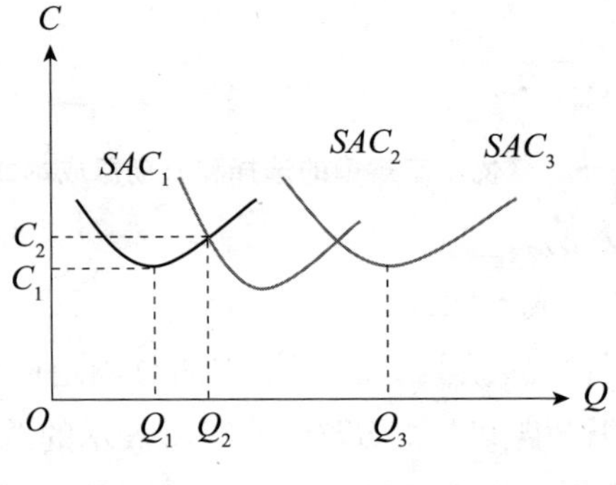

图 5-7　短期总成本曲线

当市场需求量为 Q_1 时，应选择小规模生产，平均成本为 C_1，是最低的；

当市场的需求量为 Q_2 时，则小规模生产或者适度规模生产均可，平均成本均为 C_2。那么到底选择哪一种规模生产，则应该结合市场的销售前景来确定。当市场前景看好时，选择适度规模生产，否则选择小规模生产。

当市场需求量为 Q_3 时，选择大规模生产，此时成本最小。

由此可见，在长期中，进行生产的成本变化趋势如图 5－8 中实线 LAC 所描述的形状，即由短期成本曲线交点以下部分组成的连接。也就是说，在长期中，企业不会按短期平均成本曲线交点以上的部分生产，这是由于企业生产的目的是实现成本最小化或者利润最大化，因此企业必须选择按短期平均成本曲线交点以下部分进行生产。于是，长期平均成本曲线就是短期平均成本曲线交点以下部分的连接。

由于上例只有三种生产规模，因此短期成本曲线交点以下部分为一段曲线，当有无数条短期成本曲线时，其交点以下部分缩小为一个点，这些点的轨迹就是长期成本曲线。因此长期成本曲线是所有短期成本曲线交点以下部分的连接，它把所有的短期成本曲线包在其中，所以又称“包络线”。

需要说明的是，这种“包络线”在大多数情况下都不是短期成本曲线最低点的连接。这是因为规模经济有递增、不变和递减三个阶段，所有的短期成本曲线不会都处于同一条水平线上，因此这条“包络线”不可能成为所有短期成本曲线最低点的连接。

在大多数情况下，长期成本曲线与短期成本曲线的关系如图 5 - 8 所示。

在规模经济递增阶段，长期成本曲线与短期成本曲线相切于短期成本曲线的左端。（在规模经济递增阶段，规模经济还没有充分显示时，扩大生产规模可以降低成本，也就是说，在 SAC_1 未达到最佳生产状态时，企业就选择了较大的生产规模，而此较大的生产规模的平均成本较低。）

在规模经济不变阶段，长期成本曲线与短期成本曲线相切于短期成本曲线的最低点。

在规模经济递减阶段，长期成本曲线与短期成本曲线相切于短期成本曲线的右端。

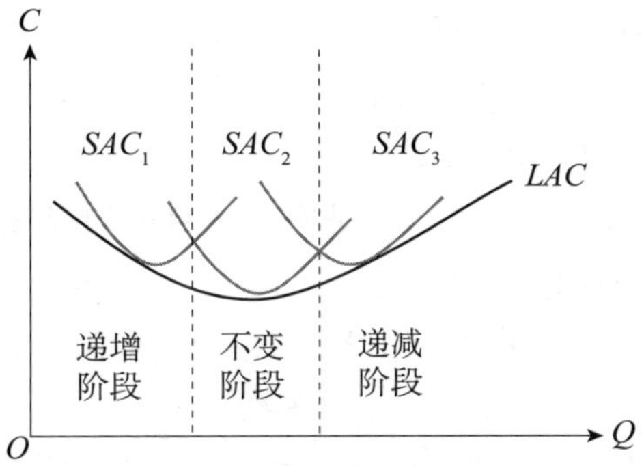

图 5 - 8　长期和短期成本曲线

三、长期边际成本

长期边际成本是指在长期中增加一单位产品所增加的成本。

长期边际成本也是先下降后上升的。它与长期平均成本曲线相交于长期平均成本曲线的最低点。

在 *LAC* 的最低点，*SAC*、*SMC*、*LAC*、*LMC* 相交与一点，如图 5 - 9 所示。

四、收益与利润最大化原则

（一）总收益、平均收益和边际收益

厂商收益是指厂商出卖产品得到的全部货币收入，即价格与销售量的乘积。这里要

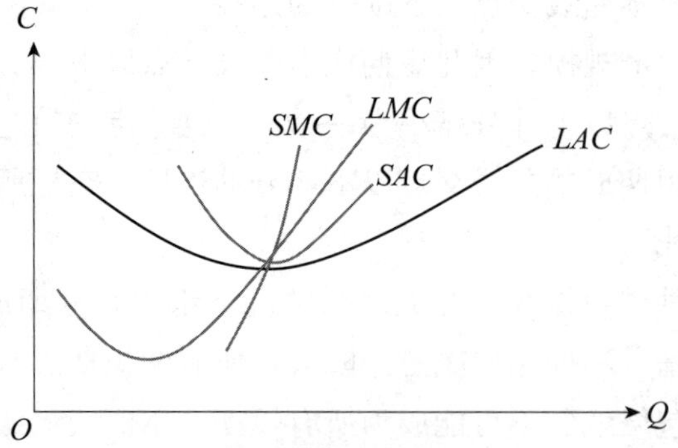

图 5-9　长期边际成本和长期平均成本曲线

注意：收益并不等于利润，不是出售产品所赚的钱，而是出售产品所得到的钱。所得到的钱中，既有用于购买各种生产要素而支出的成本费用，也有除去成本费用后所余下的利润。

收益可以分为总收益、平均收益和边际收益。

总收益（Total Revenue，TR）是厂商销售一定量产品所得到的全部收入，它等于产品单价（P）乘以销售数量（Q），可用公式表示为：$TR=P\cdot Q$。

平均收益（Average Revenue，AR）是指厂商销售每单位产品所得到的平均收入，它等于总收益除以总销量，就是单位产品的市场价格。平均收益可用公式表示为：$AR=TR/Q=P\cdot Q/Q=P$（$AR=P$ 在任何市场条件下都成立）。

边际收益（Marginal Revenue，MR）是指厂商每增加或减少销售一单位产品所增加或减少的收入。可用公式表示为：$MR=\triangle TR/\triangle Q$，或 $MR=\mathrm{d}TR/\mathrm{d}Q$。

收益是产量与价格的乘积。所以，如果不考虑价格的因素，收益就是产量。

以 P 代表价格，则总收益（TR）与总产量（TP）、平均收益（AR）与平均产量（AP）、边际收益（MR）与边际产量（MP）之间的关系应该是：$TP\cdot P=TR$，$AP\cdot P=AR$，$MP\cdot P=MR$。

如果假设价格 P 不变，不考虑价格的因素则有：$TP=TR$，$AP=AR$，$MP=MR$。

由以上可以得出，总收益、平均收益和边际收益的变动规律与曲线形状和项目四中所介绍的总产量、平均产量和边际产量的变动规律与曲线形状是相同的。

（二）利润最大化原则

只有当生产者的产量使 $MC=MR$ 时，生产者才实现了利润最大化。

当企业生产一定量产品时，如果出现 $MR>MC$，说明企业最后一单位产品赚取了超额利润，那么企业如果增加产出，会进一步增加超额利润，因此在 $MR>MC$ 时，企业为了增加利润应当增加产出；

当企业生产一定量产品时，如果 $MR<MC$，说明企业最后一单位产品带来了亏损，通俗一点讲，企业生产最后一单位产品是亏本的，企业如果减少产出，亏损将下降，利润将增加，因此在 $MR<MC$ 时，企业为了增加利润会减少产出；

当企业生产一定量产品时，如果 $MC=MR$，说明生产者在最后一单位产品上无超额利润，也没有亏损。在这时，企业既没有出现亏损，又把该赚取的超额利润均赚到了，这时实现了利润最大化。

实训任务

在网上收集一家生产企业的信息，利用企业的会计 3 大报表中生产成本和销售、利润等数据进行成本和利润之间的关系分析，计算出利润最大化时的产量。

项目技能训练

一、单选题

1. 某厂商每年从企业的总收入中取出一部分作为自己所提供的生产要素的报酬，这部分资金被视为（　　）。

A. 显明成本　　B. 隐含成本　　C. 经济利润

2. 对应于边际报酬的递增阶段，*STC* 曲线（　　）。

A. 以递增的速率上升　　B. 以递增的速率下降

C. 以递减的速率上升　　D. 以递减的速率下降

3. 短期内在每一产量上的 *MC* 值应该（　　）。

A. 是该产量上的 *TVC* 曲线的斜率，但不是该产量上的 *TC* 曲线的斜率

B. 是该产量上的 *TC* 曲线的斜率，但不是该产量上的 *TVC* 曲线的斜率

C. 既是该产量上的 *TVC* 曲线的斜率，又是该产量上的 *TC* 曲线的斜率

4. 在短期内，随着产量的增加，*AFC* 会越变越小，于是，*AC* 曲线和 *AVC* 曲线之间的垂直距离会越来越小，（　　）。

A. 直至两曲线相交　　B. 但绝不会相交

5. 在从原点出发的射线与 *TC* 曲线的相切的产量上，必有（　　）。

A. *AC* 值最小　　B. $AC=MC$

C. *MC* 曲线处于上升阶段　　D. 上述都对

6. 在规模内在经济作用下的 *LAC* 曲线呈（　　）。

A. 下降趋势　　B. 上升趋势

7. 在任何产量上的 *LTC* 绝不会大于该产量上由最优生产规模所决定的 *STC*。这句话（　　）。

A. 总是对的　　B. 肯定错了

C. 有可能对　　D. 视规模经济的具体情况而定

8. 以下关于短期边际成本曲线的论述不正确的是（　　）。

A. 通过短期平均成本曲线的最低点

B. 通过平均可变成本曲线的最低点

C. 通过平均不变成本曲线的最低点

D. 短期总成本曲线在每一产量水平的斜率

9. 在长期平均成本曲线 *LAC* 和一条代表最优生产规模的短期平均成本曲线 *SAC* 相切的产量上必定有（　　）。

A. 相应的 *LMC* 曲线和代表最优生产规模的 *SMC* 曲线的一个交点，以及相应的 *LTC* 曲线和代表最优生产规模的 *STC* 曲线的一个切点

B. 代表最优生产规模的 *SAC* 曲线达到最低点

C. *LAC* 曲线达到最低点

D. *LTC* 曲线达到拐点

10. 生产某产品的机会成本表示（　　）。

A. 厂商在市场上购买生产要素所花费的成本

B. 实现利润最大化时的生产成本

C. 增加单位产量所引起的总成本的增加量

D. 将生产该产品的生产要素花费在其他用途所可能获得的最高收入

11. 王老板从企业的总收入中取出一部分作为自己所提供的店铺的租金，这部分资金被视为（　　）。

A. 显明成本　　　　B. 隐含成本

C. 经济利润　　　　D. 会计利润

二、判断题

1. 正常利润是厂商经济利润的一部分。（　　）

2. 平均不变成本、平均可变成本和平均成本曲线都是 U 形线。（　　）

3. 平均可变成本曲线 *AVC* 的最低点在平均成本曲线 *AC* 最低点之前达到。（　　）

4. 从原点出发的总成本曲线的切线的切点对应边际成本曲线的最低点。（　　）

5. 长期边际成本曲线 *LMC* 不是短期边际成本曲线 *SMC* 的包络线。（　　）

6. 总产量曲线的最高点对应总成本曲线的最低点。（　　）

三、连线题

请把下面的名词与对应的字母正确连接。

边际成本	*LMC*
平均不变成本	*TVC*
长期总成本	*SAC*
平均可变成本	*AFC*
长期平均成本	*LTC*
总可变成本	*LAC*
短期平均成本	*MC*
长期边际成本	*AVC*

四、计算题

1. 已知某厂商的短期总成本函数为 $TC(Q)=Q^4-8Q^3+12Q^2+33Q+57$，求总不变成本 $TFC(Q)$、总可变成本 $TVC(Q)$、短期平均成本 $SAC(Q)$、平均不变成本 $AFC(Q)$、平均可变成本 $AVC(Q)$ 和边际成本 $MC(Q)$。

2. 已知某厂商的短期总成本函数为 $STC(Q)=0.04Q^3-0.8Q^2+12Q+9$，求平均可变成本 AVC 的最小值。

3. 已知某厂商的短期边际成本函数为 $SMC=3Q^2+4Q+40$，若当产量 $Q=10$ 时总成本为 1 630，求短期总成本函数 STC、短期平均成本函数 SAC、总可变成本函数 TVC 和平均可变成本函数 AVC。

五、问答与论述题

1. 画图并解释短期边际成本曲线 SMC、短期平均成本曲线 SAC、平均可变成本曲线 AVC 的形状以及它们之间的关系。

2. 画图并解释短期总产量曲线 TP_L 和短期总成本曲线 STC、平均产量曲线 AP_L 和平均可变成本曲线 AVC，以及边际产量曲线 MP_L 和短期边际成本曲线 SMC 之间的关系。

3. 为什么长期总成本曲线 LTC 是短期总成本曲线的下包络线？请画图说明并予以解释。

项目六

探析市场理论

学习目标

1. 明确完全竞争市场、完全垄断市场和垄断竞争市场的特征与需求曲线形状；
2. 掌握完全竞争厂商、完全垄断厂商和垄断竞争厂商的短期均衡和长期均衡的条件；
3. 了解寡头市场的含义和常见模型。

重点难点

1. 完全竞争市场、完全垄断市场的条件与厂商的需求曲线形状；
2. 完全竞争厂商、完全垄断厂商与垄断竞争厂商的短期均衡和长期均衡的条件和特征；
3. 完全竞争厂商的供给曲线和长期均衡的条件和特征；
4. 完全垄断厂商的收益曲线、厂商如何实行价格歧视和寡头模型。

项目导言

谈到市场结构问题，本质上是要考察市场中企业之间的竞争态势与竞争的特性问题，因此，影响竞争态势与竞争特性的主要因素就成了划分市场结构的依据。这些因素主要包括四个方面，即市场中买者和卖者的多寡、商品的同质性、市场进入或退出的自由程度、信息的完全性。经济学家根据市场上竞争与垄断的程度，把现实中的市场分为四种类型：完全竞争市场、垄断竞争市场、寡头垄断市场和完全垄断市场。本项目将跟大家一起探析市场理论。

项目导入

——菜篮子工程与政府养鸡场：愿望与结局

20世纪80年代，很多城市为了保证居民的菜篮子供应，纷纷由政府出资兴办大型养鸡场，但失败的结局与美好的愿望之间强烈的反差就是我们所看到的最终结果——许多养鸡场最后以破产告终。

个中原因自然是多方面的，其中最重要的一点是鸡蛋市场是一个完全竞争市场：鸡蛋市场有相当多的买者和卖者，其中任何一个生产者，即使是大型养鸡场，在市场总供给量中所占的比例也是微不足道的，难以通过改变产量来影响价格，而是只能接受市场决定的价格。鸡蛋市场几乎没有进入限制，所需投资很小。另外，鸡蛋是同质产品，生产者基本无法以产品差别来建立自己的垄断地位。

因此，政府建立的大型养鸡场几乎没有什么优势可言，它的规模不足以大到控制市场，产品也无法形成特色。它要以平等的身份与那些分散的养鸡专业户或把养鸡作为副业的农民竞争。但这种大型养鸡场的成本都要大于平均成本，因为这些养鸡场建有大鸡舍，采用机械化方式，而且有相当数量的管理人员，工作人员也是有工资的工人。这些成本的增加远远大于机械化养鸡所带来的好处。而农民养鸡几乎没有什么固定成本，也不向自己支付工资，成本仅仅是种鸡支出和饲料支出。当鸡蛋行业的主力军由农民构成时，行业平均成本是由他们决定的。政府办的养鸡场的成本高于农民养鸡成本，也就是高于行业平均成本。这样，当价格等于行业平均成本时，就必然低于大型养鸡场的平均成本。这些大型养鸡场在与农民的竞争中并无优势，其破产结局也就是情理中的事情了。

另外，大型养鸡场由政府兴办，自然属于国有企业，因此产权不明晰、缺乏激励机制等一系列效率低下的共性，也会导致大型养鸡场竞争力微弱，不足以对农民的分散养殖构成威胁。因此，在这样的完全竞争市场中，市场可以调节产出，政府不必要的介入和干预只能是徒劳无功。

任务一

了解市场类型

理论知识

一、市场

市场是商品或劳务交易的场所。

市场的特点就是能够提高资源配置的效率。

根据不同的标准，市场有不同的划分，如现货市场与期货市场，产品市场与服务市场，实物市场与金融市场，批发市场与零售市场，地区性市场、全国市场与世界市场。

二、市场结构

（一）含义

市场结构（Market Structure）有狭义和广义之分，狭义是指买方构成市场，卖方构成行业。广义是指一个行业内部买方和卖方的数量及其规模分布、产品差别的程度和新企业进入该行业的难易程度的综合状态，也可以说是某一市场中各种要素之间的内在联系及其特征，包括市场供给者之间（包括替代品）、需求者之间、供给和需求者之间以及市场上现有的供给者、需求者与正在进入该市场的供给者、需求者之间的关系。

（二）结构组成

（1）市场主体：由供给者和需求者共同构成，双方平等，无主次之分，缺一不可。

（2）市场格局：主要有固定的、流动的、网络的、电话的几种。

（3）市场集中度：是某产业市场前几名企业市场份额占整个市场的比例。

可分为绝对集中度和相对集中度。绝对集中度是以该产业市场中最大的 N 个企业所占市场份额的累计数占整个产业市场的比例来表示，其计算公式为：$CRN=\sum XI/X$。

相对集中度一般以洛伦茨曲线及基尼系数表示。

（三）划分依据

1. 本行业内部的生产者数目或企业数目

如果本行业只有一家企业，就可以划分为完全垄断市场；如果只有少数几家大企业，就属于寡头垄断市场；如果企业数目很多，则可以划入完全竞争市场或垄断竞争市场。一个行业内企业数目越多，其竞争程度就越激烈；反之，一个行业内企业数目越少，其垄断程度就越高。

2. 本行业内各企业生产者的产品差别程度

这是区分垄断竞争市场和完全竞争市场的主要方式。

3. 进入障碍的大小

所谓进入障碍，是指一个新的企业要进入某一行业所遇到的阻力，也可以说是资源流动的难易程度。一个行业的进入障碍越小，其竞争程度越高；反之，一个行业的进入障碍越大，其垄断程度就越高。

三、市场类型

根据市场结构划分三方面因素的特点，将市场划分为完全竞争市场、完全垄断市场、垄断竞争市场和寡头垄断市场四种市场类型。

这四种市场结构中，完全竞争市场竞争最为充分，完全垄断市场不存在竞争，垄断竞争市场和寡头垄断市场具有竞争但竞争又不充分。

（一）完全竞争市场

完全竞争市场被假定为厂商数目众多、厂商所提供的产量相对于市场规模而言只占很小的份额，并且厂商进入和退出自由。在完全竞争市场上，每个厂商面临既定的市场价格，单个厂商的产量变化不会对市场价格造成影响，从而边际收益等于平均收益，二者都等于市场价格。以价格等于边际成本为条件，短期内，完全竞争厂商可以获得超额利润、获得正常利润或亏损。但在亏损状态下，只有当价格高于平均变动成本最低点时，厂商才会供给正数量的商品；否则，则停止营业。因此，完全竞争厂商的平均变动成本的最低点又被称为停止营业点或关闭点。关闭点以上的边际成本曲线就是厂商的短期供给曲线。

在长期内，厂商调整各种生产要素的投入数量，以使得每个产量下成本为最低。同时，厂商依照边际收益等于边际成本的利润最大化原则决定产量。由于长期内行业中厂商的进入或退出，厂商长期均衡的条件是价格等于边际成本、等于平均成本。从行业的角度来看，厂商进入或退出可能影响厂商的成本。如果厂商进入使得行业的厂商成本不变、递增或递减，则行业依次可以定义为成本不变、成本递增或成本递减的行业类型，相应的行业供给曲线分别为平行于数量轴、向右上方倾斜和向右下方倾斜。

依照价格等于边际成本和价格等于最低的平均成本，完全竞争市场被认为是在生产数量和技术使用方面具有效率的。

（二）完全垄断市场

完全垄断市场是指只有一家厂商提供所有供给的市场结构。垄断厂商面临着整个市场的向下倾斜的需求曲线，其边际收益曲线位于平均收益曲线之下。这就决定了垄断厂商在产品市场上不仅决定如何生产和生产多少，而且决定制定多高的价格。

在短期内，垄断厂商按照边际收益等于边际成本的原则决定生产数量，并在需求曲线上制定价格。只要这一价格高于平均变动成本，垄断厂商就会供给正数量的商品。这样，在短期内，垄断厂商可以处于获超额利润、获正常利润或亏损状态的均衡。在长期中，垄断厂商调整生产要素投入，使得在每个产量下成本为最低，如若继续亏损将会退出该行业。因此，长期垄断厂商一般会处于获得超额利润的均衡。无论是在短期还是在长期，垄断厂商都没有明确的供给曲线。

垄断厂商可以采取价格歧视定价策略。在分割的市场上，垄断厂商借助垄断的市场支配力对需求价格弹性小的消费者或在需求价格弹性小的市场上制定较高的价格。垄断厂商制定歧视价格的一般原则是，不同市场上的边际收益分别等于厂商的边际成本。

在垄断市场上，价格高于边际成本、高于平均成本，因而垄断厂商在产量供给和技术创新方面缺乏效率。

（三）垄断竞争市场

垄断竞争市场存在许多卖方，垄断竞争者在市场上竞争，生产有差异的产品，这个市场容易进入。存在许多厂商，以及容易进入使得这个市场看起来是竞争性的。垄断竞争市场中的厂商可以使它的产品具有独特属性的能力，这是它区别于完全竞争市场的地方。每个企业通过使自己的商品有差异来形成它自己的个人垄断。如果它能使自己的商品足够与众不同，它就能成为唯一的卖方，并具有垄断者的市场能力。在垄断竞争市场中缺乏进入壁垒，限制了单个企业的市场力量。

（四）寡头垄断市场

寡头垄断市场是指一个市场只有少数几个卖方，通常受到进入壁垒的保护，产品或是标准化的或是有差异的。向其他企业出售资本品的厂商通常生产的是标准化商品，一般只有少数几个生产厂商生产这种产品。更一般的，寡头垄断的厂商向消费者出售差异化的商品，大量的广告诱导消费者相信很多商品是有重要差别的。

考察市场构成问题，本质上是要考察市场中企业之间的竞争态势与竞争的特性问题，因此，那些影响竞争态势与竞争特性的主要因素就成了划分市场结构的依据。这些因素主要包括四个方面，即市场中买者和卖者的多寡、商品的同质性、市场进入或退出的自由程度、信息的完全性。

以上四种市场的比较总结如表 6-1 所示。

表 6-1　　四种市场的比较

比较点 类型	厂商的数目	产品差别的程度	对价格控制的程度	进出一个行业的难易程度	市场情况举例
完全竞争	很多	完全无差别	没有	很容易	一些农产品
垄断竞争	很多	有差别	有一些	比较容易	香烟、糖果
寡头垄断	几个	有差别或无差别	相当程度	比较困难	钢铁、汽车
完全垄断	一个	唯一的产品，没有接近的替代品	很大程度，但经常受到管制	很困难，几乎不可能	公用事业和水、电

实训任务

麦当劳连锁店的折扣券

麦当劳连锁店一直采取向消费者发放折扣券的促销策略。他们对来麦当劳就餐的顾客发放麦当劳产品的宣传品，并在宣传品上印制折扣券。为什么麦当劳不直接将产品的价格降低？

回答是：折扣券使麦当劳公司实行了三级差别价格。麦当劳公司知道并不是所有的顾客都愿意花时间将折扣券剪下来保存，并在下次就餐时带来。此外，剪折扣券意愿与顾客对物品支付意愿和他们对价格的敏感相关。富裕而繁忙的高收入阶层到麦当劳用餐弹性低，对折扣券的价格优惠不敏感，不可能花时间剪下折扣券并保存，随时带在身上，以备下次就餐时用。而且折扣券所省下的钱他也不在乎。但低收入的家庭到麦当劳用餐弹性高，他们更可能剪下折扣券，因为他们的支付意愿低，对折扣券的价格优惠比较敏感。

麦当劳连锁店通过只对这些剪下折扣券的顾客收取较低价格，吸引了一部分低收入家庭到麦当劳用餐，成功地实行了价格歧视，采取了三级差别价格，并从中多赚了钱。如果直接将产品价格降低，因不带折扣券的高收入阶层的高意愿消费而多得的收入就会流失。

思考：

1. 麦当劳属于哪种市场类型？
2. 麦当劳的折扣券有效吗？为什么？

任务二 了解完全竞争市场

理论知识

完全竞争又称纯粹竞争，是指一种竞争完全不受任何阻碍和干扰的市场结构。

完全竞争的条件包括：

（1）市场上有许多买者和许多卖者。

（2）各个卖者提供的物品大体上是相同的。

（3）企业可以自由地进入或退出市场。

（4）生产者与消费者都可以获得完整而迅速的市场供求信息，不存在供求以外的因素对价格决定和市场竞争的影响。

在形成完全竞争市场的条件中，前两个条件是最基本的。现实中完全符合这些条件的市场实际上是不存在的，接近于这些条件的市场是农产品市场。因此，一般把农产品市场作为完全竞争的市场。

以牛奶市场为例，没有一个牛奶买者可以影响牛奶价格，因为相对于市场规模，每个买者购买的量很少。同样，每个牛奶卖者对价格的控制是有限的，因为许多其他卖者也提供基本相同的牛奶。由于每个卖者可以在现行的价格时卖出他想卖的所有量，所以，他没有什么理由收取较低价格，而如果他收取高价格，买者就会到其他地方买。在竞争市场上，买者和卖者必须接受市场决定的价格，因而被称为价格接收者。

如果任何一个人都可以决定开一个奶牛场，而且，如果任何一个现有奶牛场都可以决定离开奶牛行业，那么，牛奶行业就完全满足了这个条件。

一、完全竞争厂商的需求曲线和收益曲线

（一）完全竞争厂商的需求曲线

在论述这一问题时，首先必须区分整个行业与个别厂商。

对整个行业来说，需求曲线是一条向右下方倾斜的曲线，供给曲线是一条向右上方倾斜的曲线。整个行业产品的价格就由这种需求与供给决定。

但对个别厂商来说情况就不同了。当市场价格确定之后，对个别厂商来说，这一价格就是既定的，无论它如何增加产量都不能影响市场价格。换句话来说，在既定的价格之下，市场对个别厂商产品的需求是无限的。因此，市场对个别厂商产品的需求曲线是一条由既定市场价格出发的平行线。可用图 6－1 来说明市场价格的决定与个别厂商的需求曲线。

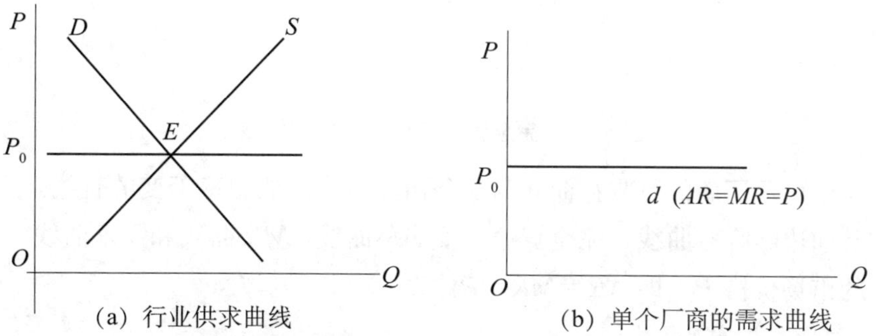

(a) 行业供求曲线　　(b) 单个厂商的需求曲线

图 6－1　行业供求曲线与单个厂商的需求曲线

图 6－1 中，(a) 图说明了整个行业的供求如何决定价格，这时的价格水平为 P_0。(b) 图为个别厂商的情况，这时价格为市场的既定价格 P_0，在该价格下，市场对个别厂商的需求是无限的，因此，需求曲线为 d。

（二）完全竞争厂商的收益曲线

以斯密的家庭奶牛场为例，表 6－2 表示斯密的家庭奶牛场的收益，该表假设牛奶的

价格是每加仑 6 美元，可用来说明价格、总收益、平均收益、边际收益之间的关系。

表 6－2　斯密的家庭奶牛场

产量（加仑）	价格（美元）	总收益（美元）	平均收益（美元）	边际收益（美元）
1	6	6	6	
2	6	12	6	6
3	6	18	6	6
4	6	24	6	6
5	6	30	6	6
6	6	36	6	6
7	6	42	6	6
8	6	48	6	6

思考：牛奶场从普通 1 加仑牛奶中得到了多少收益？如果牛奶场增加生产 1 加仑牛奶，它能得到多少额外收益？

正因为价格、平均收益和边际收益都是相等的，所以，平均收益曲线、边际收益曲线与需求曲线都是同一条线，即 $AR=MR=P$。

根据表 6－2 画出图 6－2：

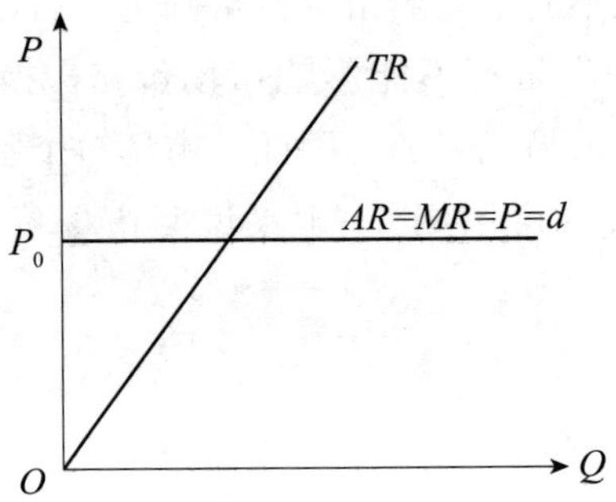

图 6－2　完全竞争厂商的收益和价格

可见，完全竞争厂商的总收益曲线为一条由原点出发的斜率不变的直线。

平均收益和边际收益曲线：完全竞争厂商 AR 曲线，MR 曲线和需求曲线 d 三线重叠，且等于既定的市场价格 P，即 $AR=MR=P$。

二、完全竞争市场的短期均衡

（一）厂商在短期内实现利润最大化的均衡条件

均衡的条件：$MR=MC$（且 MC 上升时）或 $MR=AR=MC=P$。

（二）不同情况下的完全竞争厂商的短期均衡

第一种情况：平均收益大于平均总成本，即 $AR>SAC$，厂商获得超额利润。如图 6－3

所示。

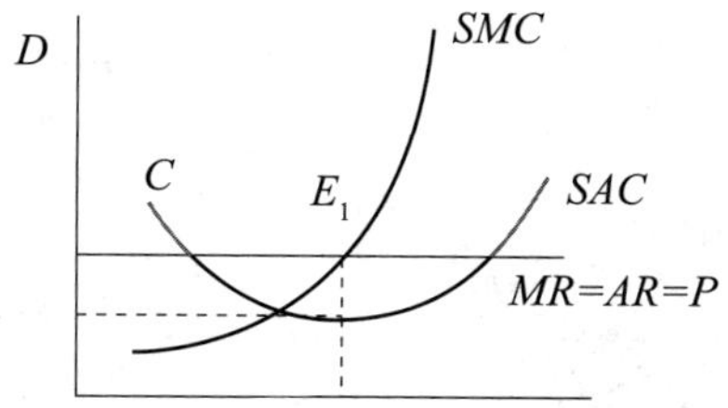

图 6-3　平均收益大于平均总成本时的短期均衡

第二种情况：平均收益等于平均总成本，即 $AR=SAC$，厂商的经济利润为零，但获得全部的正常利润，E_2 点称为盈亏相抵点。如图 6-4 所示。

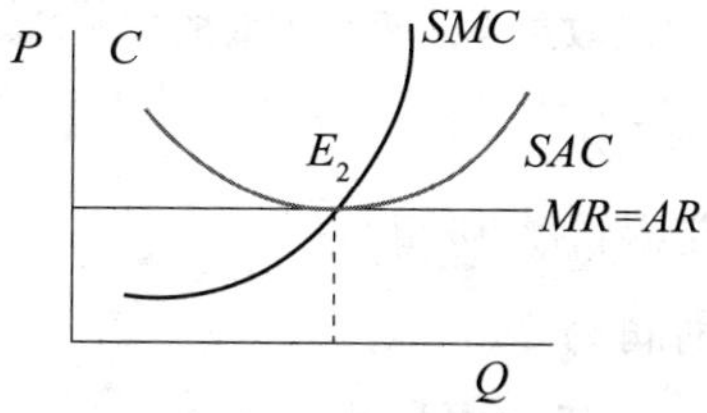

图 6-4　平均收益等于平均总成本时的短期均衡

第三种情况：平均收益小于平均总成本，但仍大于平均可变成本，即 $AVC<AR<SAC$，厂商亏损，但继续生产。如图 6-5 所示。

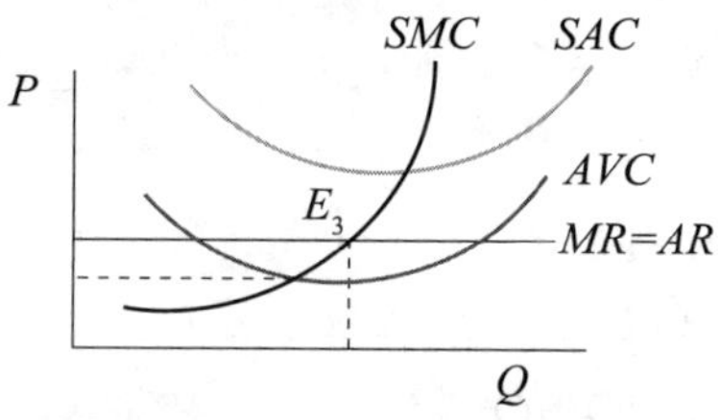

图 6-5　平均收益小于平均总成本时的短期均衡

第四种情况：平均收益等于平均可变成本，即 $AR=AVC$，厂商亏损，处于生产与不生产的临界点。其中，E4 点 $AR=\min(AVC)$，称为停止营业点。如图 6-6 所示。

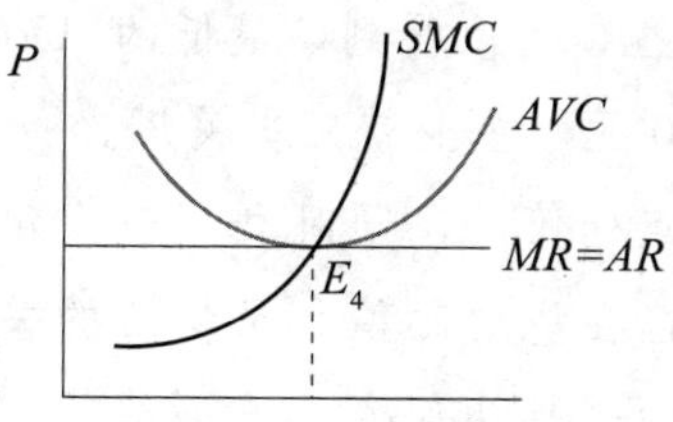

图 6-6　平均收益等于平均可变成本时的短期均衡

第五种情况：平均收益小于平均可变成本，即 $AR<AVC$，厂商亏损，停止生产。如图 6-7 所示。

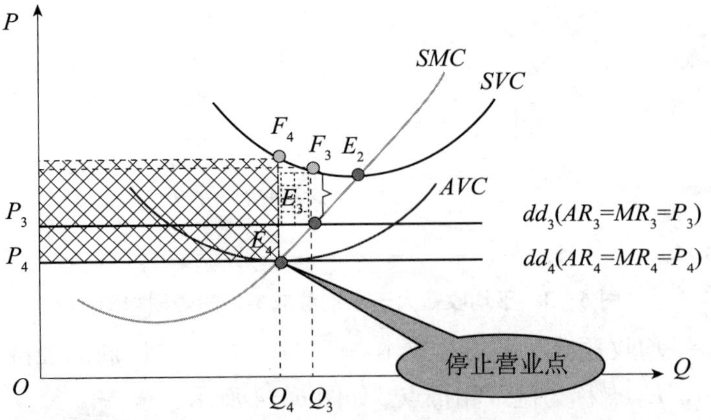

图 6-7　平均收益小于平均可变成本时的短期均衡

综上，厂商短期均衡的五种情况：

(1) 当 $P>SAC$ 时，厂商获得最大利润。

(2) 当 $P=SAC$ 时，厂商利润为零。

(3) 当 $AVC<P<SAC$ 时，厂商亏损最小。

(4) 当 $P=AVC$ 时，此时厂商亏损固定成本。

(5) 当 $P<AVC$ 时，此时厂商停止生产。

【例 6-1】　计算厂商价格：一家自行车制造商面临一条水平的需求曲线，企业的总变动成本为：$TVC=150Q-20Q^2+Q^3$

问题：低于什么价格，企业就应当关厂？

解：

方法一：企业在价格等于 AVC 最低点时应该停产。

$$AVC=TVC/Q=150-20Q+Q^2$$

AVC 最低的条件是其边际值等于零，即 $d(AVC)/dQ=0$

对 AVC 求导数：

$$d(AVC)/dQ=-20+2Q=0$$，所以 $Q=10$（单位）

把 $Q=10$ 代入原 AVC 的方程，可以得到，最低的 $AVC=50$（元）

所以，如果市场价格低于 50 元，企业就应当关厂。

方法二：企业在 AVC 最低点处停产，同时利润最大化要求 $P=SMC$，所以，企业当 $AVC=SMC$ 时应停产（事实上，在讲边际值和平均值的关系时，我们说过，边际值必然和平均值相交于平均值的极值点）。所以有：

$$SMC=150-40Q+3Q^2 \quad AVC=150-20Q+Q^2$$

$$150-40Q+3Q^2=150-20Q+Q^2$$

解这个一元二次方程，可以得到：$Q=0$ 或 $Q=10$

$Q=0$ 显然不合理，把 $Q=10$ 代入 AVC 或 SMC 方程，可以得到 $P=MC=AVC=50$（元）。

三、完全竞争市场的长期均衡

（一）完全竞争厂商在长期内面临的两类选择

（1）厂商为实现利润最大化，可对最优生产规模进行调整；

（2）厂商为实现利润最大化，可选择进入或退出某一行业。

（二）完全竞争厂商的长期均衡

在长期中，所有的生产要素都是可变的，完全竞争厂商可以通过对全部生产要素投入量的调整，来实现利润最大化的均衡条件。

在长期内，完全竞争厂商对全部生产要素的调整表现在两个方面：

（1）厂商进入或退出一个行业，这也是行业内企业数量的调整；

（2）厂商对生产规模进行调整：

1）厂商对最优生产规模进行调整——不再调整规模与产量。

2）行业内企业数量的调整——不再有企业进入或退出。

（3）完全竞争厂商长期均衡条件（零利润均衡，即经济利润为零）：$MR=LMC=SMC=LAC=SAC$，其中，$MR=AR=P$。如图 6－8 所示，E_2 点为长期均衡点。

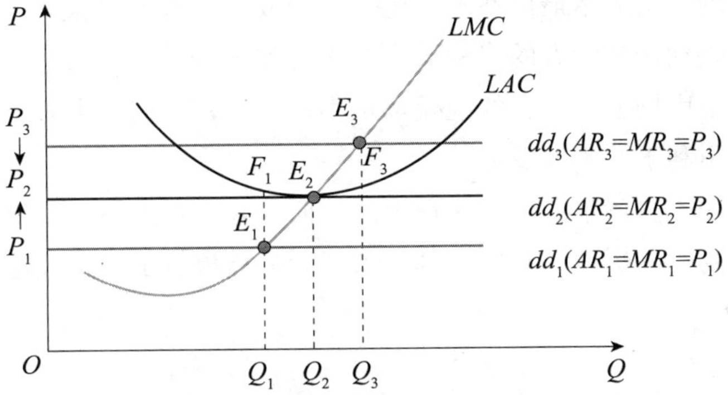

图 6－8　完全竞争厂商的长期均衡

四、完全竞争行业的长期供给曲线

根据行业产量变化对生产要素价格变化的不同影响，完全竞争行业的长期供给曲线分为三类，即成本不变行业、成本递增行业和成本递减行业。

（一）成本不变行业的长期供给曲线

（1）成本不变行业是这样一种行业，它的产量变化所引起的生产要素需求的变化不对生产要素的价格发生影响。

（2）成本不变行业的长期供给曲线是一条水平线。

（二）成本递增行业的长期供给曲线

（1）成本递增行业是这样一种行业，它的产量的增加所引起的生产要素的增加会导致生产要素价格的上升。

（2）成本递增行业的长期供给曲线是一条向右上方倾斜的曲线。

（三）成本递减行业的长期供给曲线

（1）成本递减行业是这样一种行业，它的产量的增加所引起的生产要素需求的增加反而使生产要素的价格下降了，其原因是外在经济的作用。

（2）成本递减行业的长期供给曲线是一条向右下方倾斜的曲线。

五、对完全竞争市场的评价

（1）长期均衡时，每个企业都在长期平均成本的最低点处生产，因此生产效率达到了最高。

（2）资源在各种产品和各企业的生产之间的配置达到最优。因为当 $P=LMC=LAC$ 时，无法做到增加或减少一种产品或一个企业的产量而不影响其他产品或企业的产量。

（3）生产者剩余和消费者剩余之和即社会福利达到最大。

总之，完全竞争市场是经济学家推崇的一种最理想的市场模式。

但是，完全竞争市场也有其缺点：

第一，各厂商的平均成本最低并不一定是社会成本最低。

第二，产品无差别，消费者的多种需求无法得到满足。

第三，完全竞争市场上生产者的规模都很小，这样，他们就没有能力去实现重大的科学技术突破，从而不利于技术发展。

第四，在现实中完全竞争的情况是很少的，而且，一般来说，竞争也必然引起垄断。

对完全竞争市场的分析，为我们对其他市场的分析提供了一个理论依据。

实训任务

狡猾的农场主

一个生产小麦的农场主向他的工人发布了以下坏消息：今年的小麦价格很低，而且我从今年的粮食中最多只能获得 3.5 万美元。如果我付给你们与去年相同的工资（3 万美元），我就会亏本，因为我不得不考虑 3 个月以前已经为种子和化肥花了 2 万美元。如果为了那些仅值 3.5 万美元的粮食而让我花上 5 万美元，那么我一定是疯了。如果你们愿意只拿去年一半的工资（1.5 万美元），我的总成本将为 3.5 万美元，至少可以收支相抵。如果你们不同意降低工资，那么我也就不打算收割这些小麦了。

于是，工人们围坐在一起以投票来决定是否同意降低工资，这时，尚列特很快进行了一番计算，然后说："农场主在吓唬我们，即使我们不同意降低工资，他也会收割小麦的。他的总收益（3.5 万美元）超过了可变成本（支付给工人的 3 万美元）。数月前用来支付种子和化肥的 2 万美元固定成本已经是沉淀成本了，在决定是否收割小麦时是可以忽略不计的。"

结论：由于农场主的总收益超过了可变成本，所以即使工人们不接受降低工资的建议，他仍将收割小麦。

思考：

尚列特说得有道理吗？为什么？请用学习的知识解释和回答。

任务三

了解完全垄断市场

理论知识

一、完全垄断市场概述

（一）垄断的特点和条件

1. 定义

垄断是指一个厂商独家控制一种产品的生产与销售，这是一种不存在丝毫竞争因素的市场结构。

2. 完全垄断市场须具备的条件

（1）市场上只有唯一的一个销售者，企业就是行业；

（2）该厂商所售的商品没有任何相近的替代品；

（3）新厂商不能进入该市场；

（4）厂商可以根据获取利润的需要，实行差别价格。

（二）完全垄断形成的原因

（1）关键资源由一家企业拥有（垄断资源）。

（2）独家厂商拥有某种产品生产的专利权。

（3）政府的特许。

（4）自然垄断——由于一个企业能以低于两个或更多企业的成本向整个市场供给一种物品或劳务而产生的垄断，或者由于规模经济需要而产生的垄断。

二、完全垄断市场的需求曲线、收益曲线

（一）垄断厂商的需求曲线

垄断厂商面临的需求曲线，就是市场的需求曲线，它是一条向右下方倾斜的曲线。

（二）垄断厂商的收益曲线

1. 平均收益曲线

$$AR=TR(Q)/Q=P(Q)Q/Q=P(Q)$$

垄断厂商的平均收益曲线和需求曲线重叠，都是同一条向右下方倾斜的曲线，表明在每一个销售量上 $AR=P$。

2. 边际收益曲线

完全垄断厂商的边际收益 MR 曲线位于平均收益 AR 曲线的左下方，且 MR 曲线也向右下方倾斜。

3. 总收益曲线

由于每一销售量上的 MR 值就是相应的 TR 曲线的斜率。所以 TR 曲线是先增后减的曲线，即：当 $MR>0$ 时，TR 曲线的斜率为正；当 $MR<0$ 时，TR 曲线的斜率为负；当 $MR=0$ 时，TR 曲线达到最大值。如图 6－9 所示。

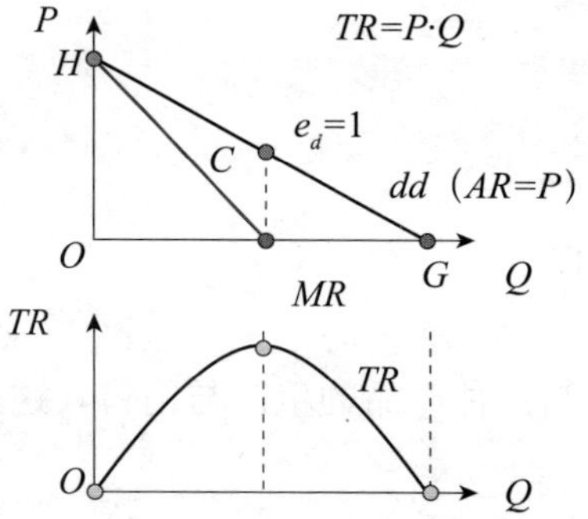

图 6－9　垄断厂商的总收益曲线

三、完全垄断厂商的短期均衡

（一）短期均衡的条件

短期均衡的条件为：$MR=MC$。

（二）短期均衡的四种情况

（1）短期内盈利，如图 6－10 所示。

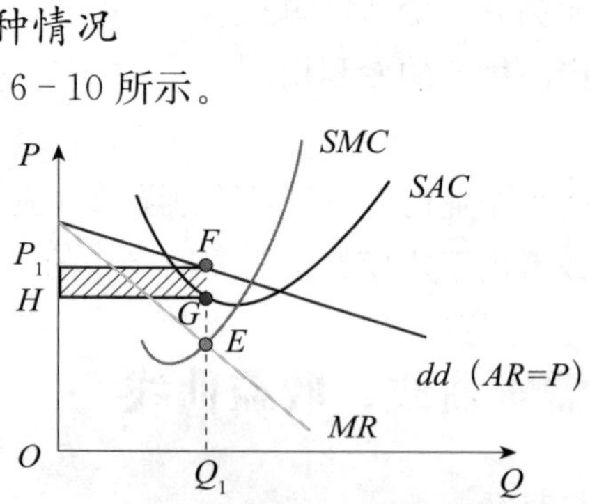

图 6－10　垄断厂商的短期均衡（1）

当 $MR=MC$ 时，MR 与 SMC 交于 E 点，此时对应 Q_1 点。与 Q_1 对应的 SAC 为 G 点，与价格 P 线对应的是 F 点，故总收益增加 P_1FGH 的面积。

(2) 短期内亏损，如图 6－11 所示。

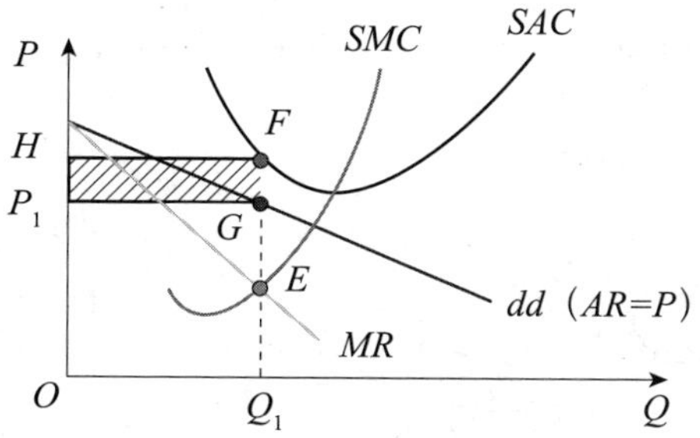

图 6－11　垄断厂商的短期均衡 (2)

当 $MR=MC$ 时，两者相交于 E 点，对应 Q_1，与 Q_1 对应的 SAC 上的点是 F，而与 $AR=P$ 对应的却是 G 点，可看出 F 比 G 高，故总收益减少 P_1GFH 面积。

(3) 短期内收支相抵，如图 6－12 所示。

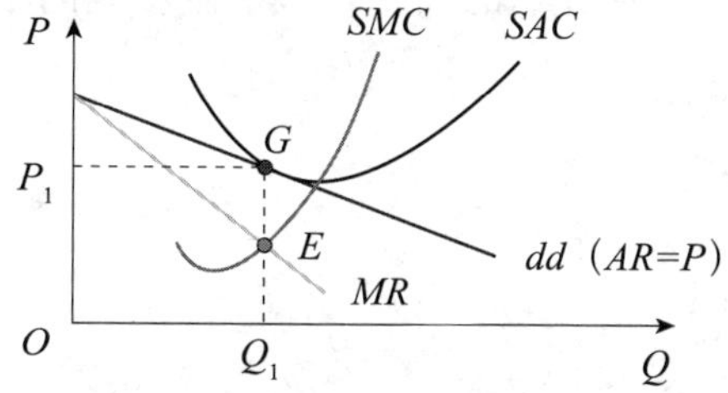

图 6－12　垄断厂商的短期均衡 (3)

当 $MR=MC$ 时，二者相交于 E 点，此时对应 Q_1，与 Q_1 对应的 SAC 和 $AR=P$ 都为 G 点。故此时总收益不变化。

(4) 停止营业点，如图 6－13 所示。

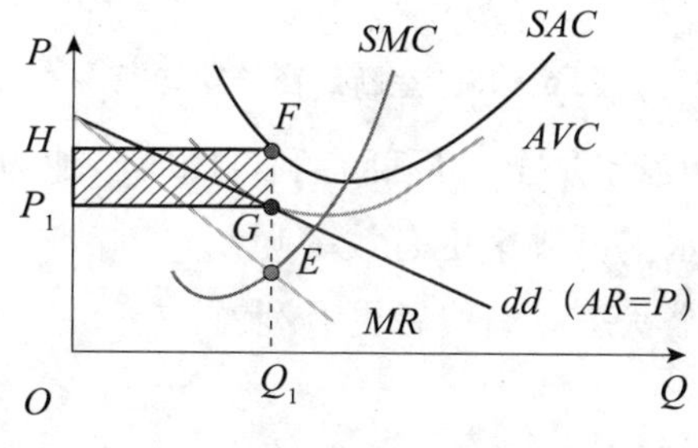

图 6－13　垄断厂商的短期均衡 (4)

结合图 6－11 的分析可知 Q_1 是停止营业点。

四、完全垄断厂商的长期均衡

(一) 垄断厂商的长期均衡的基本特征

(1) 垄断厂商长期可以调整全部生产要素的投入量，从而实现最大利润 (通过低价多销、高价少销策略选择）；

（2）垄断行业排除了其他厂商加入的可能性。

（二）长期均衡图示

长期中厂商的盈利大于短期中的盈利，如图 6－14 所示。

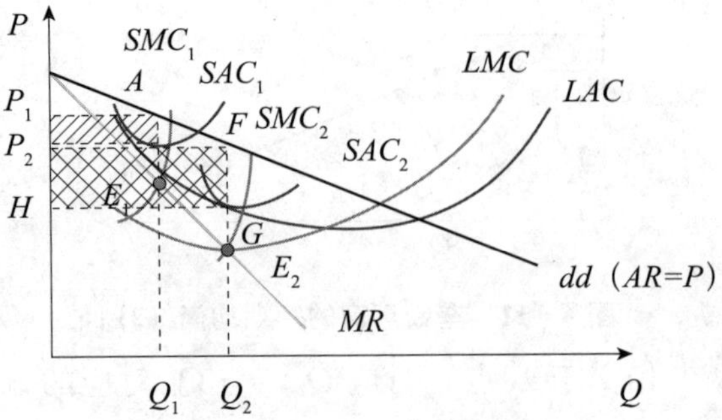

图 6－14　垄断厂商长期均衡

长期中盈利为画小正方形 P_2FGH 的面积，大于画斜线的小长方形的面积。

（三）对垄断市场的进一步分析

对垄断市场的进一步分析如图 6－15 所示。

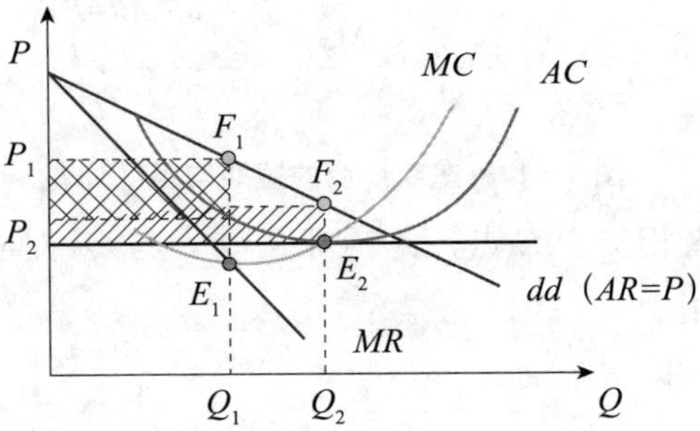

图 6－15　垄断厂商长期均衡

讨论：（1）把价格定在 P_2 水平上，厂商有利可图吗？他为什么不这么做呢？

（2）比较一下两个产量水平，哪个更有效率呢？

（3）E_1 与 E_2 相比，哪个状态对消费者更有利？

五、垄断造成的社会成本

（一）垄断造成的社会损失

（1）分配不公。

（2）福利损失。

（3）资源浪费。

（4）技术性低效率，即 X—非效率（X-inefficiency）：由美国哈佛大学的教授雷本思坦

（H. Leibensitein）首先提出，指的是这样一种情况：垄断性大企业由于缺乏市场竞争的压力，造成内部组织层次多、关系复杂、机构庞大，再加上所有权与控制权的分离，使得这些企业的管理者和工人“故意”不去实现利润最大化，从而导致企业内部配置效率低下。

（5）寻租（Rent Seeking）行为所产生的资源的非生产性消耗：垄断条件下，企业的超额利润被称为租金，这种租金的取得依赖于垄断特权，因此，企业愿意为获得和保持这种特权而付出额外的代价。人们把资源被用来寻求或保持垄断利润的行为称为寻租，比如游说立法者以给自己垄断特权，甚至贿赂决策者给予自己某种垄断特权（如独家供应办公用品等）。由于有可能存在数个企业为同一个垄断特权的寻租而竞争，他们的努力可能互相抵消，从而寻租的总花费超过预期的总收益（即胜利者实际获得的垄断利润远小于其预期的垄断利润）。这种寻租导致的实际垄断利润的减少，被称为“租金耗散”。

（二）对垄断的管理

对垄断的管理内容包括以下四个方面。

（1）对垄断企业征税。

（2）对市场结构进行控制。

（3）政府对价格进行控制。

（4）规定产量。

六、垄断的差别价格

（一）差别价格

差别价格（或价格歧视）是指垄断者在同一时间内对同一成本的产品向不同的购买者收取不同的价格，或是对不同成本的产品向不同的购买者收取相同的价格。

（二）类型

1. 垄断者的市场分割（三级差别价格，Third-degree Price Discrimination）

（1）定义：指垄断者把不同类型的购买者分割开来，形成各个子市场，然后把总销量分配到各个子市场出售，根据各子市场的需求价格弹性分别制定不同的销售价格。

（2）市场分割的两个条件：

第一，垄断者能够把不同市场或市场的各个子市场有效分割开来。

第二，各个子市场或消费团体具有不同的需求价格弹性。

（3）市场分割条件下厂商均衡的条件：假定两个独立的市场，其平均收益函数或需求函数分别为 $AR1$（Q_1）、$AR2$（Q_2）；边际收益函数分别为 $MR1$（Q_1）、$MR2$（Q_2）；Q_1、Q_2 是两个市场的销售量，即 $Q=Q_1+Q_2$。其边际成本函数为 MC（Q）。均衡条件：MC（Q）$=MR1$（Q_1）$=MR2$（Q_2）。

2. 二级差别价格（Second-degree Price Discrimination）

它指垄断者对某一特定的消费者，按其购买商品数量不同制定不同的价格。

3. 完全差别价格（First-degree Price Discrimination）

它指垄断者根据每一个消费者每买进一单位的产品愿意并且能够支付的最高价格来逐个确定每单位产品销售价格的方法。

实训任务

根据所学内容计算如下题目：

1. 如果垄断者可以把市场分为两个独立的子市场，在两个市场它所面临的需求曲线分别为 $P_1=80-5Q_1$，$P_2=180-20Q_2$，成本函数为 $C=50+20Q$，求利润极大时的价格、利润。

2. 假定一家垄断企业的总成本方程为：$TC=500+20Q_2$；需求曲线为：$P=400-20Q$。

问：利润最大化的价格和产量应为多少？

任务四

了解垄断竞争市场

理论知识

一、垄断竞争市场的特点

（1）企业数量多：每个企业的市场份额都很小，单个企业的行为不会影响市场。

（2）产品有差别：这是垄断竞争市场的一个关键特点。正因为产品有差别，所以每个企业都能吸引一些特定的消费者，从而对消费者有一定的垄断力量；但同时，产品之间又具有不同程度的替代性，从而有一定的竞争。

（3）无进退壁垒：企业进出市场是自由的，因此垄断竞争市场上企业之间的竞争还是很强的。

（4）厂商对价格略有影响力。

二、垄断竞争厂商的需求曲线

（一）主观需求曲线与实际需求曲线

（1）厂商主观需求曲线（d）：是一条表示厂商变动价格，而其他厂商价格保持不变时，厂商的销售量随它的价格变动而变动的需求曲线。

（2）厂商实际需求曲线（D）：是一条表示厂商变动价格时其他厂商也对价格作同样变动时，厂商的销售量随价格变动而变动的需求曲线。

厂商主观需求曲线与实际需求曲线如图 6－16 所示。

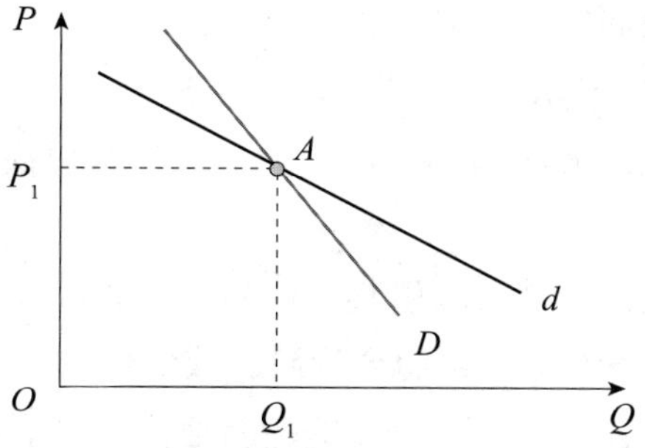

图 6－16　厂商主观需求曲线与实际需求曲线

问题：为什么 d 曲线的斜率（弹性）小于（大于）D 曲线？

（二）主观需求曲线与实际需求曲线之间的关系

（1）当垄断竞争生产集团内的所有厂商都以相同价格改变产品价格时，整个市场价格的变化会使得单个垄断竞争厂商的 d 需求曲线的位置沿着 D 需求曲线上下平移。

（2）由于 d 需求曲线表示单个垄断竞争厂商单独改变价格时所预期的产量，D 需求曲线表示每个垄断竞争厂商在每一市场价格水平实际所面临的市场需求量，所以，d 需求曲线和 D 需求曲线相交意味着垄断竞争市场的供求相等状态。

（3）d 需求曲线的弹性大于 D 需求曲线的弹性，即前者更平坦一些。

三、垄断竞争条件下的均衡

（一）垄断竞争厂商的短期均衡

（1）含义：在利润最大或亏损最小时达到短期均衡。

（2）条件：$MC=MR$。

垄断竞争厂商的短期均衡状态如图 6－17 所示。

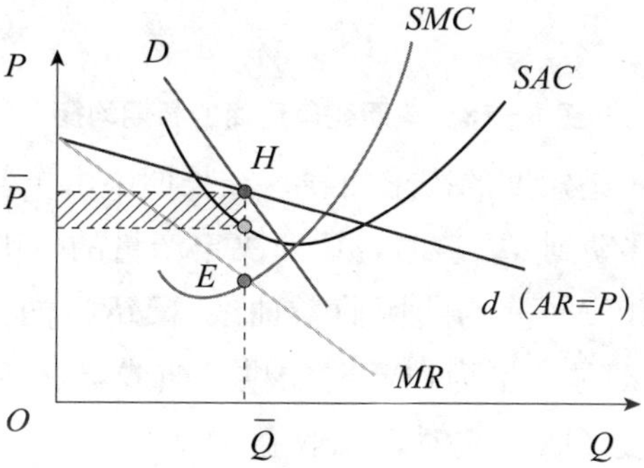

图 6－17　垄断厂商的短期均衡

如图，当 $MR=MC$ 时，二者相交于 E 点，此时为均衡状态，若盈利则利润最大，若亏损则亏损最小。

（二）垄断竞争厂商的长期均衡

（1）含义：获得正常利润的一种状况。

（2）条件：$MR=LMC=SMC$　　$AR=LAC=SAC$

在长期内，企业不仅能扩大或缩小生产规模，而且可以决定是否退出这一产品集团，是否进入另一个产品集团。

如果出现了正的经济利润，就会吸引其他产品集团的进入。这种进入对垄断竞争企业的“感觉到的需求曲线”d 没有影响，但会导致“成比例的需求曲线”D 朝着顺时针的方向旋转。这就隐含地表明，该垄断竞争企业的垄断地位相对下降，从而逼迫原均衡价格下降。这种进入直到经济利润为零为止才实现垄断竞争企业的长期均衡。

如果经济利润为负，这一产品集团的部分企业将会部分退出，这样就会导致成比例需求曲线 D 以逆时针方向旋转，表明垄断竞争企业的垄断地位在加强，从而诱发价格上升。这种退出直至经济利润为零为止才实现垄断竞争企业的长期均衡。

在长期中，垄断竞争的市场上也存在激烈的竞争。超额利润的存在是推动各厂商进行竞争的动力。各个厂商可以仿制别人有特色的产品，可以创造自己更有特色的产品，也可以通过广告来创造消费者的需求，形成自己产品的垄断地位。竞争的结果必然是各种有差别产品的价格下降。可以用图 6－18 来说明长期均衡的情况（类似于完全竞争）。

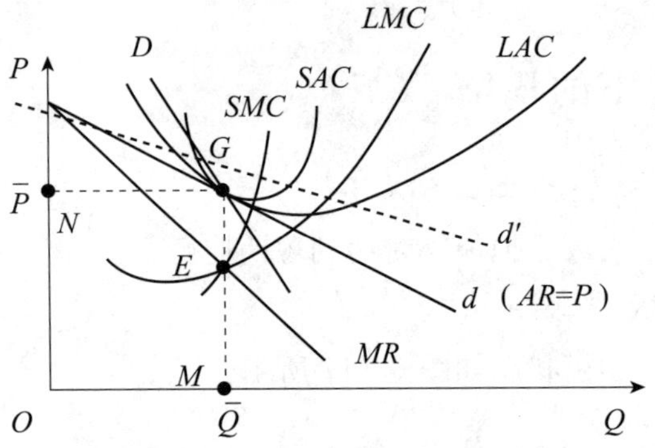

图 6－18　垄断竞争厂商的长期均衡

在图 6－18 中，虚线 d' 是短期的需求曲线，在长期中由于各厂商竞争的激烈，使价格水平下降，从而需求曲线移动到 d。这时，厂商决定产量的原则仍然是边际收益等于边际成本，因此边际成本曲线（LMC）与边际收益曲线（MR）的交点 E 决定了产量为 OM。由 M 出发的一条垂直的线即是产量为 OM 时的供给曲线，这条供给曲线与需求曲线 d 相交于 G，决定了价格水平为 ON。这时，总收益为平均收益（价格）乘产量，即图上的 $OMGN$，总成本为平均成本乘产量，平均成本在产量为 OM 时也是 ON，因此，总成本也

是 $OMGN$。总收益与总成本相等，不存在超额利润。这时各厂商不再调整自己的产量，实现了长期均衡。从图中可以看出，在实现了长期均衡时，边际收益等于边际成本，平均收益等于平均成本。所以，垄断竞争市场上长期均衡的条件是：$MR=MC$，$AR=AC$，$MR=LMC$，$d=D$，$AR=LAC$。

四、垄断竞争厂商的竞争策略

垄断竞争厂商的竞争策略除价格竞争、产品差异化竞争外，还包括以下几点：

（1）技术创新：提高产品质量、增加新的功能、开发新的更新换代的产品、新设计、新包装等，如等离子彩电。

（2）广告和各种促销活动：如史玉柱的脑白金。

（3）服务竞争：如完善的售后服务系统。

（4）产品的经济空间不同。

（5）主观评价不同。

五、垄断竞争的优缺点

（一）缺点

首先，成本较高。从平均成本来看，垄断竞争市场上平均成本比完全竞争时高，这说明垄断竞争时由于有垄断的存在，生产要素的效率不如完全竞争时高。但这时的平均成本一般又低于完全垄断时，说明由于有竞争的存在，生产要素的效率又比完全垄断时高。

其次，价格较高。从价格来看，即使在长期中，垄断竞争时的价格也高于完全竞争时，因为这时平均成本是高的。对消费者来说，付出高于完全竞争时的价格，得到的是丰富多彩、各具特色的产品，可以满足不同的要求。但垄断竞争下价格又要低于完全垄断时，因为这时价格不是由垄断者决定的价格，而是由市场竞争形成的价格。

最后，产量较低。从产量来看，垄断竞争时的产量一般要低于完全竞争时而高于完全垄断时，这说明垄断竞争下资源的利用程度不如完全竞争时而优于完全垄断时。

（二）优点

第一，垄断竞争市场产品是多种多样的，可以满足消费者的不同偏好。

第二，垄断竞争有利于技术创新。

实训任务

西方许多经济学家认为，垄断竞争从总体上看是利大于弊的。而在现实中，垄断竞争也是一种普遍存在的市场结构。你怎么认为？

任务五

了解寡头垄断市场

理论知识

一、寡头垄断的特点

寡头垄断（又称寡头）是指少数几个厂商控制整个市场中的生产和销售的市场结构。寡头是介于垄断竞争和完全垄断之间的一种市场模型，它是指只有少数几家大型企业控制某种商品的一种市场结构。

（一）条件

（1）行业中厂商数量较少。

（2）厂商所生产的产品可以是无差别的，也可以有差别。

（3）进入寡头垄断市场存在比较大的障碍。

寡头垄断市场在经济中占有十分重要的地位。例如在美国，钢铁、汽车、炼铝、石油、飞机制造、机械、香烟等重要行业都是寡头垄断市场。这些行业中大都是四五家公司的产量占全行业产量的70%以上。在日本、欧洲等发达国家也存在同样的现象。

（二）寡头垄断的种类

1. 按寡头数量的多少分类

（1）双寡头。

（2）多寡头。

2. 按产品的特征分类

（1）纯粹的寡头垄断（关键识别点：产品无差别），如：钢铁。

（2）差别的寡头垄断（关键识别点：产品有差别），如：汽车。

3. 按相互关系分类

（1）对抗性。

（2）联合性（托拉斯）。

二、寡头垄断市场上产量的决定

各寡头之间有可能存在相互之间的勾结，也有可能不存在勾结。在这两种情况下，产量的决定是有差别的。

（一）非勾结性寡头垄断市场上价格的决定

（1）价格领先制。又称“价格领袖制”，指经由同业的某一家公司先确定产品某一期间内的价格后，其他公司根据该价格，就其同质产品，来确定其价格。价格领袖并非一定为该行业最大的公司，也非该行业间特别规定或选举产生，它往往来自同业间长期的定价习惯，或来自同业间一种自然的默契。它是不完全竞争条件下垄断组织操纵市场采用的价格制度。其主要有支配型的价格领先制、共谋式的领先制和晴雨表式的领先制三种。

（2）成本加成法。成本加成法是按产品单位成本加上一定比例的利润制定产品价格的方法。大多数企业是按来成本利润率确定所加利润的大小的。即：价格＝单位成本＋单位成本×成本利润率＝单位成本（1＋成本利润率）。成本加成定价法是企业较常用的定价方法。

前提假设：

（1）只有两个厂商，且有相同的成本。

（2）市场需求曲线呈线性，且为两厂商共享。

（3）两厂商充分了解市场的信息。

（4）天真地假定对方不会改变原有的产量。

（二）勾结性寡头垄断市场上价格的决定

卡特尔存在于互相勾结的情况下，卡特尔是生产同类产品的垄断厂商就产品的市场价格、产量分配和市场份额而达成的一种公开协议，其目的是限制产量、提高价格、控制市场。卡特尔协议在不少市场经济国家普遍存在，其中最为典型的是世界石油输出国组织（OPEC）。

在寡头垄断行业中，厂商出于对各自垄断利润的追求，往往通过正式的或非正式的协议组成卡特尔。因为若是各厂商单独行动，为了占领市场，各厂商不是扩大产量就是降低价格，造成整个行业产量膨胀，价格低落，最后受损失的还是厂商自己。垄断厂商想要获得更大的利润，是形成卡特尔组织的最强有力的内在动力。

卡特尔组织虽然形成了操纵市场、分享利润的协议，但是这一协议并没有法律约束力，各卡特尔成员出于各自的利益，往往违背协议，使得协议的执行非常困难。因此，大多数卡特尔往往是不稳定的，难以长期存在。经济学家认为，在下列条件下，卡特尔比较容易成立：第一，厂商数量少，组织成本低；第二，产品单一，非价格竞争手段效果不明显；第三，购买者的规模较小。

卡特尔实例：OPEC

世界石油的大部分生产国家形成了一个卡特尔，称为世界石油输出国组织（OPEC）。在1960年最初成立时，OPEC包括伊朗、伊拉克、科威特、沙特阿拉伯和委内瑞拉。到1973年，又有其他八个国家加入：卡塔尔、印度尼西亚、利比亚、阿联酋、阿尔及利亚、尼日利亚、厄瓜多尔和加蓬。这些国家占到了世界石油储藏量的四分之三。正如任何一个卡特尔一样，OPEC力图通过协调减少产量来提高其产品的价格。OPEC努力确定每个成员国的生产水平。

OPEC 想维持石油的高价格。但是，卡特尔的每个成员都受到增加生产以得到更大总利润份额的诱惑。OPEC 成员常常就减少产量达成协议，然后又私下违背协议。

在 1973 年到 1985 年，OPEC 最成功地维持了合作和高价格。原油价格从 1972 年的每桶 2.64 美元上升到 1974 年的 11.17 美元，然后在 1981 年又上升到 35.10 美元。但在 80 年代初，各成员国开始扩大生产水平，OPEC 在维持合作方面变得无效率了。到了 1986 年，原油价格回落到每桶 12.52 美元。

现在，OPEC 成员继续每两年开一次会，但卡特尔在达成或实施协议上不再成功了，OPEC 成员开始相互独立地做出生产决策。

三、对寡头垄断市场的评价

寡头垄断在经济中是十分重要的。一般认为，它具有两个明显的优点：第一，可以实现规模经济，从而降低成本，提高经济效益。第二，有利于促进科学技术进步。各个寡头为了在竞争中取胜，就要提高生产率，创造新产品，这就成为寡头厂商进行技术创新的动力。此外，寡头厂商实力雄厚，可以用巨额资金与人力来进行科学研究。例如，美国电话电报公司所办的贝尔实验室，对电子、物理等科学技术的发展作出了许多突破性贡献，而这些实验是以美国电话电报公司的雄厚经济力量为后盾的。对寡头垄断的批评主要集中在各寡头之间的勾结往往会抬高价格，损害消费者的利益和社会经济福利。

四、囚徒困境

囚徒困境（Prisoners' Dilemma）是博弈论中一个著名的例子，讲的是甲乙两名犯罪嫌疑人作案后被警察抓住，分别被关在不同的屋子里受审，双方不能互通消息，每名犯罪嫌疑人都面临坦白和不坦白两种选择。警察告诉他们：在两人都坦白的情况下，各判刑 10 年；在两人都不坦白的情况下，各判刑 3 年；在一人坦白另一人不坦白的情况下，坦白的一方会被从轻处罚，只被判刑 1 年，不坦白的一方则被重判 15 年。可以根据坦白后是否会受到制裁两种情况来讨论最终的均衡结果。

（一）坦白后不会受到制裁时的情况

此时，双方收益矩阵如表 6－3 所示。

表 6－3　　甲乙双方收益矩阵（1）

		乙	
		不坦白	坦白
甲	不坦白	−3，−3	−15，−1
	坦白	−1，−15	−10，−10

（二）坦白后会受到制裁时的情况

博弈论的一个重要思想就是规则改变报酬矩阵，改变了报酬矩阵就会影响到行为方式。如果犯罪组织有着严格的惩罚制度，任何一个罪犯坦白后，不论坦白的事情严重与否，犯罪组织一定会杀人灭口，并且总是能迅速做到。这个规则将改变报酬矩阵，新的报酬矩阵如表 6－4 所示。

表 6－4　　甲乙双方收益矩阵（2）

		乙	
		不坦白	坦白
甲	不坦白	−3，−3	−15，−∞
	坦白	−∞，−15	−∞，−∞

由于坦白后将被灭口，所以收益将是−∞ 。在乙不坦白的情况下，甲最好是不坦白；在乙坦白的情况下，因为被判刑 15 年总比死去要好，甲最好也是不坦白，所以甲会选择不坦白。同理，无论甲如何选择，乙的最好选择也是不坦白。结果双方都选择不坦白，各自被判刑 3 年。

五、不同市场类型的比较

完全竞争市场、垄断竞争市场、寡头垄断市场、完全垄断市场的比较如表 6－5 所示。

表 6－5　　不同市场类型的比较

市场类型	均衡条件		价格	产量	超额利润		经济效率比较
	短期	长期	长期	长期	短期	长期	
完全竞争	$MR=SMC$	$P=MR=LMC=SMC=LAC=SAC=AR$	最低	最大	>0 =0 <0	=0	最高
垄断竞争		$MR=LMC=SMC$；$P=AR=LAC=SAC$			>0 =0 <0	=0	
寡头垄断		$MR=LMC=SMC$；$P=AR\geqslant LAC=SAC$			>0 =0 <0	≥0	
完全垄断		$MR=LMC=SMC$；$P=AR\geqslant LAC=SAC$	最高	最小	>0 =0 <0	≥0	最低

实训任务

根据所学的知识列出几个日常生活或社会中分别属于完全竞争、垄断竞争、寡头垄断和完全垄断的例子。

项目技能训练

一、单选题

1. 经济学中短期与长期划分取决于（　　）。

A. 时间长短　　B. 可否调整产量

C. 可否调整产品价格　　D. 可否调整生产规模

2. 当边际成本曲线上升时，其对应的平均可变成本曲线一定是（　　）。

A. 上升　　B. 下降

C. 既不上升，也不下降　　D. 既可能上升，也可能下降

3. 以下最接近于完全竞争市场的是（　　）。

A. 农产品市场　　B. 轻工业品市场

C. 重工业品市场　　D. 旅游产品市场

4. 在完全竞争市场上，如果某行业的厂商的产品价格等于平均成本，那么（　　）。

A. 既有厂商进入该行业也有厂商退出该行业

B. 新的厂商进入该行业

C. 既无厂商进入该行业也无厂商退出该行业

D. 原有厂商退出该行业

5. 完全竞争市场上平均收益与边际收益之间的关系是（　　）。

A. 平均收益大于边际收益　　B. 平均收益等于边际收益

C. 平均收益小于边际收益　　D. 以上都不对

6. 在完全竞争市场上，厂商长期均衡的条件是（　　）。

A. $MR=MC$　　B. $AR=AC$

C. $MR=MC=AR=AC$　　D. $MR=MC=P$

7. 对于垄断厂商来说，（　　）。

A. 提高价格一定能够增加收益

B. 降低价格一定会减少收益

C. 提高价格未必会增加收益，降低价格未必会减少收益

D. 以上都不对

8. 完全垄断厂商的总收益与价格同时下降的前提条件是（　　）。

A. $E_d>1$　　B. $E_d<1$　　C. $E_d=1$　　D. $E_d=0$

9. 垄断竞争厂商实现最大利润的途径有（　　）。

A. 调整价格从而确定相应产量　　B. 品质竞争

C. 广告竞争　　D. 以上途径都可能用

10. 最需要进行广告宣传的市场是（　　）。

A. 完全竞争市场　　B. 垄断竞争市场

C. 寡头垄断市场　　D. 完全垄断市场

二、判断题

1. 由于固定成本不随产出的变化而变化，因而平均固定成本也不变化。（ ）

2. 当边际成本达到最低点的时候，平均成本也达到了最低点。（ ）

3. 短期平均成本总是大于等于长期平均成本。（ ）

4. 只要边际成本曲线位于平均成本曲线曲线的上方，平均成本曲线一定向下倾斜。（ ）

5. 对于一个完全竞争厂商，边际收益等于物品的销售价格。（ ）

6. 如果一种物品的价格上升到高于生产的最低平均总成本，正的经济利润就将引起新厂商进入该行业，这使价格回落到生产的最低平均总成本。（ ）

7. 垄断厂商可以任意定价。（ ）

8. 垄断厂商的垄断地位保证了它不管是短期还是长期都可以获得垄断利润。（ ）

9. 由于寡头之间可以进行勾结，所以他们之间并不存在竞争。（ ）

10. 在完全竞争市场上，当厂商实现了长期均衡时，可获得超额利润。（ ）

三、计算题

1. 假设某产品生产的边际成本函数是 $MC = 6Q^2 - 12Q + 350$，若生产 3 单位产品时总成本是 1 200 元，求：(1) 总成本函数、平均成本函数、可变成本函数及平均可变成本函数；(2) 平均可变成本极小时的产量。

2. 已知某完全竞争行业中的单个厂商的短期成本函数为 $STC=Q^3-3Q^2+25Q+15$。试求：(1) 当市场上产品的价格为 $P=40$ 元时，厂商的短期均衡利润。(2) 厂商什么时候必须停产？

四、简答题

1. 厂商的生产目的是什么？在什么样的原则下才能实现？为什么？

2. 画图分析平均成本、平均可变成本和边际成本之间的相互关系。

3. 什么是完全竞争市场？完全竞争市场的条件有哪些？

4. 彩电行业为什么会发生价格战？从长远看，这种价格战对社会有利还是不利？政府是否应该限制？为什么？

项目七

揭示要素收入理论

学习目标

1. 了解生产要素需求的特点；
2. 了解影响生产要素需求的因素；
3. 了解生产要素市场价格决定的特点：
4. 了解劳动的价格——工资率的决定；
5. 了解土地的价格——地租的决定；
6. 了解资本的价格——利率的决定。

重点难点

生产要素市场价格决定。

项目导言

生产要素定价理论所探讨的是生产要素的价格是如何决定的。由于对生产要素定价的过程就是生产要素所有者取得收入的过程，因此，生产要素定价理论也称为收入分配理论。

收入分配理论要解决为谁生产的问题，即生产出来的产品按什么原则分配给社会各阶级。西方经济学家认为，社会各阶级作为生产要素的所有者，以他们在生产中所提供的生产要素作出的贡献，并根据其贡献大小而获得相应的收入。具体来说，工人提供了劳动，获得工资；资本家提供了资本，获得利息；地主提供了土地，获得地租；企业家提供了企业家才能，获得利润。这些收入就是生产要素的价格，所以分配理论也就是要解决生产要素的价格决定问题。

项目导入

过去几十年间，妇女在经济中的作用发生了巨大的变化。有工作的妇女从20世纪50年代的32%增加到90年代的54%。整天从事家务劳动的人已经不常见了，妇女的收入成为决定一般家庭总收入的一个重要因素。尽管妇女运动使男人与女人之间在得到教育和工作中更加平等，但它也使家庭收入更加不平等。原因是在各个收入集团中，妇女劳动力参工率的提高不同。特别是，妇女运动对高收入家庭的妇女影响最大。在50年代，来自低收入家庭的妇女的参工率早就相当高，但自那时以来，她们的就业情况变化并不大。实际上，妇女运动改变了高收入家庭妻子的行为。在50年代，男性经理和医生的妻子本身更可能是经理和医生。结果是富有的家庭变得更富了，这是加剧家庭收入不平等的一种形式。学习过本项目，将帮助大家理解这种社会现象。

思考：

如何从经济学角度理解这种社会现象？

任务一

了解生产要素的需求和供给

理论知识

一、生产要素的需求是派生需求

当你参加工作后，你的收入高低将主要由你从事哪一类工作来决定。如果你成为一计算机程序员，你赚的钱比加油站服务员要多。这个事实并不让人吃惊，但为什么是这样并非显而易见。并没有什么规定要求程序员的工资要比加油站服务员高，也没什么伦理规范认为程序员应该报酬更高，那么为什么有的工作收入高，有的工作收入低呢？

生产要素的价格与产品的价格一样，是由供求关系决定的，即生产要素的供给与需求决定了生产要素的价格。因此，分配理论实际是均衡价格理论在分配问题上的应用。

但是生产要素市场的价格决定与产品市场的价格决定有所区别：

（1）供求主体不同。生产要素的需求者是生产者而不是消费者。

（2）需求性质不同。产品市场的需求是直接需求，而生产要素市场是派生需求或引致需求。厂商对生产要素的需求不是满足消费欲望，而是为了追求利润的需要。

（3）需求特点不同。产品的需求往往是孤立的，而生产要素的需求是一种联合的需求，各种生产要素进行有机的组合才能生产出我们需要的商品或劳务。

分配是指劳动、资本、土地和企业家才能的所有者提供生产要素后得到的收入及其在总收入中所占的份额。

如同商品定价可以分为完全竞争、完全垄断、不完全竞争几种市场情况进行讨论一样，生产要素定价也可以分为这几种市场类型进行讨论。为了简化起见，在生产要素定价理论中，我们分完全竞争与不完全竞争两种情况讨论生产要素市场的定价。

生产要素的价格由生产要素供给与需求两个方面决定，尤其是生产要素的需求对于生产要素的定价与收入分配尤为重要。因此，我们重点讨论生产要素的需求，并在此基础上讨论生产要素均衡价格的决定。

二、完全竞争厂商的要素需求

（一）边际生产力与边际产品价值

1. 定义

所谓边际生产力，从实物形态上说，就是在其他条件不变时，厂商每增加一个单位要素投入所增加的生产力，即边际产量 MP。从价值形态上说，在其他条件不变时，每增加一个单位要素投入所增加的产值，叫要素的边际产品价值 VMP。

公式：$VMP=MP\cdot P$，因为 $MP=\triangle Q/\triangle L$，所以也可以写成：$VMP=(\triangle Q/\triangle L)\cdot P$。此公式只适用于完全竞争市场。如果是不完全竞争市场，则称为要素的边际收益产品 MRP。

边际收益产品（MRP）是指增加一单位生产要素的投入所增加的收益。

公式：$MRP=MP\cdot MR$，因为 $MP=\triangle Q/\triangle L$，$MR=\triangle TR/\triangle Q$，所以 $MRP=(\triangle Q/\triangle L)\cdot(\triangle TR/\triangle Q)=\triangle TR/\triangle L$。此公式适用于不完全竞争市场。

在生产要素的价格决定理论中还会经常使用到边际产品（MP）、边际收益（MR）、边际要素成本（MCL）、平均要素成本（ACL）等概念，要注意区分。

（1）边际产品（MP）：增加一单位生产要素的投入所增加的产量，也就是我们以前所说过的边际产量，即 $MP=\triangle Q/\triangle L$。

（2）边际收益（MR）：增加一单位产品的销售所增加的收益，公式：$MR=\triangle TR/\triangle Q$。

（3）边际要素成本（MCL）：厂商每增加一单位要素投入所带来的成本增量，公式：$MCL=\triangle TC/\triangle L$。

（4）平均要素成本（ACL）：厂商每增加一单位要素投入平均花费的成本，公式：$ACL=TC/L$。

要特别注意的是，在完全竞争市场上，无论是产品市场还是要素市场，其价格都是一个常数。即在产品市场上，$MR=AR=P$，在要素市场上，$MCL=ACL=W0$。

2. 边际生产力递减

由于产品市场属于完全竞争市场，因此产品的销售价格是既定的，即 P 为常数。根据边际生产力递减规律（边际收益递减规律），随着生产要素投入量的增加，边际生产力（边际产量）是递减的。

假设投入的是一种生产要素 L，那么边际产品价值：

$$VMP = MP \times P = \frac{\Delta Q(L)}{\Delta L} \times P$$

从以上分析可知，$VMP=P\times MP$，VMP 递减的，因此 VMP 线向右下方倾斜，如图 7－1 所示。

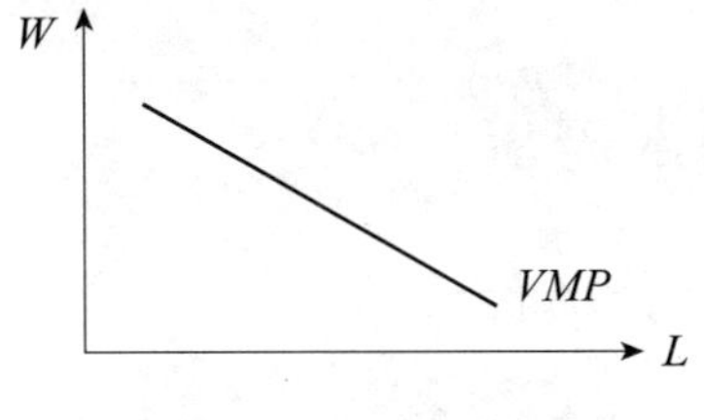

图 7－1　边际产品价值线

（二）单个厂商的投入产出决策

单个厂商劳动的投入量刚好使得 $VMP=MFC$，这时厂商实现了利润最大化，如图 7－2 所示。

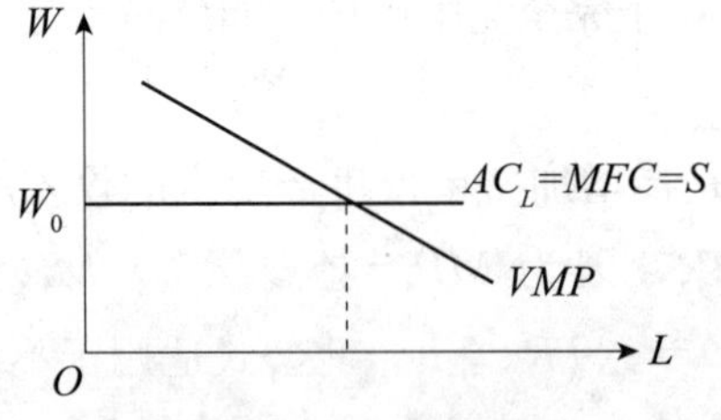

图 7－2　单个厂商的投入产出决策

（三）单个厂商对生产要素的需求曲线

单个厂商对生产要素的需求曲线如图 7－3 所示。

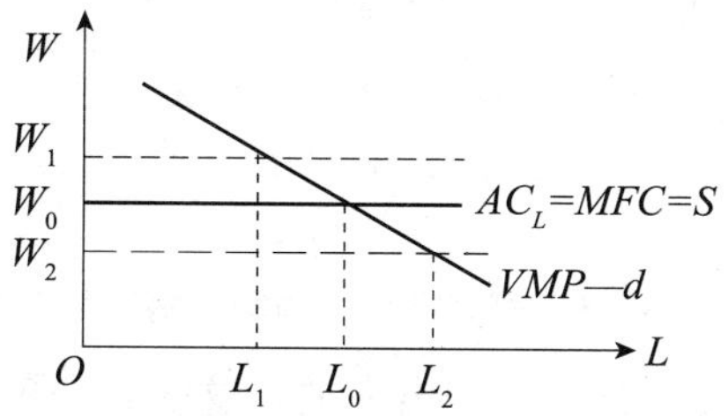

图 7－3　单个厂商对生产要素的需求曲线

当劳动力的价格（工资）发生变动时，单个厂商对生产要素的需求量也发生了变动。工资和劳动需求量的组合点均在 *VMP* 线上，因此，*VMP* 又是单个厂商生产要素的需求曲线。

（四）整个生产要素市场（行业）的需求曲线

整个生产要素市场的需求曲线也是向右下方倾斜的，且比单个厂商或企业生产要素（如劳动）需求曲线陡峭，这是因为在生产要素市场上，单个厂商或企业对生产要素的需求量取决于该生产要素的 *VMP* 之值，而 $VMP=MP_L \cdot P_Q$，也就是说，厂商对生产要素（如劳动）的需求量不仅取决于生产要素的边际生产力 *MP*，而且取决于生产要素所生产出来的产品的价值。在整个市场上，生产要素的价格也是变动的，随着生产要素投入量的增加，一般来说，产品产量也增加，产品的价格也是下降的，这一点与完全竞争市场单个厂商产品的销售价格是确定的有所不同。因此在整个生产要素上，行业的需求曲线比单个厂商或企业的生产要素需求曲线陡峭，如图 7－4 所示。

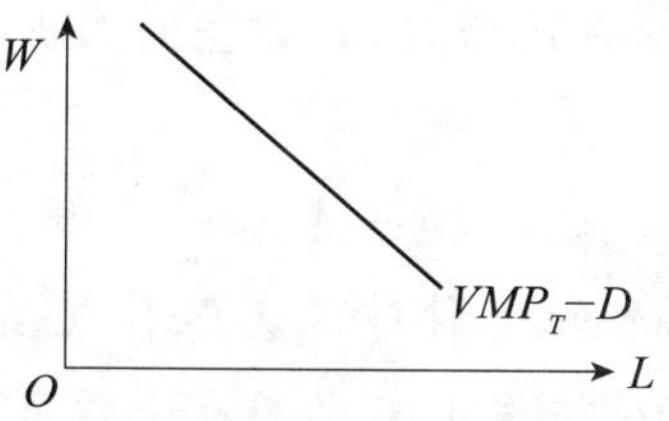

图 7－4　要素市场（行业）的需求曲线

（五）整个要素市场的均衡价格和数量

要素市场的均衡价格和数量关系如图 7－5 所示。

整个要素市场的均衡点是 E 点，对应的均衡价格是 W_T，均衡数量是 L_T。

三、要素的供给

生产要素可分两大类：一类是自然资源，这类生产要素的供给量是固定的。另一类是

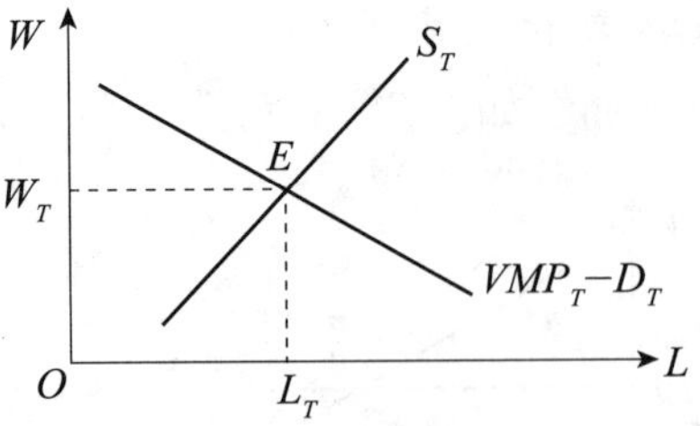

图 7-5　要素市场的均衡价格和数量

经济物品。经济物品是通过人的劳动生产出来的，这一行业的产品往往是另一行业的生产要素。因此，生产要素的供给取决于价格，它与一般产品的供给一样，随价格变动而同方向变动，即价格上升，供给增加，价格下降，供给减少。生产要素的供给曲线也是一条向右上方倾斜的曲线。

实训任务

漂亮的收益

美国经济学家丹尼尔·哈莫米斯与杰文·比德尔在 1994 年第 4 期《美国经济评论》上发表了一份调查报告。根据这份调查报告，漂亮的人的收入比长相一般的人高 5%，长相一般的人又比丑陋一点的人收入高 5%～10%。为什么漂亮的人收入高？

经济学家认为，人的收入差别取决于人的个体差异，即能力、勤奋程度和机遇的不同。漂亮程度正是个体差异的一个表现。

个人能力包括先天的禀赋和后天培养的能力，长相与人在体育、文艺、科学方面的天才一样，是一种先天的禀赋。漂亮属于天生能力的一个方面，它可以使漂亮的人从事其他人难以从事的职业（如当演员或模特）。漂亮的人少，供给有限，自然市场价格高，收入高。

漂亮不仅仅是脸蛋和身材，还包括一个人的气质。在调查中，漂亮由调查者打分，实际是包括外形与内在气质的一种综合。这种气质是人内在修养与文化的表现。因此，在漂亮程度上得分高的人往往是文化高、受教育水平高的人。两个长相接近的人，也会由于受教育不同表现出来的漂亮程度不同。所以，漂亮是反映人受教育水平的标志之一，而受教育是个人能力的来源，受教育多，文化高，收入水平高就是正常的。

漂亮也可以反映人的勤奋和努力程度。一个工作勤奋、勇于上进的人，自然会打扮得体，举止文雅，有一种朝气。这些都会提高一个人的漂亮得分。漂亮在某种程度上反映了人的勤奋，与收入相关也就不奇怪了。

最后，漂亮的人机遇更多。有些工作，只有漂亮的人才能从事，漂亮往往是许多高收入工作的条件之一。就是在所有的人都能从事的工作中，漂亮的人也更有利。漂亮的人从事推销更易于被客户接受，当老师会更受到学生热爱，当医生会使病人觉得可亲，所以，在劳动市场上，漂亮的人机遇更多，雇主总爱优先雇用漂亮的人。有些人把漂亮的人机遇更多，更易于受雇称为一种歧视，这也不无道理。但有哪一条法律能禁止这种歧视？这是一种无法克服的社会习俗。

总之，漂亮的人的收入高于一般人。两个各方面条件大致相同的人，由于漂亮程度不同而得到的收入不同。这种由漂亮引起的收入差别，即漂亮的人比长相一般的人多得到的收入称为“漂亮贴水”。

资料来源：梁小民．微观经济学纵横谈．北京：生活·读书·新知三联书店，2000.

思考：

为什么漂亮的人收入高？

任务二

认识劳动和工资

理论知识

一、劳动的需求曲线

在完全竞争市场上，劳动的市场需求曲线取决于劳动的边际产品价值，劳动的市场需求曲线就是劳动的市场边际产品价值曲线，如图 7－6 所示。

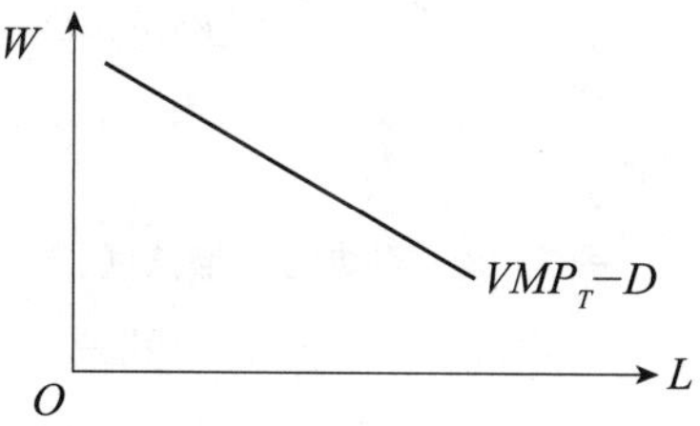

图 7－6　劳动的需求曲线

二、劳动的供给曲线

劳动的供给曲线是一条向后弯曲的曲线。这是因为在工资率较低时，闲暇的效用较小，工资率的提高对人们的诱惑很大，人们愿意放弃闲暇去工作，以提高生活水平，在这一阶段，劳动的供给量会随着工资率的上升而增加。但是，当工资率提高到一定程度后，闲暇的效用增加，闲暇的诱惑变大，而工资率的连续增加导致工资率的诱惑不断下降，工资率的增加会使得劳动者放弃部分工作时间以维持原有生活水平而去享受闲暇，在这一阶段，劳动的供给量会随着工资率的上升而减少，如图7－7所示。

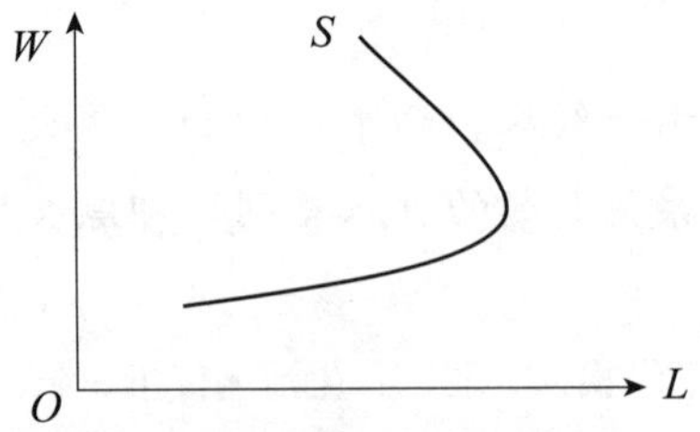

图7－7　劳动的供给曲线

劳动供给曲线向后弯曲的程度取决于工资率提高的替代效应和收入效应。

替代效应是指工资率越高，对牺牲闲暇的补偿越大，劳动者越愿意增加劳动供给以替代闲暇。收入效应是指工资率越高，个人的经济实力得以增强，包括闲暇在内的正常需要相应增加。当替代效应大于收入效应，劳动供给量随工资率的提高而增加，劳动供给曲线为正斜率，即向右上方倾斜。当收入效应大于替代效应，劳动供给量随工资率的提高而减少，劳动供给曲线为负斜率，即向左上方倾斜。

以上分析的是单个劳动者的供给曲线，整个劳动力市场的供给是由各个劳动力的供给曲线汇总得到的。

三、工资的决定

劳动的供给和劳动的需求决定了劳动的价格——工资，如图7－8所示。

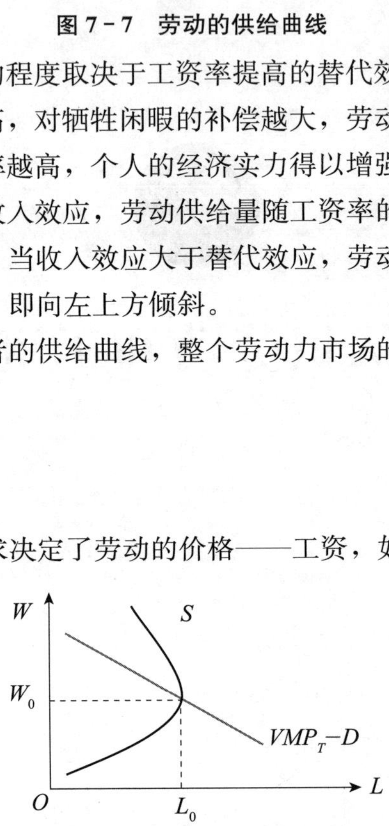

图7－8　劳动的价格曲线

此外，劳动的供给还取决于人口增长率、劳动力的流动性、移民的规模等因素。

实训任务

深圳的时尚一族

李玲是该市一家著名电脑公司的职员，负责公司的销售，几年下来，凭借聪明和努力，她每个月的薪水在1万元以上。今年春天，公司的销售经理升职了，总经理提出由她来做销售经理。谁知却被她婉言谢绝了。其理由是，一旦出任这个职位，势必要花费更多的精力和时间，这样自己的生活质量就会下降，如果不能好好休息的话，工作质量也会下降。她对记者说："如果当经理，我每月薪水增加 3 000 多元，可是我却会失去更多的东西，我宁愿不要这 3 000 多元，而维持一种生活质量。"

思考：

李玲的想法正确吗？为什么？

任务三

了解土地和地租

理论知识

地租是土地这种生产要素的价格，地主提供了土地，得到了地租。如前所述，土地可以泛指生产中使用的自然资源，地租也可以理解为使用这些自然资源的租金。

一、地租的决定

地租由土地的需求与供给决定。土地的需求取决于土地的边际生产力，土地的边际生产力也是递减的。所以，土地的需求曲线是一条向右下方倾斜的曲线。但土地的供给是固定的，因为在每个地区，可以利用的土地总有一定的限度。这样，土地的供给曲线就是一条与横轴垂直的线。

地租的决定可以用图 7－9 来说明。

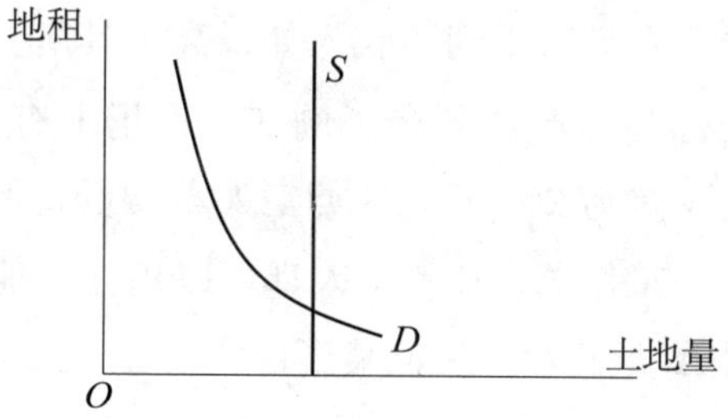

图 7－9　土地的供给曲线

在图 7－9 中，横轴代表土地量，纵轴代表地租，垂直 S 为土地的供给曲线，表示土地的供给量固定，D 为土地的需求曲线。D 与 S 相交，决定了地租。

随着经济的发展，对土地的需求不断增加，而土地的供给不能增加，这样，地租就有不断上升的趋势。这一点可用图 7－10 来说明。

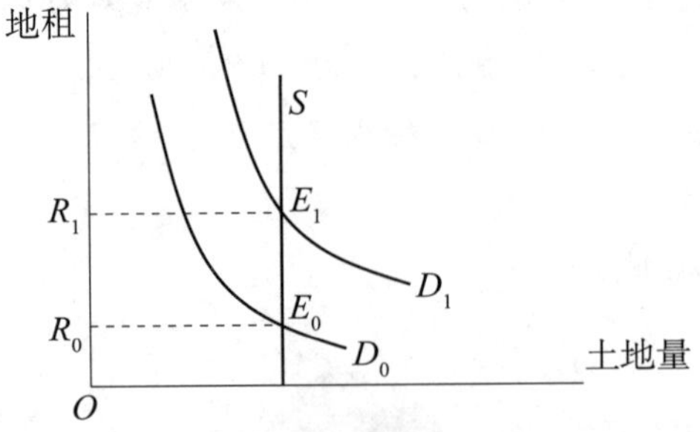

图 7-10　土地的需求供给曲线

在图 7-10 中，土地的需求曲线由 D_0 移动到 D_1，表明土地的需求增加了，但土地的供给仍为 S，S 与 D_1 相交于 E_1，决定了地租为 R_1，R_1 高于原来的地租 R_0，说明由于土地的需求增加，地租上升了。

二、租金：固定供给的资源价格

（一）准租金

准地租又称准租金，指固定资产在短期所得到的收入。在短期内，固定资产是不变的，与土地的供给相似。不论这种固定资产是否取得收入，都不影响它的供给。只要产品的销售价格能够补偿其平均可变成本，就可以利用这些固定资产进行生产。在这种情况下，产品价格超过其平均可变成本的余额，代表固定资产的收入。这种收入是由于需求大，产品价格超过平均可变成本而有盈余产生的，其性质类似地租，因此，成为准地租。准地租仅是在短期内存在的。在长期内固定资产不是不变的，也就不存在准地租了。

（二）生产者剩余（经济租金）

在长期内，生产要素的所有者所得到的收入如果高于其所要求的收入，则超过的这部分收入就称为经济租金，也称为生产者剩余。例如，市场上有 A、B 两类工人各 100 人，A 类工人素质高，所要求的工资为 200 元，B 类工人素质低，所要求的工资为 150 元。当厂商要雇用工人时，如果这一工作 A、B 类工人都可以担任，他会先雇用 B 类工人。但在 B 类工人不够时，也要雇用 A 类工人。假定某厂商需要工人 200 名，他就必须雇用 A、B 两类工人。在雇用这些工人从事同样的工作时，必须按 A 类工人的要求支付 200 元的工资。这样，B 类工人所得到的收入就超过了他们的要求。B 类工人所得到的高于 150 元的 50 元收入就是经济租。

实训任务

根据以上内容，列出 3 个以上生活中地租和生产者剩余的实例。

任务四

了解资本、利息和利润

理论知识

一、资本和利息的定义

利息是资本这种生产要素的价格，是人们牺牲目前的消费所得到的报酬。资本家提供了资本，得到了利息。利息与工资计算的方式不同，它不是用货币的绝对量来表示，而是用利息率来表示，利息率是利息在每一单位时间内（如一年内）在货币资本中所占的比率。例如，货币资本为 10 000 元，利息为一年 1 000 元，则利息率为 10%，或称年息 10%。这 10%就是货币资本在一年内提供生产性服务的报酬，即这一定量货币资本的价格。

西方经济学家曾提出各种理论来证明利息的合理性，他们关于资本性质的论述，证明了利息的合理性。换言之，人们进行储蓄提供资本，是应该得到利息的。

二、利息率的决定

利息率取决于对资本的需求与供给。人们进行储蓄，放弃现期消费是为了获得利息。利息率越高，人们越愿意增加储蓄，利息率越低，人们就越要减少储蓄。这样，利息率与储蓄呈同方向变动，从而资本的供给曲线是一条向右上方倾斜的曲线。见图 7 - 11。

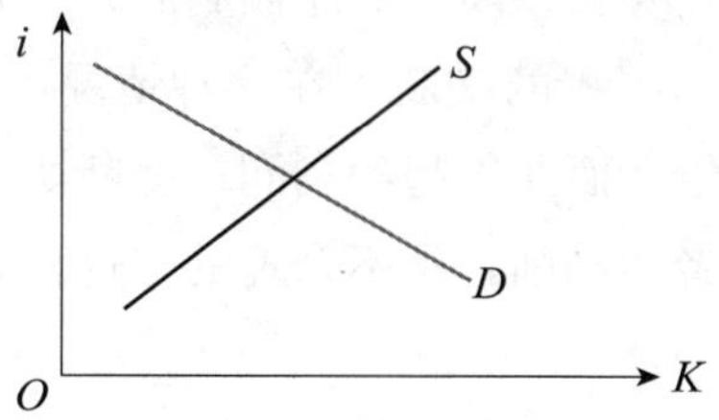

图 7 - 11　资本的供给和需求

三、利润

利润可以分为正常利润与超额利润。这两种利润的性质与来源都不相同，因此要分别加以论述。

（一）正常利润

正常利润是企业家才能的价格，也是企业家才能这种生产要素所得到的收入。它包括在成本之中，其性质与工资相类似，也是由企业家才能的需求与供给所决定的。

（二）超额利润

超额利润是指超过正常利润的那部分利润。超额利润有其不同的来源，从而也就具有不同的性质。

1. 承担风险的超额利润

风险是从事某项事业时失败的可能性。由于未来具有不确定性，人们对未来的预测有可能发生错误，风险的存在就是普遍的。在生产中，由于供求关系发生难以预料的变动，或由于自然灾害、政治动乱，以及其他偶然事件的影响，都存在着风险，而且并不是所有的风险都可以用保险的方法加以弥补。这样，从事具有风险的生产就应该以超额利润的形式得到补偿。

2. 创新的超额利润

创新是指企业家对生产要素实行新的组合。它包括五种情况：

（1）引入一种新产品。

（2）采用一种新的生产方法。

（3）开辟一个新市场。

（4）获得一种原料的新来源。

（5）采用一种新的企业组织形式。

3. 垄断的超额利润

由垄断而产生的超额利润，又称为垄断利润。垄断的形式可以分为两种：卖方垄断与买方垄断。卖方垄断也称垄断或专卖，指对某种产品出售权的垄断。垄断者可以抬高销售价格以损害消费者的利益而获得超额利润。在厂商理论中分析的垄断竞争的短期均衡、完全垄断的短期与长期均衡，以及寡头垄断下的超额利润，就是这种情况。买方垄断也称专买，指对某种产品或生产要素购买权的垄断。在这种情况下，垄断者可以压低收购价格，以损害生产者或生产要素的供给者而获得超额利润。垄断所引起的超额利润是垄断者对消费者、生产者或生产要素供给者的剥削，是不合理的。这种超额利润也是市场竞争不完全的结果。

实训任务

请阅读以下文字并理解和掌握几个专业术语之间的关系。

马克思的利率决定论以剩余价值在不同资本家之间的分割为起点，认为利息是贷出资本的资本家从借入资本的资本家那里分割来的一部分剩余价值。剩余价值表现为利润，所以，利息量的多少取决于利润总额，利率的高低取决于平均利润率。由于利息只是利润的一部分，利润本身也就成为利息的最高界限。一般情况下，利率不会与平均利润率恰巧相等，也不会超过平均利润率。总之，利率的变化范围在零与平均利润率之间。

任务五

学习洛伦兹曲线和基尼系数

理论知识

一、洛伦兹曲线

洛伦兹曲线是用以反映国民收入分配平均程度的，是美国统计学家洛伦兹提出的。具体如图 7－12 所示。

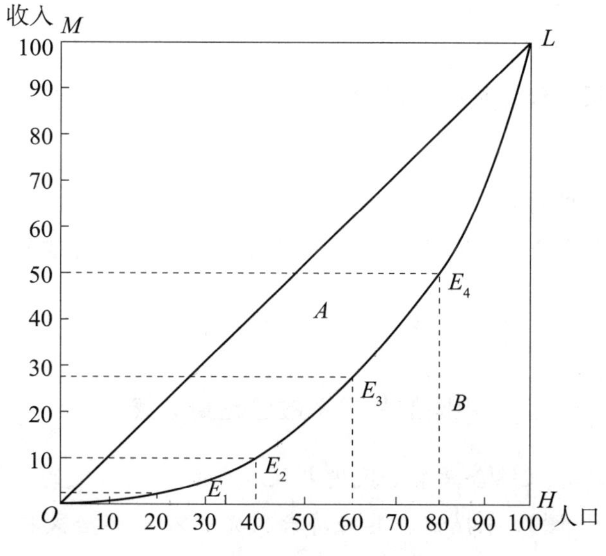

图 7－12　洛伦兹曲线

（1）洛伦兹曲线的弯曲程度反映分配的不平等程度，弯曲程度越大，收入分配越不平等；反之，弯曲程度越小，收入分配越平等。

（2）如果任一人口的百分比均等于其收入的百分比，即人口累计百分比等于收入累计百分比，这时洛伦兹曲线为正方形对角线，这是完全平等的收入分配。

（3）如果所有收入都集中在一个人手中，其余人口一无所有，显然，这时洛伦兹曲线为图 7－12 中对角线下三角形的两个直角边，这是完全不平等的收入分配。

二、基尼系数

基尼系数是意大利统计学家基尼根据洛伦兹曲线提出的一个衡量分配不平等程度的指标。

计算公式为：基尼系数$=\frac{A}{A+B}$

洛伦兹曲线与45°线之间的部分为不平等面积“A”；当收入达到完全不平等时，洛伦兹曲线成为折线OHL，OHL与45°线之间的面积为完全不平等面积“A+B”。当A等于零时，基尼系数为零，表明收入分配处于绝对平均状态；当B等于零时，基尼系数为1，表明收入分配处于绝对不平均状态。实际基尼系数总是在0和1之间，其数值越小，表明收入分配越平均；反之，则越不平均。经济学家根据一些国家经济发展的经验，认为基尼系数高低同经济发展的水平相关。

三、收入不平等的原因与对策

（一）原因

（1）要素所有权的分布情况。

（2）市场机制的作用。

（3）经济发展阶段及经济结构的影响。

（二）对策

（1）政府征收个人所得税。

（2）实行社会保障制度等方式调节由市场机制造成的不平等的分配格局。

实训任务

中国的基尼系数已超警戒线

基尼系数是国际上用来综合考察居民内部收入分配差异状况的一个重要分析指标，由意大利经济学家基尼于1922年提出。其经济含义是：在全部居民收入中，用于进行不平均分配的那部分收入占总收入的百分比。基尼系数最大为“1”，最小等于“0”。前者表示居民之间的收入分配绝对不平均，即100％的收入被一个单位的人全部占有了；而后者则表示居民之间的收入分配绝对平均，即人与人之间收入完全平等，没有任何差异。但这两种情况只是在理论上的绝对化形式，在实际生活中一般不会出现。因此，基尼系数的实际数值介于0与1之间。

按照国际惯例，基尼系数在0.2以下，表示居民之间收入分配“高度平均”，0.2～0.3表示“相对平均”，0.3～0.4为“比较合理”，同时，国际上通常把0.4作为收入分配贫富差距的“警戒线”，认为0.4～0.6为“差距偏大”，0.6以上为“高度不平均”。

2005 年 6 月，国家统计局城市社会经济调查总队对全国 5.4 万户城镇居民家庭抽样调查显示，当年一季度收入和消费支出均呈现增长趋缓的态势。一季度人均可支配收入为 2 938 元，同比增长 11.3%，扣除价格因素，实际增长 8.6 %，增幅较上年同期回落 1.2 个百分点。人均消费性支出 2 020 元，同比增长 9.9%，实际增长 7.2%，增幅回落 0.7 个百分点。同时，数据显示，高低收入组的收入差距有所扩大。最高 10%收入组人均可支配收入 8 880 元，同比增长 15.7%；最低 10%收入组人均可支配收入 755 元，同比增长 7.6%。高低收入组之比为 11.8∶1，比 2004 年同季（10.9∶1）有所扩大。

中国社科院研究收入分配的专家指出，目前中国的基尼系数 2005 年迅速逼近 0.47，已经超过了警戒线 0.4，收入差距已经处于高水平，形势严峻。

资料来源：梁小民．微观经济学纵横谈．北京：生活·读书·新知三联书店，2000.

思考：

我国收入平衡合理吗？为什么？

项目技能训练

一、单选题

1. 当科技迅速发展，人们越来越倾向于采用资本密集型的生产方式，这会导致（　　）。

A. 劳动的供给曲线向左移动　　B. 劳动的供给曲线向右移动

C. 劳动的需求曲线向左移动　　D. 劳动的需求曲线向右移动

2. 如果收入分配是平均分配的，则洛伦兹曲线将会（　　）。

A. 与纵轴重合　　B. 与横轴重合

C. 与 45°线重合　　D. 无法判断其位置

3. 在完全竞争市场上，厂商对劳动的需求主要取决于（　　）。

A. 劳动的价格　　B. 劳动的边际生产力

C. 劳动在生产中的重要性　　D. 劳动的供给

4. 用先进的机器设备代替劳动，这一措施会导致（　　）。

A. 劳动的供给曲线向右移动　　B. 劳动的供给曲线向左移动

C. 劳动的需求曲线向右移动　　D. 劳动的需求曲线向左移动

5. 在完全竞争条件下，利润最大化实际上就是（　　）。

A. 获得了无限大的利润　　B. 获得了正常利润

C. 获得了超额利润　　D. 获得了贡献利润

6. 经济学认为，超额利润中可以作为剥削收入的是由于（　　）所获得的超额利润。

A. 创新　　B. 承担风险

C. 垄断　　D. 竞争

7. 收入分配绝对平均时，基尼系数（　　）。

A. 等于0　　　　　　　　　　　　　　B. 大于0小于1

C. 等于1　　　　　　　　　　　　　　D. 无法确定

二、判断题

1. 在完全竞争市场上，工资完全是由劳动的供求关系决定的。(　　)

2. 劳动的需求主要取决于劳动的边际生产力。(　　)

3. 利息率与储蓄呈同方向变动，与投资呈反方向变动。(　　)

4. 土地的供给量随地租的增加而增加，因而土地的供给曲线是一条向右上方倾斜的曲线。(　　)

5. 超额利润是对企业家才能这种特殊生产要素的报酬。(　　)

6. 企业家创新是超额利润的源泉之一。(　　)

7. 在西方经济学家看来，超额利润无论如何获得，都是一种不合理的剥削收入。(　　)

8. 实际的基尼系数总是大于0而小于1。(　　)

9. 甲乙两国的基尼系数分别为0.1和0.2，那么甲国的收入分配要比乙国平等。(　　)

10. 某项政策实施使基尼系数由0.68变为了0.72，这说明该政策有助于实现收入分配平等化。(　　)

三、简答题

劳动的供给有何特殊规律?

项目八

了解外部性、公共物品与非对称信息

学习目标

1. 了解市场失灵及其原因；
2. 了解外部性与市场失灵之间的关系；
3. 了解公共物品与市场失灵的联系；
4. 了解信息不对称与市场失灵的联系；
5. 了解垄断与市场失灵和相关微观经济政策的联系。

重点难点

1. 市场失灵及其原因；
2. 外部性与市场失灵；
3. 公共物品与市场失灵；
4. 微观经济政策。

项目导言

在完善的市场经济制度下，市场充分发挥作用能达到最高的经济效率，而现实社会中由于存在着一些限制，影响市场机制发挥作用以致资源配置效率低及市场失灵。信息不对称、外部性和公共物品妨碍市场价格机制的正常功能而又不能通过市场自身予以克服，这是造成市场失灵的主要原因。关于信息不对称、外部性和公共物品问题的理论，是 20 世纪 70 年代以来经济学中研究的主要理论之一。

项目导入

——乘用电梯所引发的外部性问题

不久前，《新民晚报》登载了这样一件事：居住在某公寓楼的一位退休教师在家办家教补习班，为许多小学生补习功课。负责管理该公寓的物业公司向前来补习的小学生强行出售电梯乘用卡，否则就不准他们乘用电梯。理由是这些补课学生造成电梯拥挤，给公寓内的居民带来诸多不便。

我们无意评判这一案例的是非曲直，只是试图从经济学角度进行一点粗浅的分析。在此案例中我们可以引入福利经济学中边际拥挤成本的概念。从业主（在此案例中泛指居住在此公寓中每天乘用电梯的居民）角度看，拥挤是一种痛苦或不愉快（除了少数别有用心的人如小偷、流氓之外）的代价或成本。在消费成本为零时，消费者效用为正。而当乘用电梯的人数超过一定限量时，由此产生的拥挤所便带来一种负效用。拥挤程度越严重、频率越高、持续时间越长，拥挤成本就越高，由此产生的负效用就越大。

居民的边际拥挤成本和物业公司的运行成本都会有所增加。按照经济补偿原则，这部分增加的成本必须得到偿付。那么究竟应当由前来补课的小学生还是由在家通过有偿服务获取报酬的退休教师予以偿付，需要进一步通过博弈分析或谈判加以解决。我们不能先入为主地判定何者有理或是符合伦理规范，关键在于要寻求一个各方都能接受的博弈均衡点，以解除或补偿因负面外部性而产生的负效用。

思考：

1. 出售电梯卡是否是有悖公理的自利行为？物业公司是否在巧立名目乱收费？

2. 某些业主提出的异议或偿付（对拥挤成本或代价的部分补偿）要求是否合理？

3. 应由谁（补课教师、补课的学生还是物业公司）来支付这份额外成本？

任务一

了解市场失灵与外部性

理论知识

一、市场成功与市场失灵

（一）市场成功

市场成功是指在竞争性市场上市场机制能更有效地配置稀缺性资源。市场成功也称市场效率（Market Efficiency），其效率大致又表现为帕累托效率（Pareto Efficiency）和信息效率（Informational Efficiency）。

信息效率是指在竞争性市场上，价格能有效地传递信息，人们根据价格信号作出买或卖的决定。

（二）市场失灵

市场失灵是指市场机制（即价格调节市场的机制）不能实现资源的有效配置，也就是说市场机制造成资源的配置失当。

市场失灵也称市场缺乏效率，形成市场失灵的主要原因有外部性、公共物品、信息不对称和垄断等。

二、外部性、外部成本和外部收益

（一）什么是外部性

所谓外部性是指单个家庭或厂商的经济活动对其他家庭或厂商的影响，也称外在效应或溢出效应。

（二）外部性的分类

外部效应有时产生有利影响，有时产生不利影响。按照外部效应产生的影响不同，可以把外部效应分为外部经济和外部不经济。

外部经济是指某个家庭或厂商的一项经济活动给其他家庭或厂商无偿地带来好处，这项经济活动私人利益小于社会利益，私人成本高于社会成本。外部经济又分为消费的外部经济和生产的外部经济。例如接受教育是消费的外部经济，而提供教育就是生产的外部经济。

外部不经济是指某个家庭或厂商的一项经济活动给其他家庭或厂商带来无人补偿的危害。这项经济活动私人利益大于社会利益，私人成本低于社会成本。外部不经济又分为消费的外部不经济和生产的外部不经济。例如：某人在三更半夜时大声唱卡拉 OK 就是消费的外部不经济；木工装修房子所产生的噪声就是生产的外部不经济。

（三）社会成本和社会利益

外部性的存在会造成私人成本和社会成本，以及私人利益和社会利益的不一致，这无疑会导致资源的配置不当。在完全竞争条件下，如果某种产品的生产产生了外部经济，则其产量将可能小于社会最优的产量。如果某种产品的生产会产生外部不经济，则其产量将可能超过社会最优的产量。换言之，当存在外部经济效果时，完全竞争的市场不能保证个人追求自身利益最大化的行为，同时能够使社会福利趋于最大化。市场机制在配置资源上的这一缺陷表明，需要由政府对市场机制加以干预，以弥补市场调节的缺陷。

三、外部性与资源配置效率

无论是外部经济，还是外部不经济，即使在完全竞争的条件下，最终都将造成资源配置失当，不能实现帕累托最优状态。

（一）外部经济对资源配置的影响

外部经济对外带来的好处是无法得到回报的，因此外部经济下物品的消费或生产的收益小于它应当得到的收益（社会收益），也就是说物品的消费或生产的成本高于它应当支付的成本（社会成本）。外部经济导致具有外部经济的物品供应不足，如图 8－1 所示。

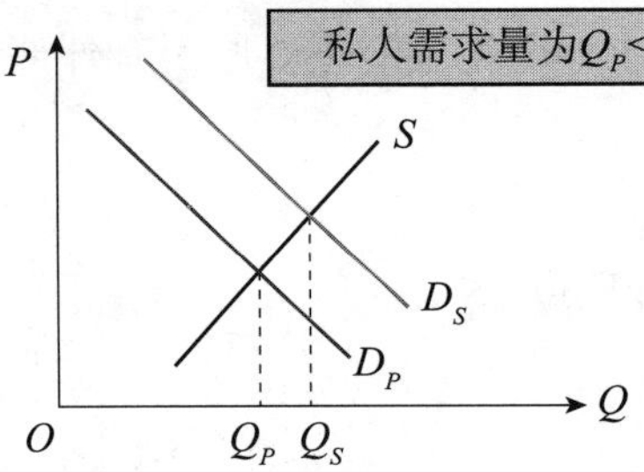

图 8－1　外部经济对资源配置的影响

如果从社会中其他人得到的收益中拿出一部分补偿私人的损失，这种具有外部经济的物品供应就会增加，从而使整个社会得到更多的好处，即帕累托改进，例如教育。

（二）外部不经济对资源配置的影响

外部不经济对外带来的危害是无法进行补偿的，因此外部不经济下物品的消费或生产的收益大于它应当得到的收益（社会收益），也就是说物品的消费或生产的成本低于它应当支付的成本（社会成本）。外部不经济导致具有外部不经济的物品供应过多，如图 8－2 所示。

如果从私人得到的收益中拿出一部分补偿其他人的损失，这种具有外部不经济的物品

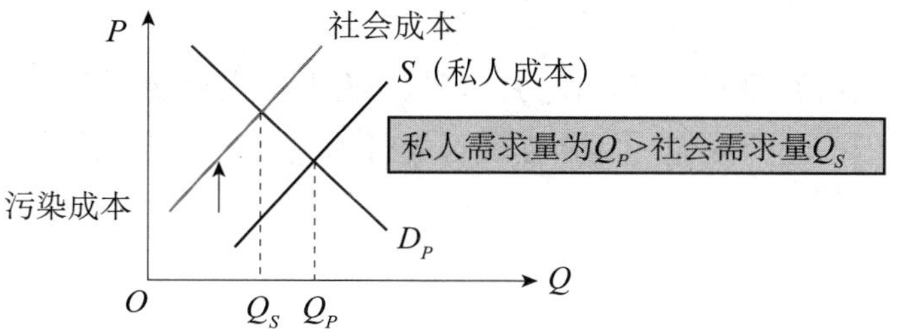

图 8-2　外部不经济对资源配置的影响

供应就会减少，从而使整个社会得到好处增加，即帕累托改进，例如乱扔垃圾。

四、通过产权界定和市场交易解决外部性问题（科斯定理）

考虑一个例子：小李有一条名为波波的狗，波波的狂吠干扰了邻居小张。小李从拥有一条狗中得到了利益，但这条狗给小张带来了负外部性。在此，先考虑什么结果对社会是有效的。比较小李从养狗中得到的利益和小张承受狂吠的成本。如果利益超过成本，有效的做法是让小李养狗而小张生活在狂吠中。如果成本超过利益，小李就应该放弃养狗。

科斯认为，政府通过税收或补贴解决生产和消费的外部性，会导致成本增加、社会福利减少。而由私人解决外部性问题与政府征税或补贴同样有效。私人解决外部性有两个条件：产权明确；交易成本低。这样即可使外部效应内部化。

科斯定理，是指当竞争市场上存在外部性且交易成本很低时，只要产权明晰，有关当事人会自觉达成协议使某产品达到社会最优产出。与生产成本不同，交易成本（Transaction Cost）是指在市场上购买或出售发生的成本。它包括为搜寻买者或卖者、谈判、签订和履行合同等行为所作的努力和花费的时间。交易成本有时会很高，以致难以成交。

科斯主张用产权明确化的办法来解决外部性的问题。

例如：有一家工厂，它的烟囱冒出的烟尘使得周围的居民受到了损失，损失合计为375元。现在有两种解决办法：一种是在工厂的烟囱上安装一个除尘器，费用为150元；一种是给周围的居民提供烘干机，使他们不用在户外晒衣服，成本为250元。显然，第一种方法比较好，因为成本较低。

按照科斯定理，只要产权明确，无论产权属于谁，即不论是给予工厂排放烟尘的权利，还是给予周围居民不受烟尘污染的权利，只要居民协商费用为0，最终的结果必然是选择第一种方法解决这个问题。如果权利属于工厂，居民会选择大家出钱给工厂安装一个除尘器；如果权利属于居民，则工厂自己出钱买一个除尘器安装在烟囱上。

如果协商的费用不等于0，通过产权明确也不可能使得资源得到合理配置。如果协商的费用大于100元，居民会自己买烘干机，而不是给工厂买除尘器，尽管除尘器便宜。由此可见，当交易费用不为0时，即使产权明确，解决问题采用的方法也并不是最有效率的方法。

（一）产权

产权是指个人使用资源或资产的权力。产权不是指人与物的关系，而是指由物的存在及关于它们的使用所引起的人们之间相互认可的行为关系。产权包括使用权、收益权和让渡权等。

（二）交易费用

交易费用是指个人交换他们对于经济资产的所有权和确定他们排他性权利的费用，是市场经济交换过程中产生的费用，包括运输费用、佣金、谈判所消耗的时间以及各种税收等，也被称为“转换费用”。交易费用包括事前准备合同和事后监督及强制合同执行的费用，与生产费用不同，它是履行一个合同的费用。交易费用在一定程度上与索取有关交易信息的费用相联系。交易费用是社会资源和财富的一种损失。

思考前面养狗的例子，根据科斯定理，私人市场可以达到有效的结果。那么，如何达到？

小李在法律上有养狗的权利的处理情况，如表 8-1 所示。

表 8-1　小李养狗的利益和成本

状况	小李养狗的利益	小张承受狗吠的成本	协商结果
一	500 元	800 元	小李放弃养狗
二	1 000 元	800 元	小李继续养狗

课堂讨论：假设小张在法律上有权要求和平与安宁，那么，结果会有什么不同？

五、解决外部性问题的对策

（一）外部性的私人解决方法

（1）道德规范和社会约束。

（2）慈善行为。

（3）外部性的内在化。

（4）签订合约。

为什么私人解决方法并不总是有效？还考虑前面养狗的例子：假设小李和小张讲不同的语言，为了达成协议需要一个翻译。如果解决狗吠问题的利益小于翻译的成本，那么问题就解决不了了。

当私人协商无效时，政府也可以起作用。

（二）外部性的政府解决方法

1. 征税和补偿

政府对造成外部不经济的家庭或厂商征税，对造成外部经济的家庭或厂商进行补偿，直至社会利益等于私人利益，或社会成本等于私人成本，从而使资源配置达到帕累托最优。

对造成外部不经济的家庭或厂商实行征税，其征税额应该等于该家庭或厂商给其他家庭或厂商造成的损失额，从而使该家庭或厂商的私人成本等于社会成本。对于造成外部经济的家庭或厂商，政府应给予补贴，其补贴额应该等于该家庭或厂商给其他家庭或厂商带来的收益额，从而使该家庭或厂商的私人利益和社会利益相等。

2. 企业合并

将具有外部经济的企业和具有外部不经济的企业合并，从而使外部性“内部化”，实现资源配置的帕累托最优。

无论是外部经济的厂商还是外部不经济的厂商，政府如果把这两个厂商合并或两个厂商自愿合并，则其外部性就“消失”了或被“内部化”了。合并后的厂商为保护自己的利益，使生产确定在 $MR=MC$ 水平上，以实现资源配置的帕累托最优状态。

3. 明确产权

在许多情况下，外部性导致的资源配置失当多是由产权不明确造成的。如果产权完全确定并能得到充分保障，就可杜绝一部分外部性发生。因为在产权明确的条件下，通过市场交易就可以解决一部分外部性问题，为实现资源配置的帕累托最优创造条件。

4. 政府管制

政府管制文称政府规制，是指政府为维护和达到特定的公共利益所进行的管制和制约。政府管制可分为经济性管制与社会性管制。

实训任务

运用科斯定理和帕累托最优理论解释生活中遇到的3个实例并和同学们讨论举的例子是否恰当和准确。

任务二

认识公共物品

理论知识

一、公共物品

（一）私人物品和公共物品的含义

私人物品是指消费者从市场上所购买的各种商品或劳务，它具有竞争性和排他性：竞争性是指消费上的排他性；排他性是指所有权的排他性。公共物品是指像国防、立法、交通这类不通过市场交易，由政府提供的商品与劳务，它具有非竞争性和非排他性：所谓非竞争性是指增加一人消费不影响他人的消费；所谓非排他性是指无法从技术上或经济上把不交费的人排除在消费之外。

（二）私人物品和公共物品的比较

如图 8－3 所示，同时具有明显的排他性和竞争性的私人物品为 B；同时具有明显的非排他性和非竞争性的公共物品称为纯粹公共物品，为 D；而非排他性或非竞争性不太明显的一些公共物品称为半公共物品，为 A、C。

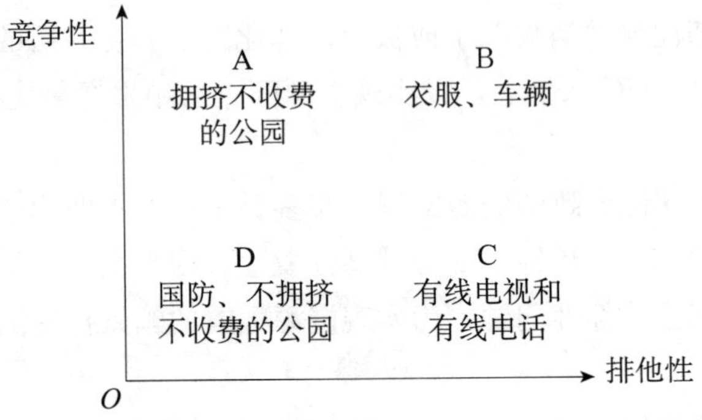

图 8－3　公共物品和私人物品的比较

二、公共物品和市场失灵

公共产品的以上特点会带来“免费搭车”（Free-Rider Problem），即人们享用某些产品或服务时并不减少其他人享用，即使后者不付钱。这种生产的外部不经济导致供给太少甚至没有，即私人不愿意提供这种物品，而这些物品又是一个国家或社会所必需的，如国家安全、社会稳定等。如果缺乏这些公共物品，我们的生产和消费便要受到相应的影响。

因此，仅仅依靠市场机制无法解决公共物品的供给问题时，只有依靠国家或者政府来解决这个问题。

三、公共物品和政府

公共物品通常由政府提供，但并非所有的公共产品都是由政府提供的。如果能找到解决免费搭车问题的方法，有些公共产品就不需由政府提供。制度的变更和技术的改进能避免某些免费搭车现象。

现在，人们将公共产品分解为两种：纯公共产品和准公共产品。纯公共产品就是同时满足非竞争性和非排他性的产品，它只能由政府依靠税收组织生产。准公共产品是指有竞争性，而没有非排他性的产品，即排他性成为可能。一旦如此，准公共物品就不一定非要由政府生产不可，它也可以由私人企业生产。高速公路就是一个例子。

四、公共政策的选择

公共物品的提供影响到几乎所有居民的生活，政府必须对公共物品的建立作出选择，简称为公共选择。公共选择有两个基本特点：其一，它是建立在对消费者偏好充分了解的基础上；其二，关于提供公共物品选择是集中作出的。

“多数票”机制是西方国家使用最为广泛的公共投票进行选择的原则。

实训任务

鸡不下蛋谁之过？

新疆维吾尔自治区一家种鸡场由于受噪声污染而损失惨重，因此与造成噪声污染的隔壁工厂——雅宝陶瓷有限公司对峙法庭。据养鸡场老板称，该养鸡场曾经是米泉市最大的种鸡繁育基地，鸡苗供不应求。但是，2002 年，也就是养鸡场扩大规模后的第二年，在养殖场种鸡进入产蛋高峰期时，养鸡场老板却发现种鸡出问题了——该下蛋时不下蛋，而且下的都是软壳蛋。经过一系列环境鉴定，在协商未果的情况下，养鸡场老板将雅宝陶瓷有限公司告上法庭。

一审法院认为，从原、被告提供的法律证据上看，种鸡场种鸡确实受到噪声损害，但工厂噪声并没有超过农业部的《畜禽场环境质量标准》规定的标准，因此种鸡场受损与陶瓷公司无因果关系，驳回养鸡场诉讼请求。种鸡场老板不服，遂向新疆维吾尔自治区高等法院上诉。新疆高院对本案进行了重新审理，认为雅宝陶瓷有限公司没有充分证据证明自己的排污行为与种鸡场的损失没有因果关系，其行为构成环境污染侵权，种鸡场的损失应由其赔偿。

思考：

用公共物品的理论来回答这个损失应该由谁赔偿。

任务三

了解信息不对称与市场失灵

理论知识

一、信息不对称和市场失灵的含义

信息不对称是指市场上买卖双方所掌握的信息是不对称的，即一方掌握的信息多些，另一方掌握的信息少些。如通常所说的“买的不如卖的精”，说的就是卖方知道的情况比买方知道的情况多。

信息不对称包括两种情况：有些市场卖方所掌握的信息多于买方，商品市场和要素市场上都存在这种情况；有些市场买方所掌握的信息多于卖方，保险与信用市场上存在这种情况。

在信息不对称条件下，如果卖方知道的信息多于买方知道的信息，降低商品和生产要素价格不一定刺激消费者对该商品的需求；如果卖方知道的信息少于买方知道的信息，提高商品和生产要素价格不一定刺激生产者的供给，这就是市场失灵（即价格无法有效地调节供给和需求）。

需要说明的是，信息的不对称不仅是人们常常限于认识能力，不可能知道在任何时候、任何地方发生的或将要发生的任何情况，而且更重要的是行为主体为充分了解信息所花费的成本实在太大，不允许他们去掌握完全的信息。

二、逆向选择及防止

逆向选择是指在买卖双方信息不对称的情况下，差的商品总是将好的商品驱逐出市场。

当交易中的一方对交易可能出现的风险状态比另一方知道得更多时，便会产生逆向选择问题。由于市场上好坏商品均存在，消费者又无法得知到底哪个是好产品，哪个是伪劣产品，于是消费者对高价产品产生普遍不信任，不愿意出高价买产品，而好产品又不愿意降价出售，此时坏产品很容易卖出，于是出现次品充斥市场。

如何克服逆向选择？非对称信息在许多领域存在，但并不一定都产生逆向选择问题，产生逆向选择也不一定都需要进行行政干预，可以通过有效的制度安排和有力措施加以排除。

三、委托代理制

由于经济不断发展引起所有权和经营权的分离，使厂商内部各经济行为主体之间产生目标差异，不把追求利润最大化作为目标，于是产生委托代理问题。

由于信息不对称，使经营者拥有所有者不掌握的私人信息，并用损害所有者利益的方式来追求经营者利益。

由于信息不确定，所有者无法全面通过企业绩效考核经营者行为。

由于信息不完全，所有者委托代理者的契约也往往是不全面的，会产生一些纠纷，于是产生所有者和经营者的委托代理问题。

由于信息不对称，企业经营者无法选择合适的劳动者和解决合理激励问题。

解决委托代理问题不能通过政府干预，因为政府和企业所有者一样无法对经营者和工人进行观察和监督。可从企业外部规范竞争和内部增强约束角度采取一些措施，加以解决，如经理市场的建立、企业间的收购和并购以及董事会的监督、股东抛出股票的威胁等。要想从根本上解决委托代理问题应该在支付代理人报酬上做文章，如企业所有者对经理可采取根据企业盈利情况发奖金或者让经理参加固定的利润分享等。

实训任务

诸葛亮平定南方之后，用反间计使司马懿削职回乡。

上出师表，一出祁山。赵云斩五将，孔明取三城；智收姜伯约，骂死王司徒，破羌兵，约孟达。蜀军成取长安，破关中之势，魏国朝野震动。司马懿官复原职，克日擒孟达。马谡拒谏失街亭，蜀军由攻转守，形势大变。魏军十五万直取蜀军指挥部西城，孔明领二千五百军士拒之。偃旗息鼓，门户大开，众老军旁若无人，低头洒扫于城门之下；诸葛亮笑容可掬，焚香操琴于城门之上。清风左持宝剑，明月右执麈尾。一座空城，吓得司马懿后军作前军，前军作后军，望风而逃。诸葛亮弹琴退仲达，空城计千古流传。两大高手的第一次交锋，以诸葛亮的胜出而暂时结束。

思考：

试用信息不对称理论解释上述现象。

任务四

了解政府失灵和微观经济政策

理论知识

垄断产生的影响因素主要是生产的物质技术条件、人为因素及自然条件等（在项目六已经讲过），所以自由的市场经济不可避免地会产生垄断。

垄断造成的危害有效率低下、社会缺乏公平和成本增加。垄断的存在不可能实现帕累托最优，但是，垄断对于一些行业来说可能比过度竞争更有益，所以又不能完全消除它。

针对垄断造成的市场失灵，政府可采取经济的、行政的和法律的手段限制垄断行为，其中包括行业的重新组合、经济和行政处罚以及实施反垄断法等。

政府对价格和产量应确定在什么标准上合理上，应从两个角度考虑：

第一，为提高效率，实行帕累托最优，实现帕累托最优的条件为 $P=MC$。

第二，为实现公平，减少或消除超额利润，减少超额利润的条件是 $P=AC$。

政府控制垄断的目标是实现帕累托最优，同时兼顾公平。政府控制垄断可以通过政府介入市场和政府管制来实现。

在现代市场经济中，存在大量政府介入市场的行为。如制定反垄断法、最低工资法、农业价格支持政策、控制污染法、保护消费的规定、职业许可证规定，等等。

政府管制是指政府对私人经济部门的活动进行某些限制或管理。政府管制不同于政府运用宏观经济政策对经济运行所进行的调控和调节，即政策调控（如通过财政货币政策影响私人经济部门的运行）。政府管制的主要理由是纠正市场失败。

一、价格管制政策

（一）价格调节的不完善性

价格管制政策是政府为了维持合理的市场价格所制定的限制性管制政策。即控制商品的价格，但是价格管制对价格的调节是不完善的甚至是低效率的。如果限价高于均衡价格，那么市场价格就是均衡价格，限价则是无意义的；如果限价低于均衡价格，那么生产者为了盈利而不亏损就必须减少供给，这势必会造成短缺。

（二）支持价格政策

支持价格政策是政府为了扶植某一行业的生产而规定的该行业产品的最低价格。

（三）限制价格政策

限制价格是政府为了限制某些生活必需品的物价上涨而规定的这些产品的最高价格。

二、消费政策

为了指导消费者的消费行为，保护消费者的利益，各国一般都采取了一些政策。

第一，确保商品的质量。由政府及有关组织颁布商品的最低限度的质量标准，规定任何商品都必须符合相应的质量标准，并由政府的有关机构对商品进行检验。同时，要求厂商把商品的成分和商品可能的效用向消费者公布，不得保密。这样使消费者能享受到合乎标准的产品。

第二，正确的消费宣传。首先，要求商品广告和商品说明书必须诚实可靠，对广告要有一定的限制，例如，烟和烈性酒等不利于健康的商品不得进行广告宣传，广告要对商品作如实介绍，等等；其次，还要通过学校教育与其他宣传形式向公众进行有关商品效用的教育，指导消费者正确地进行消费。

第三，禁止不正确的消费。例如，禁止出售枪支和毒品，通过宣传、税收或其他强制性措施限制烟、烈性酒、某些有刺激性药物等的销售与消费。特别是为保护儿童的身心健康，不让儿童消费一些不利于成长的商品，诸如禁止儿童进入成人影院，禁止出售给儿童一些不健康的玩具或书刊，等等。

第四，对某些特殊消费给予强制。有些消费，例如教育、医疗、保险等，对整个社会和个人都是十分必要的，社会要通过法律手段（例如义务教育法）或经济手段来强制人们进行这类消费。

第五，对提供某些劳务和商品的人的素质进行必要的限制。这主要是指对提供医疗服务的医生、提供法律服务的律师和提供教育服务的教师的资历和素质作出规定，并进行考核，考核合格方可从事这类职业。这样，就可以保证消费者能得到合乎标准的服务。

第六，制定限制价格政策，也是一种对消费者的保护政策。这种政策可以防止消费者受垄断厂商的剥削，并能保证社会上所有的人都可以得到基本生活品。对粮食、公用事业服务、房租等商品与劳务的限制，在保护消费者方面还是有一定作用的。

第七，建立“消费者协会”等组织，保护消费者的利益。这种组织是非官方的，它可以接受消费者对产品与劳务质量、价格等方面的申诉，代表消费者向厂商提出诉讼，以及通过各种形式保护消费者的利益。

这些政策对保护消费者的利益、指导正确消费起到了积极作用。但是，这些政策的实施也会有不利的影响。例如，政府为此要有一定的支出，企业受的限制较多会不利于生产效率的提高，等等。有些措施在执行中会有许多困难，效果并不十分理想。因此，政府在消费政策方面应有一个适度的范围。不管不行，管得太多太死也会不利于消费者和整个社会。

三、产业政策

（一）反托拉斯法与有效竞争

在资本主义经济发展中，政府曾采取过种种政策促进生产的集中，以便获得大规模生产的好处。这些政策对垄断的形成与经济的发展起过积极作用。但是，垄断的形成也带来种种弊病，垄断组织凭借其垄断地位剥削中小生产者与消费者的行为，引起了社会的广泛反对。这样，政府就不得不以各种方法来对垄断进行限制。

在这些限制方法中，最主要的是反托拉斯法。反托拉斯法是反对垄断、保护竞争的立法，目的在于禁止或限制垄断。早在 17 世纪时，英国法院就有反对国王授予某些人垄断权（主要贸易垄断）的不成文法。在近代，美国于 1890 年通过了第一个联邦反托拉斯法——《谢尔曼反托拉斯法》，宣布“旨在限制贸易的联合或勾结”都是非法的。但这一立法实际上并未执行。1914 年又通过了《克莱顿反托拉斯法》和《联邦贸易委员会法》，把价格歧视、排他性或约束性契约、公司相互持有股票、连锁董事会等列为非法的垄断行为。以后，又对这些立法进行了修改。但这些法律实际上很难行得通，垄断者往往可以钻法律的空子，逃避对他们垄断行为的限制与惩罚。这是因为垄断组织行为的判断标准不易确立，对垄断组织进行调查不易进行，对垄断组织的行为也缺乏足够的控制力。

另一种反垄断的政策是有效竞争。这种政策主张对不同的产业部门采取不同的反垄断政策。具体来说，对主要由中小企业组成的轻工部门与零售商业部门来说，自由竞争是有利的，应采用禁止性的反垄断政策。对于公用事业和其他某些天然具有垄断性的部门，则实行国家垄断。对重工业部门来说，垄断有助于最优规模经济的实现，因此，只宜于实行有限的反垄断政策，即允许垄断的存在，只是对其行为要进行适当的管制。具体的办法是利用国际竞争来限制垄断，或利用工会、消费者协会来与垄断组织对抗，限制垄断行为。现在一般主张用这种有限的反垄断政策。

（二）国有化政策

在许多西方国家，国有化是一项主要的政策。实行国有化政策的行业有：对国家利益关系重大的行业，例如军工、重要的工业、尖端科学，等等；私人不愿经营或无力经营的行业，例如交通、邮电及其他公用事业；一些新兴的、风险大的行业。

国有化的优点在于：第一，有利于促进经济增长。国家直接投资，有利于为经济发展提供良好的基础设施，建立完善的通信、交通、卫生、教育等设施。这些设施只有国家才有能力兴办，才能实现规模经济，并能从全社会的角度充分合理地利用资源。第二，有利于经济的稳定。国有企业可以作为政府稳定经济的调节器，对克服经济的周期性波动、稳定物价和就业都有一定的积极作用。第三，有利于社会财产分配与收入分配的平等化。第四，有利于对抗私人垄断，对垄断起到限制与对抗的作用。但是，国有化也产生了许多问题，如国有企业官僚主义严重，生产效率低下；国有企业的亏损增加了政府财政的负担。

第二次世界大战以后，西方国家的企业国有化发展相当快，这对当时经济的恢复与发展起到了一定的作用。但是随着国有化的发展，它的缺点越来越明显，低下的生产效率，严重的亏损，都给经济发展带来不利影响。这正是 20 世纪 70 年代末期国有企业私营化的原因。

除上述政策外，调节生产的政策还包括企业管理的民主化、对低效率企业的改造、制定经济计划政策，等等。这些都是对私人厂商的管理与引导，使之符合整个社会的利益。

四、收入分配平等化政策

（一）税收政策

个人所得税是税收的一项重要内容，它通过累进所得税制度来调节社会成员收入分配的不平等状况。

除了个人所得税之外，还有：遗产和赠予税，即对财产的转移征税；财产税，即对不动产（如土地、房产等）征税；消费税，即对某些商品和劳务的消费征税。遗产和赠予税以及财产税，是为了纠正财产分配的不平等。财产分配的不平等是收入分配不平等的重要根源，征收这些税，也有利于收入分配的平等化。消费税，尤其是对奢侈性商品与劳务征收较高的税，也是通过税收实现收入分配平等化的一种方法。

在实际中，遗产税、赠予税、财产税和消费税，在某种程度上减少了富人的收入，但作用并不明显。原因有二：第一，富人可以用各种办法逃税；第二，贫富悬殊是市场经济制度的必然结果，不是税收所能消灭的。

（二）社会福利政策

如果说税收政策是要通过对富人征收重税来实现收入分配平等化，那么，社会福利政策则是要通过给穷人补助来实现收入分配平等化。因此，我们把社会福利政策作为收入分配平等化的一项重要内容。

社会福利政策的历史很长，早在 18 世纪的英国就有了“济贫法”。第二次世界大战后，社会福利政策有了迅速的发展，许多国家，尤其是北欧与西欧一些国家，实行了“从摇篮到坟墓”的社会保险福利制度。

从当前西方各国的情况看，社会福利政策主要有以下内容：

第一，各种形式的社会保障与社会保险；

第二，向贫困者提供就业机会与培训；

第三，医疗保险与医疗援助；

第四，对教育事业的资助；

第五，各种保护劳动者的立法；

第六，改善住房条件。

五、政府失灵

在某些经济领域或许存在市场失灵，但政府的介入可能使情况变得更糟，这便是政府失灵（Government Failure），又称政府失败。

政府本身的运行也是通过人来进行的。政府行为取决于选举者、政治家、公务员、政治内阁的行为。这些人行为动机不同而且复杂，但从根本上看，他们都是在资源有限的情况下，试图通过政府来提高自己的福利。

特殊利益集团为使政府出台有利于他们的政策，不惜花费大量的时间和经济资源去影响立法，尽管这些政策对整个社会而言并不有利。

政府对垄断和寡头产业的管制，能够把垄断和寡头产业的垄断利润转化为政府的财政收入，然后进行再分配。但是，如果规制是对竞争产业进行的，则会为私人企业带来垄断利润。能够带来超额垄断利润的权力本身可以被视为一种稀缺的、排他性的资产，而这一资产所能带来的垄断利润，事实上构成了一种租金（Rent）。它同任何其他资产一样，能为其所有者带来租金，如土地。因此，对垄断权力的追求，特别是对政府规制的种种保护就被称为寻租（Rent Seeking）活动。寻租活动包括院外游说、广告宣传、资助政治家竞选、贿赂政府官员等。

寻租活动显然是要花费成本的，竞选资助费、广告宣传费、贿赂金以及其他时间、金钱上的支出，都属于寻租成本。私人企业就是以这种成本来“购买”政府管制和由此而产生的垄断利润的，这事实上也是政府规制的需求价格。理论上这种价格也有一个均衡值，其由寻租的边际成本与边际收益（垄断利润增量）相等这一边际条件所决定。从总量关系上看，寻租成本一般只占垄断利润的一部分，而不是全部，否则企业就不会去追求政府规制。或者说，它只是拿出垄断利润的一部分去向政府官员购买他所需要的规制。

实训任务

买的不如卖的精

俗话说“从南京到北京，买的不如卖的精”，这其中的道理就是信息不对称。非对称信息，是指市场上买卖双方所掌握的信息是不对称的，一方面掌握的信息多一些，一方面掌握的信息少一些。

中国古代有“金玉其外，败絮其中”的故事，讲的是商人卖的货物表里不一，由此引申比喻某些人徒有其表。在商品中，有一大类商品是内外有别的，而且这些商品很难在购买时加以检验，如瓶装的酒类，盒装的香烟，录音、录像带等。人们或者看不到商品包装内部的样子（如香烟、鸡蛋等），或者看得到、却无法用眼睛辨别产品质量的好坏（如录音、录像带）。显然，对于这类产品，买者和卖者了解的信息是不一样的。卖者比买者更清楚产品实际的质量情况。这时卖者很容易依仗买者对产品内部情况的不了解欺骗买者。如此看来，消费者的地位相当脆弱，对于掌握了“信息不对称”武器的骗子似乎毫无招架之术。

由于信息不对称，价格对经济的调节就会失灵。比如某商品降价消费者也未必增加购买，消费者还以为是假冒伪劣商品；某商品即使是假冒伪劣商品，提高价格消费者还以为只有真货价格才高。这就是市场失灵造成的市场无效率。

为消除信息不对称，很多商家想了很多办法。在大商场某一生产鸭绒制品的公司开设了一个透明车间，当场为顾客填充鸭绒被，消除了生产者和消费者之间的信息不对称。

资料来源：梁小民．微观经济学纵横谈．北京：生活·读书·新知三联书店，2000.

思考：

为什么买的不如卖的精?

项目技能训练

一、单选题

1. 一经济活动存在外部经济是指该活动的（　　）。

A. 私人成本大于社会成本　　B. 私人成本小于社会成本

C. 私人利益大于社会利益　　D. 私人利益小于社会利益

2. 如果上游工厂污染了下游居民的饮水，按科斯定理（　　），问题即可妥善地解决。

A. 不管财产权是否明确，只要交易成本为零

B. 只要产权明确，且交易成本为零

C. 只要财产权明确，不管交易成本有多大

D. 不论财产权是否明确，交易成本是否为零

3. 某项经济活动存在外部不经济时，其产量（　　）帕累托最优产量。

A. 大于　　B. 小于

C. 等于　　D. 以上三种情况都有可能

4. 政府提供的物品（　　）公共物品。

A. 一定是　　B. 不都是　　C. 大部分是　　D. 少部分是

5. 公共产品的生产可通过特定的社会体制决定，称为公共选择理论，下面属公共选

择理论的内容是（　　）。

A. 集权决策　　　　B. 投票决策

C. 阿罗不可能定理　　　　D. 以上各项都是

6. 关于科斯定理，正确的论述是（　　）。

A. 科斯定理阐述的是产权和外部性的关系

B. 科斯定理假设没有政府的干预

C. 科斯定理一般在涉及的交易主体数目较少时才较为有效

D. 以上各项都是

7. 通过产权界定或给资源使用权定价，较适宜于有效利用的资源为（　　）。

A. 人力资源　　　　B. 一次性使用资源

C. 可再生自然资源　　　　D. 都不是

8. 公共产品的定价（　　）。

A. 由市场供求决定

B. 由垄断组织通过竞争决定

C. 用成本—效益分析法进行评估

D. 由购买者决定

9. "搭便车"现象是对下面哪个问题的一种形象的比喻：（　　）。

A. 社会福利问题　　　　B. 公共选择问题

C. 公共产品问题　　　　D. 市场失灵问题

10. 如果私人汽车的所有者根据汽车排污量纳税，那么该政策实施时，（　　）。

A. 消费者对烟雾控制装置产生很大需求，而不管其价格是多少

B. 公共运输的需求很可能上升

C. 汽车的性能将提高

D. 以上都不对

二、填空题

1. 完全竞争导致资源最优配置的结论，是以经济活动中不存在__________为前提的。

2. 根据经济活动主体的不同，我们可以把外部性分为__________________的外部性和___________的外部性。

3. 外部性又称作___________________。

4. 个人对公共产品的需求取决于他的_________、_________和_________。

5. 一致投票规则的最大缺点是___________太大。

三、判断题

1. 收入或税收越低，个人对公共产品的需求越大。

2. 在消费者达到一定的数量以前，增加公共物品的消费者数量一般不影响其他人对该商品的消费，例如外交、国防、家用笔记本电脑和路灯等。

3. 狭义的交易成本是指协商谈判和履行协议所需的各种资源的费用。

4. 一个企业对另一个企业有外部性，如果是正的外部性，则第一个企业的产量会高于社会的最优产量。

5. 政府提供的产品都是公共物品。

6. 市场失灵是指市场完全不好。

7. 自然垄断行业向非自然垄断行业的转变，是政府管制失灵的一个原因。

8. 外部不经济的一种解决方法是对该活动征税。

9. 任何个人都消费同等量的公共产品。

四、名词解释

外部性　外部经济　外部不经济　科斯定理　交易成本　公共产品　一致同意规则

五、计算题

设有 10 个人住在一条街上，每个人愿意为增加一盏路灯支付 2 美元，而不管已提供的路灯数量。若提供 X 盏路灯的成本函数为 $C(X)=X^2$，试求最优路灯数。

六、简答题

1. 什么是市场失灵？其原因有哪些？

2. 简述公共产品的几个特点。

3. 有哪些潜在的资源配置的方式可能解决外部性问题？

项目九

国民收入决定理论

学习目标

1. 掌握国内生产总值的含义和核算方法；
2. 掌握国民收入核算中五个总量的关系，区分实际国民生产总值与名义国民生产总值的关系；
3. 掌握总需求、消费函数、平均消费倾向与边际消费倾向、乘数、*IS* 曲线、*LM* 曲线的含义，并掌握乘数的计算；
4. 了解不同总供给曲线下，总需求变动时国民收入与价格的影响，总供给曲线变动及其对国民收入与价格的影响。

重点难点

1. 国民生产总值的核算方法及国民收入核算中的恒等关系；
2. 消费函数、边际消费函数的含义，乘数的含义与计算；
3. *IS* 曲线与 *LM* 曲线的含义；
4. 需求变动和供给变动对国民收入与价格的影响。

项目导言

宏观经济学把总体经济活动作为研究对象，它所研究的是经济中的总量。在各种总量中，衡量一个经济活动的基本总量是国民生产总值。因此，首先应理解国民收入的度量方法，然后掌握基本的国民收入决定理论。

项目导入

美国著名的经济学家保罗·萨缪尔森曾说“GDP是20世纪最伟大的发现之一”。没有GDP，我们就无法进行国与国之间经济实力的比较、贫穷与富裕的比较；无法知道我国的GDP总量排在全世界的第2位；无法了解我国的经济增长速度是快还是慢，是需要刺激还是需要控制。因此，GDP就像一把尺子、一面镜子，是衡量一国经济发展和生活富裕程度的重要指标。

如果要判断一个人在经济上是否成功，你首先要看他的收入。高收入的人享有较高的生活水平。同样的逻辑也适用于一国的整体经济。当判断一国是富裕还是贫穷时，要看人们口袋里有多少钱，这正是GDP的作用。

GDP同时衡量两件事：经济中所有人的总收入和用于经济中物品与劳务产量的总支出。GDP既衡量总收入又衡量总支出的秘诀在于这两件事实际上是相同的。对于一个整体经济而言，收入必定等于支出。这是为什么呢？原因就是一次交易都有两方：买者和卖者。如你雇一个钟点工为你打扫卫生，每小时10元，在这种情况下，钟点工是劳务的卖者，而你是劳务的买者。钟点工赚了10元，而你支出了10元。因此，这种交易对经济的收入和支出作出了相同的贡献。无论是用总收入来衡量还是用总支出来衡量，GDP都增加了10元。

思考：

“GDP”是什么意思？有何作用？

任务一

认识国民收入核算方法

理论知识

一、国内生产总值（GDP）

（一）国内生产总值的含义

国内生产总值（GDP）是指一国一年内所生产的最终产品和服务的市场价值的总和。

理解这一概念时应注意以下几个问题：

第一，国内生产总值是指一年内生产出来的产品的总值，在计算时不应包括以前所生产的产品的价值。

第二，国内生产总值是指最终产品的总值。

第三，国内生产总值中的最终产品不仅包括有形的产品，而且包括无形产品——劳务。

第四，国内生产总值指的是最终产品市场价值的总和，要按这些产品的现期价格来计算。

第五，国内生产总值是一个生产概念，是一定时期内所生产的而不是售出的最终产品价值，产出与销售的差定义为库存。

GDP＝库存＋销售额

【例 9-1】 甲企业生产 100 万元最终产品，只卖掉 80 万元；乙企业也生产 100 万元最终产品，但却卖掉了 120 万元。问：两企业计入 GDP 的价值分别是多少？

答：都是 100 万元。因为甲企业库存增加 20 万元，乙企业库存减少 20 万元。

【例 9-2】 某人 2017 年花 20 万元人民币买了一幢旧房，这 20 万元能否计入 2017 年的 GDP?

答：不能，因为这幢旧房已计入其生产当年的 GDP。

（二）人均国内生产总值

用当年的国内生产总值除以同一年的人口数量，则可以得出当年的人均国内生产总值，即：

某年人均国内生产总值＝某年国内生产总值/某年人口数

这个指标衡量能较好地反映一个国家或地区人们生活水平的高低。

（三）国内生产总值的意义与缺陷

1. 国内生产总值的意义

美国经济学家萨缪尔森（经济学家、诺贝尔奖获得者）和诺德豪斯（美国著名经济学家）对国民经济核算的评价如下：“GDP 是 20 世纪最伟大的发明之一，与太空中的卫星能够描述整个大陆的天气情况非常相似，GDP 能够提供经济状况的完整图像，它能够帮助总统、国会和联邦储备委员会判断经济是在缩小还是在膨胀，需要刺激还是需要控制，是处于严重衰退还是存在通胀威胁之中。没有像 GDP 这样的总量指标，政策制定者就会陷入杂乱无章的数字海洋而不知所措。GDP 等有关数据就像灯塔一样，帮助政策制定者引导经济向主要的经济目标发展。”

马丁·贝利（前美国总统经济顾问委员会主席）说：“很难想象，如果没有及时和准确的 GDP 或 GNP 数据，我和其他人无法谈论美国经济和商业周期。”

罗伯特·鲁宾（前美国财政部部长）认为：“GDP 核算向国会和其他政府部门提供了我国经济的健康情况的极其重要的特征。今天，我们制定出较好的经济政策，因为 GDP 核算使我们较好地了解了政策的作用。我们应当为实现 GDP 核算的现代化提供更多的资源，以保持我们的统计基础建设跟上迅速发展的经济。”

2. GDP 指标的缺陷

（1）不能衡量全部经济活动的成果（如家务劳动）；

（2）不能反映人们闲暇时间的增加或减少；

（3）不能反映地下经济；

（4）表明的是社会的产品和劳务的价值总量，但不能说明它具体包含什么商品（导弹、面包、防盗窗等）；

（5）无法反映经济活动对环境的破坏。

二、国内生产总值的核算方法

（一）支出法

又称产品流动法、产品支出或最终产品法，这种方法是从产品的使用出发，把一年内购买的各项最终产品加总，计算出该年内生产出的最终产品的市场价值。

（二）收入法

又称要素支付、要素收入法，这种方法是从收入的角度出发，把生产要素在生产中所得到的各种收入相加，即把劳动所得到的工资、土地所得到的地租、资本所得到的利息，以及企业家才能所得到的利润相加，计算出国内生产总值。

（三）部门法

按提供物质产品与劳务的各部门的产值来计算国内生产总值。这种方法反映了国内生产总值的来源，所以又称生产法。

三、国民生产总值与国内生产总值

国民生产总值（GNP）是与所谓国民原则联系在一起的，凡是本国国民（包括本国公民以及常驻外国但未加入外国国籍的居民）所创造的收入，不管生产要素是否在国内，都被计入本国的 GNP，而外国公司在该国子公司的利润收入则不应被计入该国的 GNP。

国民生产总值与国内生产总值之间的关系为：

国民生产总值＝国内生产总值＋本国公民在国外生产的最终产品的价值总和
－外国公民在本国生产的最终产品的价值的总和

GNP 与 GDP 之差额，在宏观经济分析中，称为国外净要素收入，用来反映劳务收入和投资收益的净流向，主要是投资收益的净流向。

当差额为正值时，表明我们从国外赚的利润超过了其他国家从我国赚得的利润，我国在国际分工中处于一定的强势地位。相对于其他国家，我国的经济是“老板型经济”，而且这一差额越大，我国从国际分工中获得的利益越大；当差额为负时，表明外国从我国赚取的利润超过我国从其他国家赚得的利润，我国在国际分工中处于一定的弱势地位，相对于其他国家，我国的经济是“打工型经济”，而且这一差额的绝对值越大，表明我国在国际分工中丧失的利益就越大。经济增长并不一定等于经济发展，在分析经济形势时，人们往往更多的是关注 GDP 的增长。

四、实际国民生产总值与名义国民生产总值

按当年价格计算的国民生产总值称为名义国民生产总值。

按不变价格计算的某一年的国民生产总值称为实际国民生产总值。

不变价格是指统计时确定的某一年（称为基年）的价格。

名义国民生产总值与实际国民生产总值之比，称为国民生产总值折算数，具体公式如下：

$$\text{国民生产总值折算数}=\frac{\text{某年名义国民生产总值}}{\text{某年实际国民生产总值}}=\frac{\sum p_t q_t}{\sum p_0 q_t}\times 100\%$$

五、国民收入核算中的其他基本总量

在国民收入核算中，除了国内生产总值之外，还有另外四个重要的总量：国民生产净值、国民收入、个人收入、个人可支配收入。这四个总量之间存在一定的关系。

(1) 国民生产净值（*NNP*）：一个国家一年内新增加的产值，即在国民生产总值（GNP）中扣除了折旧之后的产值。

(2) 国民收入（*NI*）：一个国家一年内用于生产的各种生产要素所得到的全部收入，即工资、利润、利息和地租的总和。

(3) 个人收入（*PI*）：一个国家一年内个人所得到的全部收入。

(4) 个人可支配收入（*PDI*）：一个国家一年内个人可以支配的全部收入。

这几个总量指标之间的关系是：

$GNP-\text{折旧}=NNP$

$NNP-\text{间接税}=NI$

NI－公司未分配利润－企业所得税＋政府给居民户的转移支付＋政府向居民支付的利息＝PI

$PI-\text{个人所得税}=PDI=\text{消费}+\text{储蓄}$

实训任务

1. 当你毕业要寻找一份工作时，很大程度上会受当时经济状况的影响。在一些年份，企业都在扩大生产，就业增加，找到一份工作很容易；而在另一些年份，企业削减生产，就业减少，找一份好工作做要花很长时间。毫不奇怪，任何一个大学毕业生都愿意在经济扩张的年份进入劳动力队伍，而不愿意在经济收缩的年份进入，请用学习的理论解释原因。

2. 以下结论错误的是（　　）。

A. 国民生产总值等于个人可支配收入加上折旧

B. 国民收入等于一定期限内生产要素拥有者获得的收入

C. 国民生产净值等于国民生产总值减去折旧以后的产值

D. 国民收入等于个人可支配收入减去转移支付、红利、利息调整额，再加上公司利润和个人税

任务二

理解国民收入核算中的恒等式

理论知识

支出法与收入法所得出 GDP 的一致性可以说明国民经济中的一个基本平衡关系。

总支出代表了社会对最终产品的总需求（AD）；总收入和总产量代表了社会对最终产品的总供给（AS）。

从 GNP 的核算方法中可得出一个恒等关系，即：

总需求≡总供给

$AD \equiv AS$

一、两部门经济中的收入流量循环模型与恒等关系

两部门经济指由厂商和居民户这两种经济单位所组成的经济，也是最简单的一种经济。收入流量模型如图 9－1 所示。

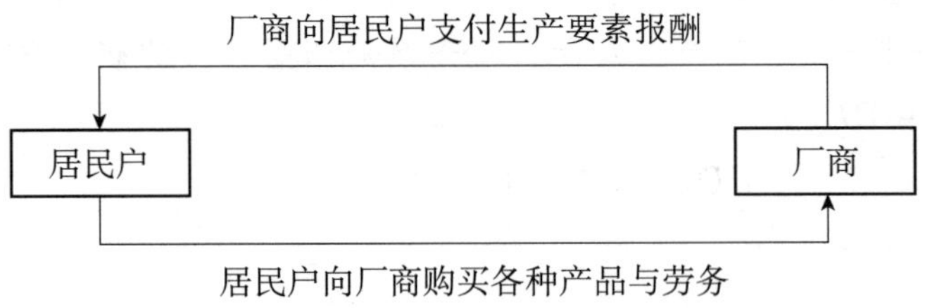

图 9－1　收入流量模型

该模型把整个社会经济活动分为两大部门，即居民户和厂商。

（一）两部门经济中的总需求

在两部门经济中，总需求（AD）分为居民户的消费需求（C）和厂商的投资需求（I）。

总需求＝消费＋投资

$AD=C+I$

（二）两部门经济中的总供给

居民户的全部收入（工资、利息、利润、地租）部分用于消费，其余部分用于储蓄（S）。根据收入法，总收入和总产量代表了社会对最终产品的总供给（AS）。因此：

总供给＝消费＋储蓄

$AS=C+S$

（三）恒等关系

由于：$AD\equiv AS$

而：$AD=C+I$；$AS=C+S$

从而：$C+I\equiv C+S$

即：$I\equiv S$

二、三部门经济中的恒等关系

三部门经济是指由厂商、居民户和政府这三种经济单位所组成的经济。在这种经济中，政府的经济职能是通过税收与政府支出来实现的。

（一）三部门经济中的总需求

在三部门经济中，总需求不仅包括居民户的消费需求和厂商的投资需求，也包括政府的购买需求（G），即：$AD=C+I+G$。

（二）三部门经济中的总供给

三部门经济中的总供给，除了居民户供给的各种生产要素外，还有政府的供给。政府的供给是指政府为整个社会生产提供了国防、立法、基础设施等公共物品。政府由于提供了这些公共物品而得到相应的收入——税收（T）。所以，税收是代表政府的供给。因此：

$AS=C+S+T$

（三）恒等关系

由于：$AD\equiv AS$

而：$AD=C+I+G$；$AS=C+S+T$

从而：$C+I+G\equiv C+S+T$

即：$I+G\equiv S+T$

三、四部门经济中的恒等关系

四部门经济是指由厂商、居民户、政府和国外这四种经济单位所组成的经济。在这种经济中，国外的作用是指进口和出口。

（一）四部门经济中的总需求

出口（X）表示国内总需求的增加，从而：

$AD=C+I+G+X$

（二）四部门经济中的总供给

进口（M）表示国内总供给的增加，从而：

$$AS=C+S+T+M$$

（三）恒等关系

由于：$AD \equiv AS$

而：$AD=C+I+G+X$；

$AS=C+S+T+M$

从而：$C+I+G+X \equiv C+S+T+M$

即：$I+G+X \equiv S+T+M$

实训任务

1. 事例与评论

（1）国民收入账户简史。

（2）我国 GDP 历史数据的两次补充和一次调整。

2. 思考并回答问题

（1）下列项目是否计入 GDP，为什么？

1）政府转移支付；2）购买一辆用过的卡车；3）购买普通股票；4）购买一块地产。

（2）在统计中，社会保险税增加对 GDP、NDP、NI、PI 和 DPI 这五个总量中哪个总量有影响？为什么？

（3）如果甲乙两国并成一个国家，对 GDP 总和会有什么影响（假定两国产出不变）？

（4）储蓄—投资恒等式为什么不意味着计划的储蓄恒等于计划的投资？

3. 假设国内生产总值是 5 000，个人可支配收入是 4 100，政府预算赤字是 200，消费是 3 800，贸易赤字是 100（单位都是万元），试计算：1）储蓄；2）投资；3）政府支出。

任务三

计算均衡的国民收入水平

理论知识

一、简单的国民收入决定模型的几点假设

在进行总需求分析时，有以下三点假设：

第一，潜在国民收入水平不变。潜在国民收入是指经济中实现了充分就业时所能达到的国民收入水平，又称充分就业的国民收入。

第二，资源没有得到充分利用。

第三，价格水平是既定的。

在分析简单国民收入模型时，有以下两点假设：

第一，利息率水平既定。

第二，投资水平既定。

二、总需求的构成

总需求（AD）是整个社会对产品和劳务的需求的总和。以下的分析以四部门为例：

$$AD=C+I+G+(X-M)$$

三、最简单的模型

均衡国民收入：均衡国民收入是指总需求与总供给达到平衡时的国民收入。当不考虑总供给时，均衡的国民收入由总需求决定，如图 9－2 所示。

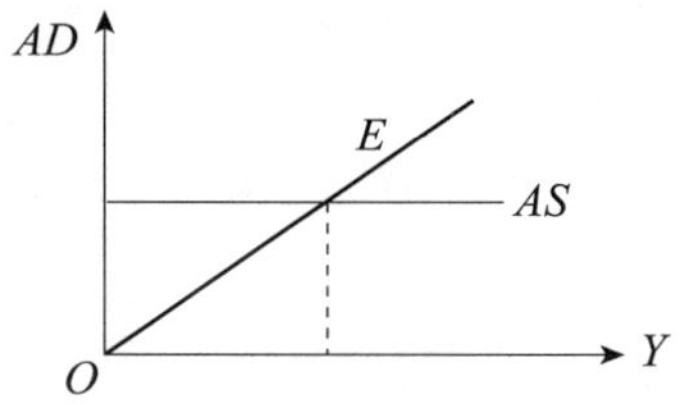

图 9－2　均衡国民收入模型

四、消费与储蓄

消费（C）是家庭用于食物、衣服等物品和劳务上的开支。消费是 GDP 中最大的一部分。

储蓄（S）是收入（Y）中没有被消费的部分（$S=Y-C$）。

（一）消费函数与储蓄函数

1. 消费函数

消费函数表示消费与收入之间的依存关系。消费随收入变动而同方向变动。其函数表达式为：

$$C=f\ (Y)$$

2. 储蓄函数

储蓄函数表示储蓄与收入之间的关系。储蓄随收入变动而同方向变动。其函数表达式为：

$S=f(Y)$

（二）平均消费倾向与边际消费倾向

消费与收入的关系，可以用消费倾向来表示。消费倾向包括平均消费倾向和边际消费趋向。

平均消费倾向（Average Propensity to Consume，APC）是指消费在收入中所占的比例。即：$APC=\frac{C}{Y}$。

边际消费倾向（Marginal Propensity to Consume，MPC）是指增加的消费在增加的收入中所占的比例。即：$MPC=\frac{\Delta C}{\Delta Y}$。

（三）平均储蓄倾向与边际储蓄倾向

储蓄与收入的关系，可用储蓄倾向来表示。储蓄倾向包括平均储蓄倾向和边际储蓄倾向。

平均储蓄倾向（Average Propensity to Save，APS）是指储蓄在收入中所占的比例。即：$APS=\frac{S}{Y}$。

边际储蓄倾向（Marginal Propensity to Save，MPS）是指增加的储蓄在增加的收入中所占的比例。即：$MPS=\frac{\Delta S}{\Delta Y}$。

消费倾向与储蓄倾向的关系为：

$APC+APS=1$

$MPC+MPS=1$

五、自发消费与引致消费

全部消费可分为两部分：自发消费和引致消费。

自发消费是指由人的基本需求决定的最必需的消费，用 a 表示。

引致消费是指由收入所引起的消费，它的大小取决于收入和边际消费倾向，用 bY 表示。

如果收入和消费之间存在线性关系，边际消费倾向为一常数，消费函数用方程式表示为：$C=a+bY$。

六、总需求与均衡国民收入

（一）总需求决定均衡国民收入

如图 9-3 所示，E 点为均衡点，均衡国民收入为 Y_1。

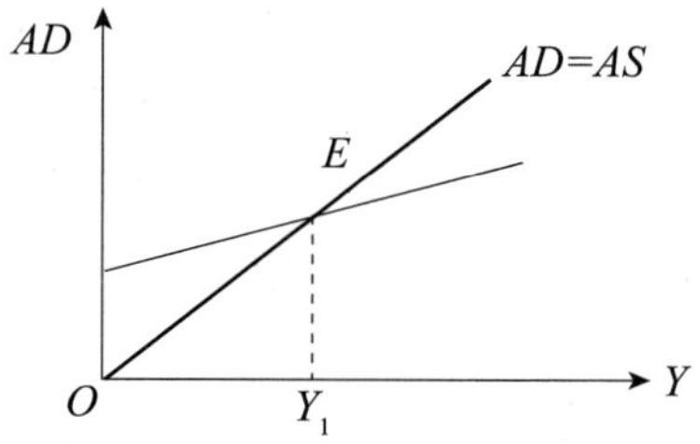

图 9－3　总需求决定均衡国民收入

（二）总需求变动对国民收入的影响

总需求变动必然引起均衡国民收入水平的变动，如图 9－4 所示。

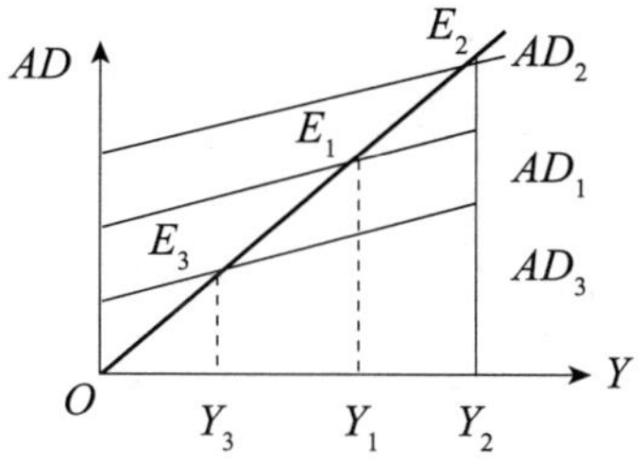

图 9－4　总需求变动对国民收入的影响

如图 9－4 所示，总需求由 AD_1 变动到 AD_2，则使国民收入由 Y_1 变动到 Y_2；总需求变动到 AD_3，则使国民收入变动到 Y_3。反之则减少。

从中可知：

（1）总需求与国民收入呈同方向变动；

（2）消费的变动与国民收入同方向变动；

（3）储蓄的变动会引起国民收入反方向变动。

七、乘数理论

自发总需求的增加会引起国民收入增加，但是，一定量自发总需求的增加会使国民收入增加多少？这就是乘数理论所要回答的问题。

（一）定义及例证

乘数的概念是由英国经济学家卡恩在 1931 年提出的，后来被凯恩斯所吸收，成为凯恩斯主义和其他宏观经济学派用来分析宏观经济的一个重要工具。

1. 乘数

乘数指国民收入的变动量与引起这种变动的总需求变动量之比。

2. 投资乘数的含义

投资乘数理论是关于投资变化和收入变化关系的理论。当总投资增加时，投资增量会引起收入多倍增加，这个倍数就是投资乘数。

3. 投资乘数的例子

投资乘数产生的主要根源在于社会经济各部门之间的相互关联性。当某一个部门投资增加，不仅会使本部门收入增加，而且会使其他部门发生连锁反应，从而导致这些部门投资与收入也增加，最终使国民收入的增加量是最初自发投资增加量的数倍。

【例 9-3】 假设，A 企业投资增加 100 万元，社会的边际消费倾向为 50%，则：

A 企业投资增加量 100→A 企业工人收入增加量 100→A 企业工人消费增加量 50→B 企业投资增加量 50→B 企业工人收入增加量 50→B 企业工人消费增加量 25→C 企业投资增加量 25→C 企业工人收入增加量 25→C 企业工人消费增加量 12.5……

（二）乘数公式

在两部门经济中，均衡的国民收入为：

$$Ye=(a+I_0)/(1-b)$$

现假定自发投资量由 I_0 增加到（$I_0+\Delta I$），那么国民收入会增加多少呢？通过对均衡国民收入解求偏导得：

$$\mathrm{d}Y/\mathrm{d}I=1/1-b$$

即：$\Delta Y=(1/1-b)\cdot\Delta I$

投资乘数：$k=\Delta Y/\Delta I=1/1-b$

若以 ΔY 表示收入变动量，ΔC 表示消费变动量，ΔI 表示投资变动量，b 表示边际消费倾向，则：$b=\Delta C/\Delta Y$。

用 K 表示投资乘数，则：

$$K=\Delta Y/\Delta I$$

投资增加引起的收入增加可表示为：

$$\Delta Y=\Delta I+\Delta C\text{，即}\Delta I=\Delta Y-\Delta C$$

$$K=\Delta Y/\Delta I=\Delta Y/(\Delta Y-\Delta C)=1/(1-\Delta C/\Delta Y)$$

$$=1/(1-b)$$

同理 $K=1/(\Delta S/\Delta Y)=\Delta Y/\Delta S$ 为边际储蓄倾向的倒数。

注意：上式意味着乘数与边际消费倾向关系密切：边际消费倾向越大（即总需求曲线越陡峭），乘数也越大；反之则越小。

一般情况下 $K>1$。因国民经济各部门之间存在密切的联系，总需求不同部分的增加都具有乘数作用。

乘数发生作用需要有一定的条件，即在社会上只有各种资源没有得到充分利用时，总需求的增加才会使各种资源得到利用，产生乘数作用。

乘数的作用是双重的，即当自发总需求增加时，所引起的国民收入的增加要大于最初自发总需求的增加；当自发总需求减少时，所引起的国民收入的减少也要大于最初自发总需求的减少。

八、不同的理论和相异的政策

（一）古典国民收入决定理论

古典国民收入决定理论认为市场调节总能达到总供求均衡，政府干预对国民收入水平和就业水平不会产生影响。所以古典经济学家都反对政府对经济的干预或调控。

（二）凯恩斯国民收入决定理论

凯恩斯国民收入决定理论则强调政府干预的作用，认为由于价格和工资的黏性作用使经济中长期存在失业和通货膨胀，政府可以采取适当的经济政策对经济实行有效的宏观调控。

实训任务

假如社会总需求由消费和投资两部分组成，国民经济均衡要求国民收入等于社会总需求。若在初始年份两者是相等的，都是 1 500 亿元，那么现在：

（1）每期投资额增加 100 亿元，国民边际消费倾向为 0.9；

（2）每期投资额增加 100 亿元，国民边际储蓄倾向为 0.4。

思考：

国民收入要达到多少亿元才能恢复均衡？

任务四

分析国民经济一般均衡水平

理论知识

IS－*LM* 模型最早由英国经济学家希克斯和美国凯恩斯学派的创始人汉森，在凯恩斯宏观经济理论基础上概括的一个经济分析模式，后又被许多经济学家修正、扩展，从而形成一种分析工具。

IS－*LM* 模型在分析国民经济时，将国民经济的均衡看成是实物方面的均衡和货币方面的均衡，即物品市场的均衡和货币市场的均衡的合成物。

这一模型在理论上是对总需求分析的全面高度概括，在政策上可以解释财政政策和货币政策。因此，被称为整个宏观经济学的基础。

一、*IS* 曲线

IS 曲线是描述物品市场达到均衡，即 $I=S$ 时，国民收入与利率之间存在反方向变动关系的曲线，如图 9－5 所示。

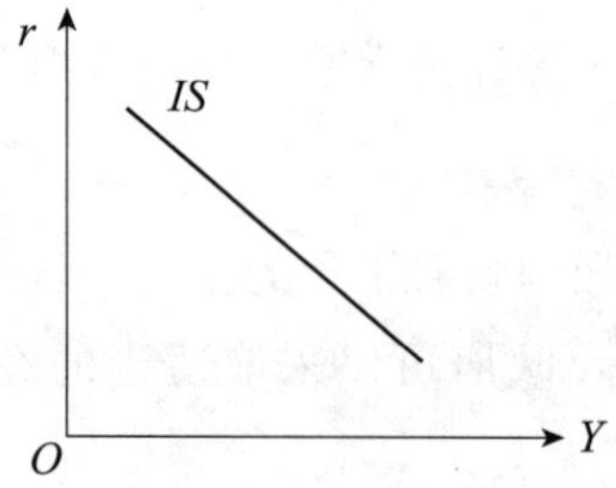

图 9－5　*IS* 曲线

IS 曲线会随自发总需求的变动而变动，即位移。自发总需求增加，*IS* 曲线向右上方移动；自发总需求减少，*IS* 曲线向左下方移动。

二、*LM* 曲线

LM 曲线是描述货币市场达到均衡，即 $L=M$ 时，国民收入与利息率之间存在同方向变动关系的曲线，如图 9－6 所示。

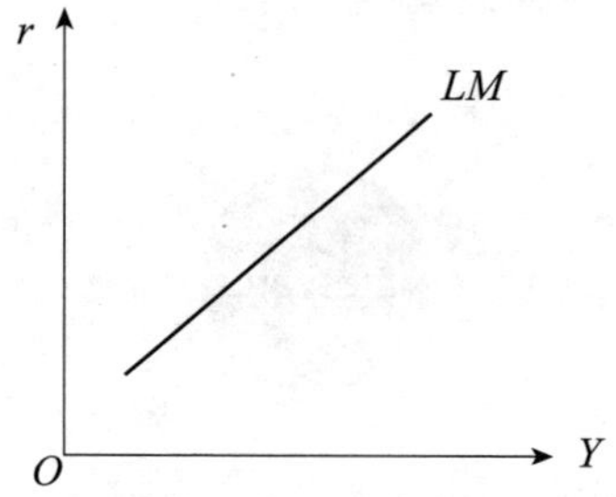

图 9－6　*LM* 曲线

LM 曲线会随货币供给量的变动而发生位置平行移动。货币供给量增加，*LM* 曲线向右下方移动；货币供给量减少，*LM* 曲线向左上方移动。

三、自发总需求与货币量变动对国民收入与利率的影响

（一）自发总需求变动对国民收入与利率的影响

在 *LM* 曲线不变的情况下，自发总需求增加，*IS* 曲线向右上方平行移动，从而国民收入增加，利率上升；反之，自发总需求减少，*IS* 曲线向左下方平行移动，从而国民收入减少，利率下降，如图 9－7 所示。

（二）货币量变动对国民收入和利率的影响

在 *IS* 曲线不变的情况下，货币量增加，*LM* 曲线向右下方平行移动，从而国民收入

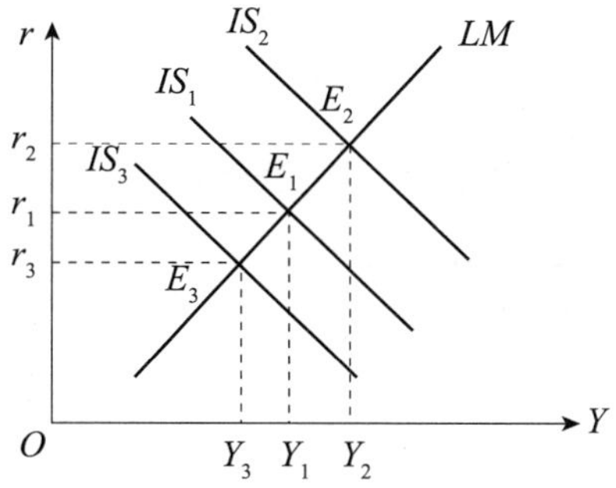

图 9－7　自发总需求变动对国民收入与利率的影响

增加，利率下降；反之，货币量减少，*LM* 曲线向左上方移动，从而国民收入减少，利率上升，如图 9－8 所示。

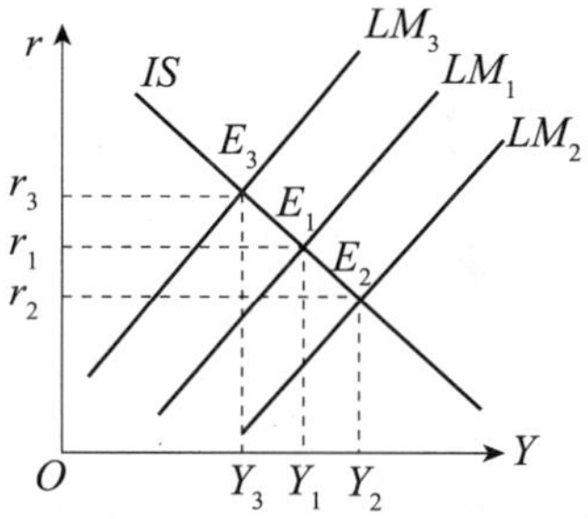

图 9－8　货币量变动对国民收入和利率的影响

四、总需求—总供给模型

（一）凯恩斯主义总供给曲线

在这种总供给曲线中，总需求的增加会使国民收入增加，而价格水平不变；总需求的减少会使国民收入减少，价格水平也不变。即总需求的变动不会引起价格水平的变动，只会引起国民收入同方向变动，如图 9－9 所示。

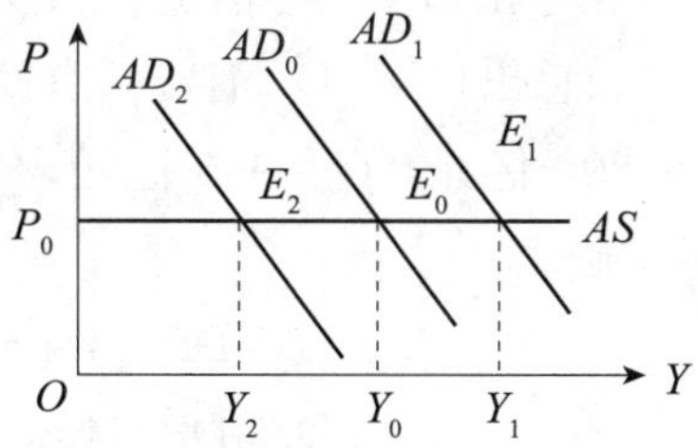

图 9－9　凯恩斯主义总供给曲线

（二）短期总供给曲线

在这种总供给曲线中，总需求的增加会使国民收入增加，价格水平也上升；总需求的减少会使国民收入减少，价格水平也下降。即总需求变动引起国民收入与价格水平同方向变动，如图 9－10 所示。

（三）长期总供给曲线

在这种总供给曲线中，由于资源得到了充分利用，所以总需求的增加只会使价格水平上升，而国民收入不会变动；总需求的减少会使价格水平下降，而国民收入不会变动。即总需求变动会引起价格水平的同方向变动，而不会引起国民收入的变动，如图 9－11 所示。

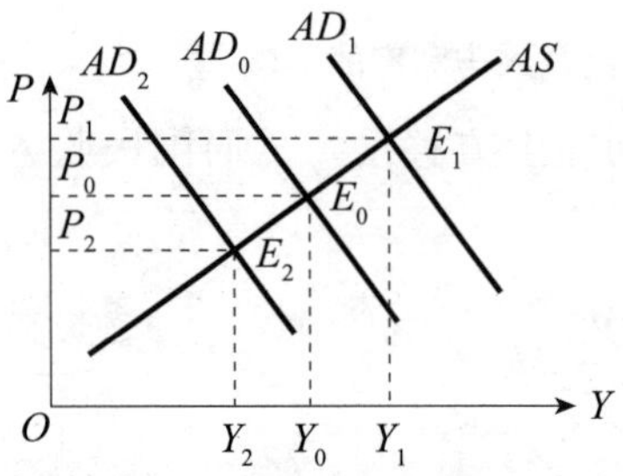

图 9－10　短期总供给曲线

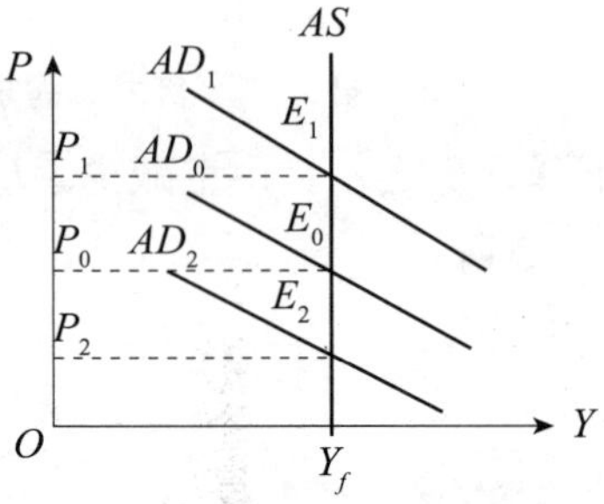

图 9－11　长期总供给曲线

实训任务

1. 应当怎样正确认识西方经济学家关于财政政策和货币政策效果的理论？这些理论对制定我国的宏观经济调控政策有无借鉴意义？

2. 试比较 IS—LM 模型与 AD—AS 模型。

3. 经济活动都包括哪些要素？什么是市场？构成经济的主要市场有哪些？

项目技能训练

一、单选题

1. 在四部门经济中，GDP 是指（　　）的总和。

A. 消费、净投资、政府购买和净出口　　B. 消费、总投资、政府购买和净出口

C. 消费、总投资、政府购买和总出口　　D. 消费、净投资、政府购买和总出口

2. 已知 C＝3 000 亿元，I＝800 亿元，G＝960 亿元，X＝200 亿元，M＝160 亿元，折旧＝400 亿元，则（　　）不正确。

A. GDP＝3 800 亿元　　B. NDP＝4 400 亿元

C. 净出口＝40 亿元　　D. GDP＝4 800 亿元

3. 如某国年初的资本品存量为 5 000 亿美元，在本年度生产了 1 000 亿美元的资本品，资本耗费折旧是 600 亿美元，则该国在本年度总投资和净投资分别是（　　）。

A. 6 600 亿美元和 1 600 亿美元　　B. 6 000 亿美元和 5 400 亿美元

C. 1 000 亿美元和 400 亿美元　　D. 1 000 亿美元和 600 亿美元

4. 国内生产总值是指一定时期内生产的（　　）市场价值。

A. 产品和劳务　　B. 最终产品和劳务

C. 中间产品和劳务　　D. 所有产品和劳务

5. 下列项目中，不属于政府购买的是（　　）。

A. 政府给低收入者提供一笔住房补贴　　B. 政府购买军需品

C. 政府给公务员增加薪水　　D. 政府修建三所中学

6. 在两部门经济模型中，如果边际消费倾向值为 0.8，那么自发支出乘数值应该是（　　）。

A. 4　　B. 2.5　　C. 5　　D. 1.6

7.（　　）之和等于 1。

A. 边际消费倾向与边际储蓄倾向　　B. 边际消费倾向与平均储蓄倾向

C. 平均消费倾向与平均储蓄倾向　　D. 平均消费倾向与边际储蓄倾向

8. 其他条件不变，总需求曲线因（　　）。

A. 政府支出增加会右移　　B. 政府税收增加会右移

C. 价格水平上升会右移　　D. 政府支出增加会左移

9. 在 *LM* 曲线不变的情况下，自发总需求增加会引起（　　）。

A. 国民收入增加，利率上升　　B. 国民收入增加，利率不变

C. 国民收入增加，利率下降　　D. 国民收入增加，利率不确定

10. 在 *IS* 曲线不变的情况下，货币量减少会引起（　　）。

A. 国民收入增加，利率下降　　B. 国民收入增加，利率上升

C. 国民收入减少，利率上升　　D. 国民收入减少，利率下降

二、判断题

1. 农民生产并用于自己消费的粮食不计入 GDP。（　　）

2. 决定投资乘数大小的关键因素是边际消费倾向值。（　　）

3. 出于交易动机和谨慎动机的货币需求，既与收入有关，又与利率有关。（　　）

4. *IS* 曲线不变，*LM* 曲线右移会使利率上升，收入下降。（　　）

5. 最终产品和中间产品可根据产品的物质属性加以区别。（　　）

6. 消费者需求变大，导致 *IS* 曲线向左移动。（　　）

7. 个人从公司债券和政府债券上都获得利息收入，则按照收入法，两种利息都应计入 GDP。（　　）

8. 凯恩斯主义总供给曲线是一条与横轴平行的线。（　　）

三、计算题

1. 假设某经济社会的消费函数为 $c=100+0.8y$，投资为 500 亿元。

（1）求均衡收入、消费和储蓄；

（2）若投资增至 1 000 亿元，试求增加的收入。

2. 假定某社会消费为 $C=100+0.8Y$，投资 $I=150-6r$，货币供给 $M=150$（价格水

平为 1），货币需求 $L=0.2Y-4r$。求：

（1）IS 曲线和 LM 曲线；

（2）产品市场和货币市场同时达到均衡时的利率与收入；

（3）该社会的投资乘数。

3. 如总供给曲线为 $AS=250$，总需求曲线为 $AD=300-25\ \mathrm{P}$，试求：

（1）供求均衡点的价格水平和收入水平为多少？

（2）如总需求曲线向右平移 10%，其他条件不变，新的供求均衡点的价格水平和收入水平为多少？

（3）如总供给曲线向左平移 10%，其他条件不变，新的供求均衡点的价格水平和收入水平为多少？

四、问答题

1. 边际消费倾向与边际储蓄倾向之间的关系是什么？为什么？

2. 投资为什么对国民收入有乘数作用？其发生作用的前提条件是什么？

项目十

失业、通货膨胀、经济增长与经济周期

学习目标

1. 了解通货膨胀的含义和类型；
2. 了解失业的含义和类型；
3. 理解通货膨胀和失业对国民收入的影响；
4. 了解凯恩斯的有效需求理论和菲利普斯曲线；
5. 了解经济增长的含义；
6. 了解经济周期的含义和成因。

重点难点

1. 通货膨胀和失业的含义和类型；
2. 凯恩斯的有效需求理论和菲利普斯曲线。

项目导言

失业和通货膨胀是世界上任何国家都关心的两大主要问题，同时，也是宏观经济政策必须考虑的问题，它与一个国家的经济增长和所处的经济周期有很大的关系，本项目就这几个重要的专业名词和专业术语的含义跟大家一起进行探讨和交流。

项目导入

——是控制物价还是解决失业？

中国与国际上许多国家不一样的是，政府宏观经济管理目标的设定、宏观经济政策和其他经济政策的出台、改革的推进、国家法律的颁布，都必须考虑中国人口众多、就业压力巨大这样一个国情。从未来15～20年的时间看，宏观经济上面临的任务不是控制通货膨胀，而是怎样在一个宽松的需求环境中，增加就业和降低失业率。因此，在中国，在一个10年，甚至更长一点的阶段中，宏观经济管理的第一目标是降低失业率，而不是控制物价上涨。

中国未来10年每年劳动力增长、再配置要求提供的就业岗位为：城镇新增劳动力450万左右，下岗再就业需要的就业岗位400万左右，农村人口上学毕业、军转复员和建设安置250万左右，农村剩余劳动力向城镇转移每年1 000万左右，城镇劳动力年总供给共计2 100万以上。但是，从这几年的情况看，经济景气时，城镇可能为农民工提供1 000万个就业机会；经济不景气时，城镇全部劳动力总需求只有500万左右，劳动力年供需缺口为1 100万～1 600万。如果这个问题不能放在应有的高度得以重视和解决，10～15年，中国将积累1亿～2亿的巨额城镇失业人口。

劳动力闲置不得其用，危害很多：一是没有工作，没有收入，消费能力低下，使消费的增长不能跟上日益增长的生产，导致生产过剩；二是失业的人过多，或者很多人年纪未老就退休在家，一方面国家能收上来的社会保障金就减少，另一方面社会保障的支出增大，财政状况将会变得十分紧张；三是如果闲置的劳动力资源过多，而又要从生产经营过程中提取较多的社会保障基金来保障他们的生活，则产品的成本就会加大，整个国家产品的竞争力就会下降；四是如果闲置失业在家的人太多，城镇贫困人口就会增加，社会各阶层的收入和生活差距就会拉大，社会将会处在不稳定状态之中。发达国家社会保障实力雄厚，保障体系健全，失业可以忍受。而由于中国的社会保障较为薄弱，体系很不健全，居民失业就会陷入困境。因此在经济政策的选择时，解决失业问题在宏观经济管理中的位置要比发达国家重要得多。

资料来源：周天勇．是控制物价还是解决失业？．中国经济时报，2012-07-15.

思考：

这是正常现象吗？政府应该如何应对这种现象？

任务一

认识失业理论

理论知识

一、失业与充分就业

（一）失业的定义与衡量

凡在一定年龄范围内愿意工作而没有工作，并正在寻找工作的人都是失业者。

衡量一个经济中失业状况的最基本指标是失业率。

$$失业率=\frac{失业人数}{劳动力总数}\times 100\%$$

（二）充分就业

消灭了周期性失业时的就业状态就是充分就业。实现了充分就业时的失业率称为自然失业率，或充分就业的失业率、长期均衡的失业率。

二、自然失业

自然失业是指经济中某些难以避免的原因所引起的失业。自然失业有如下的类型：

（1）摩擦性失业：指经济中由于正常的劳动力流动而引起的失业。一般把新加入劳动力队伍正在寻找工作而造成的失业，也归入摩擦性失业的范围之内。

（2）求职性失业：指不满意现有的工作，离职去寻找更理想的工作所造成的失业。

（3）结构性失业：指由于劳动力市场结构的特点，劳动力流动不能适应劳动力需求变动所引起的失业。在这种情况下，往往是“失业与空位”并存。

（4）技术性失业：指由于技术进步所引起的失业。

（5）季节性失业：指某些行业生产的季节性变动所引起的失业。

（6）古典失业：指由于工资刚性所引起的失业。

三、周期性失业

周期性失业又称需求不足的失业，也就是凯恩斯所说的非自愿失业。它是指由于总需求不足而引起的短期失业。

凯恩斯用紧缩性缺口来说明周期性失业产生的原因。紧缩性缺口是指实际总需求小于充分就业的总需求时，实际总需求与充分就业总需求之间的差额。凯恩斯把总需求分为消费需求和投资需求。他认为决定消费需求的因素是收入 Y 和边际消费倾向 MPC；决定投资需求的因素是预期的未来利润率与利息率水平。他以 MPC 递减规律来说明消费需求不足的原因，用资本边际效率递减规律说明投资需求不足的原因。消费需求与投资需求的不足造成了总需求的不足，从而引起了周期性失业。

四、隐蔽性失业

隐蔽性失业是指表面上有工作，实际上对生产并没有作出贡献的人，即有“职”无“工”的人。当经济中就业人数减少而产量仍没有下降时，就存在隐蔽性失业。

五、奥肯定律

奥肯定律是说明失业率与国民收入增长率之间关系的经验统计规律。这一规律表明，失业率每增加 1%，实际国民收入减少 2.5%；反之，失业率每减少 1%，实际国民收入增加 2.5%。

理解这一规律应注意以下几点：

第一，它表明了失业率与实际国民收入增长率之间是反方向变动的关系；

第二，失业率与实际国民收入增长率 1∶2.5 的关系只是一个平均数，是根据经验统计资料得出的，在不同的时期并不是完全相同的；

第三，奥肯定理主要适用于没有实现充分就业的情况，即失业是周期性失业的失业率。

六、治理失业的措施

（一）对摩擦性失业的治理

摩擦性失业主要是由劳动力市场不断变动、相关市场信息不很完备所造成的，因此应该通过缩短选择工作的时间来减少摩擦性失业。如增设职业介绍所、青年就业服务机构和建立人才库网站，以更多的途径传播有关就业的信息。

（二）对结构性失业的治理

结构性失业的产生原因主要是劳动力的素质跟不上经济结构的变化。试图阻止或减少导致结构性失业的经济结构变化是得不偿失的，应该采用两个措施进行治理：一是对受结构性失业威胁的人进行教育培训以适应经济结构的变化，二是帮助劳动力迁移，使劳动力能够很容易在不同的工作与地区之间流动，以此降低结构性失业。

（三）对周期性失业的治理

周期性失业的产生原因主要是有效需求不足，国家应积极干预经济，设法刺激有效需求，以实现充分就业。如刺激私人投资、促进国家投资等方式。

实训任务

全国到处“技工荒”

2005 年 5 月，劳动和社会保障部提供给《中国青年报》的最新调研报告显示，全国技术工人供不应求的局面普遍存在，其主要原因是现行教育体制重学历教育、轻技能培训。

一段时间以来，“技工荒”成了各个媒体的热词。各地关于技术工人，尤其是高级技术工人严重短缺的报道屡见不鲜：深圳在全国招聘高级钳工，开出 6 600 元的月薪也未能如愿；青岛一家公司急需高级模具工，打出年薪 16 万元的天价，应聘者寥寥无几；浙江十多家企业连续参加十多场招聘会招募数控机床技术工人，月薪一再提高，但是合格者少之又少；广东一家公司为留住一名六级热处理工，给出了月薪 6 000 元及住房一套的承诺……

“北京市目前至少短缺 8 万名高级技能人才。”北京市劳动和社会保障局日前公布的一组数据，再次敲响了高技能人才短缺的警钟。最先在珠三角、长三角地区出现的“技工荒”，今年再次出现在京城。

统计显示，目前北京市有技术工人 101.2 万人，占 337.2 万企业职工的 30%，其中高级技工以上的技术人才仅 12.1 万，占技术工人总数的 12%。据另一抽样调查表明，“十五”期间，北京市企业技术工人需求量应占职工总数的 40%以上，高级工、技师和高级技师应占技术工人总数的 20%以上，即北京市除技术工人总量不足外，高技能人才缺口更加突出。

据了解，在我国，高技能人才是指在生产、运输或服务一线技能劳动者中，具有技师、高级技师（含职业资格 2 级、1 级）职业技能水平的人员。目前，我国电子信息产品、汽车制造、石油化工及精细化工、精品钢材、成套设备和家电制造、生物医药等领域的高技能人才都存在严重短缺现象。“技术工人短缺是全国普遍存在的问题。”劳动社会保障部劳动科学研究所副所长莫荣接受记者采访时说，2005 年全国就业趋势之一是就业结构矛盾突出，“下岗失业人员多，就业难；技术劳动者短缺，新的产业和企业招不到合格技工。劳动力素质偏低，技能人才特别是高技能人才严重短缺，已成为经济发展的瓶颈。”

“技工荒”现象，对经济发展的影响显而易见。有关专家指出，我国加入世贸组织后，产品要在世界范围内与竞争方比高下，这种产品质量上的竞争，实质上是人才、员工素质的竞争。产业技术工人的数量少、技术素质低，将直接影响我国产业界当前和今后一个时期内产品数量、质量及发展速度。而有关调查再次显示，近几年企业出现的各种事故中，有一半以上是由于一线技术工人岗位技能不高、责任意识不强造成的。比如河南洛阳商厦 12·25特大火灾、上海炼油厂吊机倾覆事故等，导致这些惨剧的直接原因就是因为电焊工和有关操作人员违规作业或无证上岗，缺乏必要的技术技能。

劳动和社会保障部 5 月公布的调查显示，今年一季度，全国 104 个城市劳动力市场中，高技能人才继续供不应求。用人需求对技术等级有明确要求的，占总需求人数的 49.5%。其中求人倍率较大的是技师、高级技师、高级工程师和高级工，求人倍率分别为

2.68、2.34、2.24和2.02，即2.68个用人岗位只有1名技师可选择。

专家介绍，在西方发达国家，劳动力结构多为“两头小、中间大”的“啤酒桶”型，即管理和操作层小，技术层大，其中高级技工占技工总数的比例超过35%；而我国7 000万技工中，可称为“灰领”的高级技工仅占5%。

劳动和社会保障部提供的报告显示：“目前全国技术工人供不应求的局面普遍存在，高技能人才数量短缺，已不能满足经济发展需要。即便是作为中国重工业基地的东三省，技术工人特别是高技能人才也出现短缺。高级工、技师、高级技师占技术工人的比重，辽宁约为8.8%，吉林约为7.1%，黑龙江约为6.1%。”

报告还举例，在广东深圳、东莞、佛山等城市的306家企业中，有128家企业共急需招聘技术工人1.8万名，而应聘人员中符合企业招聘条件的相当少。同时，熟练工和技校毕业生最受企业欢迎，不论性别，都十分抢手。

针对珠、长三角乃至全国日益严峻的“技工荒”，劳动和社会保障部课题组专家分析，“现行教育体制重学历教育、轻技能培训是我国技术工人短缺的主要原因。”

近几年，我国经济高速发展，产业结构不断升级换代，对技术工人和高技能人才需求量大大增加，但技术工人的培养却远远不能满足企业需求。尽管技术工人的短缺早已出现，但技工教育培训的发展还难以适应。一些大学的专业及课程设置没有以市场需求为导向进行规划，存在较大盲目性，专业趋同现象十分严重，在一些领域造成劳动力供给严重超过需求。

如近年教育部布点增长最快的10个专业的毕业生的就业率在2002年全面下降，其中艺术设计下降了21.6个百分点，就业率仅为59.7%。尽管目前各类职业学校已达2万多所，但以培养后备高技能人才为主要目标的高级技工学校和技师学院只有200多所，仅占1/10，且由于经费不足，规模有限，设备设施老化，毕业生待遇未得到很好解决，难以在短期内迅速培养出大批高技能人才。

调研报告认为：“企业对员工的培训投入不够，只使用、不培养的做法进一步加剧了技术工人的短缺。”据了解，企业在培养高技能人才方面没有发挥主体作用，对员工技能培训的投入严重不足，大多数企业名义上开展了培训，但实际上用于职工培训方面的花费并不高。2003年，企业用于就业人员的人均教育经费投入仅为195元，企业职工教育经费投入占职工工资总额的1.4%，尚未达到国家规定1.5%的最低比例。同时，一些企业转换经营机制后，存在着急功近利的短期行为，对职工重使用轻培训，甚至只使用不培训。一半以上的企业用于技术工人培训的费用不到职工教育经费的20%。其中，职工教育经费用于技术工人培训的比例在20%以下的企业占58.5%，比例为20%～50%的企业占26.9%，比例在50%以上的企业仅占14.6%。“我国没有形成高技能人才的评价、激励和流动的机制，在技能人才评价方式上，存在比例、年龄、资历和身份界限，没有建立起以职业能力为导向、以工作业绩为重点、注重职业道德和职业知识水平的技能人才评价新体系。这是造成国内技术工人短缺的深层次原因。”

调研报告指出，在技能人才的激励上，我国企业尤其是使用高技能人才多的国有企业，多数没有建立鼓励生产操作一线技能劳动者钻研技术业务、努力提高自身素质的收入分配机制。在企业外部，由于没有给技能人才创造灵活的流动环境，因而没有达到使技能人才在流动中实现应有价值，以逐步提高技能人才的人力资本投资回报率，达到鼓励技能人才投资的目的。“今年我国就业工作要把握的四个关键环节，其中之一就是要积极推进技能和高技能人才培养，不断提高企业竞争力。”莫荣说，“目前，我国高技能人才数量短缺，需求量为供给量的2.5倍左右。因此，要从培养、评价、使用、激励、交流、保障等方面，加快制定和实施有利于高技能人才成长的政策措施，全面提高劳动者的就业能力、工作能力和创新能力，满足国民经济发展需要。”

思考：

1. 怎样理解“技工荒”与就业难并存的现象？
2. “技工荒”是正常现象吗？政府应该如何应对这种现象？

任务二

认识通货膨胀理论

理论知识

一、通货膨胀概述

通货膨胀的衡量主要是用价格指数，常见的价格指数有消费者价格指数、生产者价格指数与GNP矫正指数。

按照通货膨胀的严重程度，可将其分为五类：

第一，爬行的通货膨胀，每年物价上升比例为1%～3%；

第二，温和的通货膨胀，每年物价上升比例为3%～6%；

第三，严重的通货膨胀，每年物价上升比例为6%～9%；

第四，飞奔的通货膨胀，每年物价上升比例为10%～50%；

第五，恶性的通货膨胀，每年物价上升比例为50%以上。

二、通货膨胀的原因

（一）需求拉动型通货膨胀

当产量低于充分就业的水平时，需求的增加不会导致通胀；但是继续增加有效需求，由于瓶颈现象，产量会增加，同时又引起物价上涨——半通货膨胀；当产量达到充分就业以后，由于生产能力的制约，总需求增长不再引起产量的增加，而只导致物价水平按同一比例增长——真正的通货膨胀。

（二）成本推进型通货膨胀

成本推进型通货膨胀是由成本上升而引起的通货膨胀。它可分为工资推进型通货膨胀和利润推进型通货膨胀。

（1）工资推进型通货膨胀是指物价上涨的主要原因在于工资的提高幅度超过了同期劳动生产率的增长。

（2）利润推进型通货膨胀是指拥有控制产品市场价格能力的垄断企业，为了追求高额利润，以超过生产成本上升的幅度来提高产品价格，进而导致总体物价水平的上升。

（三）混合性通货膨胀

当工资得到增加时，人们的需求也会增加，于是成本推动型通货膨胀也会启动需求拉动型通货膨胀，现实中的通货膨胀很难分清是由于需求拉动的还是成本推动的。经济学家萨缪尔森和索洛就提出了“混合型通货膨胀”，它是指由需求拉动和成本推动共同起作用而引起的通货膨胀，即需求与成本因素混合的通货膨胀。

三、菲利普斯曲线

1958 年，菲利普斯根据英国 1867—1957 年失业率和货币工资变动率的经验统计资料，提出了一条用以表示失业率和货币工资变动率之间交替关系的曲线。这条曲线表明：当失业率较低时，货币工资增长率较高；反之，当失业率较高时，货币工资增长率较低，甚至是负数。根据成本推动的通货膨胀理论，货币工资可以表示通货膨胀率。因此，这条曲线就可以表示失业率与通货膨胀率之间的交替关系。即失业率高表明经济处于萧条阶段，这时工资与物价水平都较低，从而通货膨胀率也就低；反之失业率低，表明经济处于繁荣阶段，这时工资与物价水平都较高，从而通货膨胀率也就高。失业率和通货膨胀率之间存在反方向变动的关系。如图 10－1 所示。

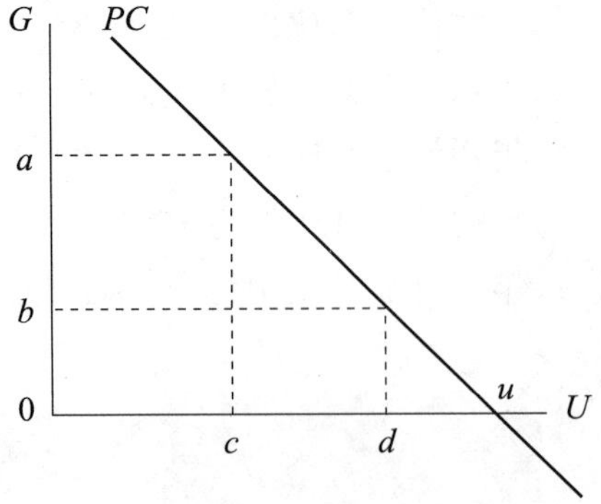

图 10－1　菲利普斯曲线

在图10-1中，横轴U代表失业率，纵轴G代表通货膨胀率，向右下方倾斜的PC即为菲利普斯曲线。这条曲线表明，当失业率高（d）时通货膨胀率就低（b），当失业率低（c）时通货膨胀率就高（a）。

长期的菲利普斯曲线是一条通过自然失业率的垂直线。因为在长期，经济能够自动实现充分就业，失业率就是自然失业率，受通货膨胀的影响有要抵消。

实训任务

经济滞涨压力巨大，巴西央行进一步加息50基点至14.25%

汇通网2015年7月30日讯　巴西央行当地时间周三（7月29日）再度加息50个基点，使得基准利率达到了14.25%的惊人高位。不过，此举仍在市场各方的预料之中。巴西央行官员在加息的同时指出，当前该国的基准利率水平已足以阻止国内通胀率进一步走高，并最终在明年实现通胀控制目标。

目前，巴西一方面经济陷于衰退；另一方面通胀率高达两位数，为目标区间的两倍多。该国此前制定了在2016年底前将通胀率降低至4.5%以下的目标。上周，考虑到严峻的经济形势，巴西政府下调了财政盈余目标，并冻结了86亿巴西雷亚尔（合26亿美元）的开支项目。

思考：

1. 西方学者所认为的造成通货膨胀的原因是什么？
2. 在西方，有哪些对付通货膨胀的方法？
3. 通货膨胀对经济的影响有哪些？

任务三

认识经济周期理论

理论知识

一、经济周期的含义

经济周期（Business Cycle）也称商业周期、商业循环或经济循环，是国民收入及经济活动的周期性波动。持续时间通常为2～10年，它以大多数经济部门的扩展或收缩为标志。对经济周期的理解需把握三点：

（1）经济周期的中心是国民收入的波动。

（2）经济周期是经济中不可避免的波动。

（3）每个周期都是繁荣与萧条的交替。

二、经济周期的阶段

经济周期可分为两个大的阶段：扩张阶段和收缩阶段。再具体点，又可分为四个阶段：繁荣、衰退、萧条、复苏。其中繁荣与萧条是两个主要阶段。

繁荣阶段是国民收入与经济活动高于正常水平的一个阶段。其特征是生产迅速增加，投资增加，信用扩张，价格水平上升，就业增加，公众对未来乐观。

萧条阶段是国民收入与经济活动低于正常水平的一个阶段。其特征是生产急剧减少，投资减少，信用紧缩，价格水平下降，失业严重，公众对未来悲观。

衰退与复苏是两个过渡阶段。

三、经济周期的分类

经济学家根据一个经济周期时间的长短，把经济周期分为不同的类型。

（1）朱格拉周期：中周期。法国经济学家朱格拉提出的一种为期 9～10 年的经济周期。

（2）基钦周期；短周期。英国经济学家提出一种为期 3～4 年的经济周期。

（3）康德拉季耶夫周期：长周期或长波。俄国经济学家康德拉季耶夫提出的一种为期 50～60 年的经济周期。

（4）库兹涅茨周期：另一种长周期。美国经济学家库兹涅茨提出的一种为期 15～25 年的经济周期。

（5）熊彼特周期：一种综合。奥地利经济学家熊彼特对朱格拉周期、基钦周期和康德拉季耶夫周期进行了综合分析。他认为，每一个长周期包括 6 个中周期，每一个中周期包括三个短周期。他以重大的创新为标志，划分了三个长周期。在每个长周期中仍有中等创新所引起的波动，这就形成若干个中周期。在每个中周期中还有小创新所引起的波动，这就形成若干个短周期。

四、经济周期的成因

（一）内生经济周期理论

内生经济周期理论在经济体系内寻找经济周期自发运动的因素。这种理论并不否认外生因素对经济的冲击作用，但它强调经济中这种周期性的波动是经济体系内的因素引起的。这些经济体系内的因素自发地运动就引起了周期性的波动。

1. 纯货币周期理论

由英国经济学家霍特里提出。货币供应量和货币流通速度直接决定了名义国民收入的波动。经济波动完全是由于银行体系交替地扩张和紧缩信用所造成，尤其以短期利率起重要的作用。

2. 投资过度理论

该理论把经济周期的循环归因于投资过度。由于投资过多，与消费品生产相对比，资本品生产发展过快。资本品生产的过度发展促使经济进入繁荣阶段，但资本品过度生产导致的过剩又促使经济进入萧条阶段。

3. 心理理论

经济循环周期取决于投资，而投资的大小主要取决于投资者对未来的预期，而预期是一种心理现象，心理现象又具有不确定性。因此，经济波动的最终原因取决于人们对未来的预期。当预期乐观时，增加投资，经济步入复苏、繁荣；当预期悲观时，减少投资，经济则陷入衰退与萧条。

（二）外生经济周期理论

外生经济周期理论认为，经济周期的根源在于经济之外的某些因素的变动。如战争、革命、选举、石油价格、发现金矿、移民、新土地和新资源发现、科学突破和技术创新，甚至太阳黑子活动和气候，等等。

1. 创新理论

所谓创新是指引进一种新的生产函数，或者说是生产要素的一种“新组合”。按照熊彼特的观点，创新主要是指新技术、新工艺、新材料、新产品、新市场以及新的要素组合形式。

创新理论认为创新是经济周期波动的主要原因。技术的革新和发明不是均匀的、连续的过程，而是有其高潮和低潮，因而导致经济上升和下降，形成经济周期。

2. 太阳黑子理论

该理论由英国经济学家杰文斯于 1875 年提出。经济周期的波动性是由于太阳黑子的周期性变化。太阳黑子的周期性变化会影响气候的周期变化，而这又会影响农业收成，农业的收成又会影响整个经济。太阳黑子的出现是有规律的，大约每十年出现一次，因而经济周期大约也是十年。

五、现代经济周期理论

现代宏观经济学有不同的流派，从而也就有不同的经济周期理论。

凯恩斯主义宏观经济学以国民收入决定理论为中心，所以就把经济周期理论作为国民收入决定理论的动态化。凯恩斯主义学派的经济周期理论有这样几个特征。第一，国民收入的水平取决于总需求，因而引起国民收入波动的主要原因仍在于总需求。以总需求分析为中心是凯恩斯主义经济周期理论的特征之一。第二，在总需求中，消费占的比例相当大，但根据现代经济学家的理论与经验研究，消费在长期中是相当稳定的。凯恩斯主义经济周期理论是以投资分析为中心的，要分析投资变动的原因及其对经济周期的影响。

货币主义与理性预期学派提出了自己的经济周期理论。货币主义者强调了货币因素的作用，从货币量变动对经济的影响解释经济周期。理性预期学派则强调了预期失误是经济周期的原因。

这些经济周期理论之间尽管千差万别，但有两点是相同的。第一，强调了内生因素，即经济因素是引起经济周期的关键作用。第二，强调了在市场经济中经济周期存在的必然性。

实训任务

请阅读以下内容并回答近代中国经济的发展究竟处于怎样一个状况？

近代中国经济增长所适用的理论

中西方经济在16世纪之后出现分化，按照诺斯的说法是制度方面的因素导致的，而出现差异的起点都是一样的，即面临日益增加的人口，进一步发展中存在马尔萨斯陷阱，即古典经济增长模型。所谓马尔萨斯陷阱，就是技术的偶然进步引发生产力的提高，产出增加，最终导致了人们生活水平的提高，从而带来了人口的增加，直到生产力水平重新降落到人口的生存水平。在此过程中，存在积极与消极的抑制人口方式，以促进生产力水平的提高，而就这两种方式来看，影响中国历史变迁的动力，应该是放任人口增加后，受社会财富多寡的约束，在寻求社会财富分配过程中，引致社会结构的变迁：富者愈富、穷者愈穷，从而打破了上层社会结构所预期的相对平均的和谐社会。在此条件下，下层社会结构在革命与饿死的博弈中，终将被迫接受以均贫富为名义的农民起义，从而引发了社会结构的变迁。一方面达到了抑制人口、缓和人际关系紧张的局面，同时也改变了过去那种上层结构的分配格局，达到了缓和社会矛盾的目的；另一方面也为下一阶段的人口增长、社会经济发展创造了条件。而西方社会虽然也主要采用积极因素应付人口增加与生产力之间的矛盾，但他们偏好于对外扩张与掠夺，以弥补国内财富的不足，从而导致了广大地域的开发与民族国家的形成，并最终在此推进过程中，找到了工业化的途径，在现代化的演进中获得了两者在更高层次的解决。

按照上述增长理论，我们可以大致把一个国家或地区的经济增长划分为如下三种类型。斯密型增长，即受分工和市场规模的深化与扩大的推动，结果是产出总量和人均产量的同时增长，但市场容量有局限；现代经济增长，原因与斯密增长几乎相同，但其增长是指数式长期增长；粗放式增长，即只注重产出总量的增加而不关心人均拥有量提高的增长——量的增长，质的停滞。我们国家在很长一段时间内都属于粗放式增长，目前在有些地区，尤其是农村地区仍然没有超出粗放式增长的界限，迈向现代经济增长阶段。

总之，通过经济增长理论适用性的分析，我们必须解决如下几个问题：第一，必须解决增长与发展的问题，所以我们必须掌握人口、经济总量、人均经济总量等几个数字，以此勾画近代中国经济增长的曲线或波动图形；第二，需要解决近代中国经济究竟处于哪个阶段：传统、现代化或过渡阶段；第三，与其他国家相比，近代中国经济的发展究竟处于怎样一个状况。

任务四

认识经济增长理论

理论知识

一、经济增长的含义

美国经济学家 S. 库茨涅茨曾给经济增长下了一个经典性的定义：“一个国家的经济增长，可以定义为给居民提供种类日益繁多的经济产品的能力长期上升，这种不断增长的能力是建立在先进技术以及所需要的制度和思想意识的调整的基础上的。”

经济增长是指一个国家或一个地区生产商品和劳务能力的增长。如果考虑到人口增加和价格的变动情况，经济增长还应包括人均福利的增长。

经济增长的定义包含三个含义：

第一，经济增长集中表现在经济实力的增长上，而这种经济实力的增长就是商品和劳务总量的增加，即国民生产总值的增加。如果考虑到人口的增加和价格的变动，也可以说是人均实际国民生产总值的增加。所以，经济增长最简单的定义就是国民生产总值或人均国民生产总值的增加。

第二，经济增长的必要条件是技术进步。只有依靠技术进步，经济增长才是可能的。

第三，经济增长的充分条件是制度与意识的相应调整。只有社会制度与意识形态适合经济增长的需要，技术进步才能发挥作用，经济增长才是可能的。

二、经济增长的源泉

（一）资本

资本分为物质资本和人力资本。

物质资本又称有形资本，是指设备、厂房、存货等的存在。

人力资本又称无形资本，是指体现在劳动者身上的投资。

（二）劳动

劳动是指劳动力的增加。劳动力的增加又分为劳动力数量的增加和劳动力质量的提高。

（三）技术进步

技术进步在经济增长中起了最重要的作用。

技术进步主要包括资源配置的改善、规模经济和知识的进步。

三、经济增长模型

（一）哈罗德模型

这个模型是由英国经济学家哈罗德（R. Harrod）在 20 世纪三四十年代提出的。

该模型的基本假设：

（1）社会的全部产品只有一种（全社会所有产品不是用作消费品就是用作投资品，故称一部门的增长模型）。

（2）只有两种生产要素，即劳动和资本。

（3）规模报酬不变、技术不变、劳动和资本两种要素的配合比例不变。

（4）不存在技术进步，且资本存量（K）没有折旧。

（5）边际储蓄倾向不变。

哈罗德模型有以下三个变量：

G_W：有保证的增长率，即任一年国民收入的增加量与上一年国民收入的比率；

$$G_W=\triangle Y/Y$$

s：储蓄率 $s=S/Y$；

k：资本系数 $k=\triangle I/\triangle Y=K/Y$。

（二）多马模型

多马模型与哈罗德模型基本相同，区别在于用资本生产率代替资本系数。

资本生产率σ，又称投资效率，是指每单位资本可得到的产量。$\sigma=\triangle Y/I$，即$\sigma=1/k$。

多马模型的基本公式为 $G=s/v$。G 是经济增长率，s 是资本积累率（储蓄率或投资率），v 是资本/产出比。

要实现稳定均衡增长，必须使实际增长率 $G=G_w$，一旦 G 偏离了 G_W，在这以后的时期里，就会出现经济周期中所表现出来的“累积性”的经济扩张或经济紧缩。

如果 $G>G_W$，资本家就感到资本短缺，从而进一步追加投资，而投资的增加，通过乘数作用，使实际增长率更高，更加偏离有保证增长率。资本短缺更为严重，从而形成累积性的扩张。

如果 $G<G_W$，经济就会出现累积性的紧缩。由于 $G=G_W$ 是罕见的、偶然的，所以经济总是在紧缩与扩张的交替中波动发展。

（三）哈罗德—多马模型的意义

由于哈罗德模型与多马模型的内容基本相同，故一般称为哈罗德—多马模型。其意义为：

（1）将凯恩斯的理论动态化、长期化，并重点阐明了投资的双重作用。

（2）说明了经济波动的原因和实现经济长期、稳定、均衡增长的条件，并将其模型化。

（3）强调了资本积累（储蓄率或投资率）在经济增长中的作用。

（4）阐明了国家干预和实现调控在促进经济增长中的必要性，为政府宏观调控提供了理论依据。

四、经济增长是非论

（一）零增长理论

麦多斯认为：假定世界上自然的、经济的和社会的关系没有重要的变化，那么，由于世界粮食短缺、资源耗竭和环境污染的加剧，世界人口和工业生产能力将出现非常突然和无法控制的崩溃局面。为了避免世界末日的到来，要采取妥协措施，建立一个持续的生态平衡环境，实行零增长。

（二）增长价值怀疑论

经济增长是值得的吗？

米香认为：人类永远不知道满足，物品再多也不能使人幸福，而为此却必须牺牲闲暇、精神生活、健康和优美的环境，因此经济增长的代价太大了。

（三）对零增长理论的反驳

有机增长理论：人类面临崩溃的根源，还要从现代国际经济关系体系中日益尖锐化的矛盾中去寻找。全世界所有经济体系必须协同行动，只有国际间的密切合作，才能避免世界性的崩溃。

卡恩的“无意外”世界蓝图认为，在经济增长过程中出现某些消极的趋势和倾向是基本能解决的问题。他考察了人口增长、经济发展、能源、原料、粮食和环境等重大问题的长期发展趋势，指出：如果不出现惊人的、出乎意料的革新和进步，20 世纪末或 21 世纪初，在那些最先进的国家将出现超工业经济，不久后又会出现后工业经济，而且所有国家最后都会发展到超工业经济和后工业经济阶段。

实训任务

经济转轨的两种模式

在由计划经济向市场经济的转轨过程中，由于初始条件的不同，中国和越南等国家采取了渐进式的转轨模式，而苏联和东欧多数国家都采取了激进式的转轨模式。对这两种模式的研究可以为转轨经济学基本素材和理论实证分析提供依据。

渐进式转轨一般具有如下特征：

(1) 在转轨过程中力求保持经济社会发展的连续性，而且稳定和发展本身也被列为转轨的基本目标和标准。

(2) 转轨并不一步到位，而是通过设置过渡性的制度安排，使改革最终指向市场经济体制。

(3) 采取存量改革和增量改革并重的改革战略，在特定时期，增量改革往往比存量改革更重要。在存量经济发挥作用的同时，注重发展增量经济，这是渐进式转轨能够确保经济稳定增长的一个重要前提。

(4) 改革采取先经济、后社会、再政治的路径。无论是中国还是越南，在转轨过程中均明确了是在社会主义的基本框架下的改革。这是渐进式改革能够保证社会和政治稳定的基本条件。

俄罗斯和东欧国家一般采取了激进式的转轨，也被称为“休克疗法”。西方舆论曾经把第二种类型的改革称之为“Big Bang”（有人译为“大爆炸”或“大跳跃”），这是借用圣经语言形容上帝在7天之内就创造了一个美好的世界，以此来比喻这种类型的转轨国家由于政治突变，旧体制一夜之间被摧毁了，新体制随之也将被强制建立起来。激进式转轨具有如下基本特征：

(1) 转轨以新体制的形成为基本目标，不一定兼顾暂时的经济增长绩效。

(2) 经济转轨过程包括宪政转轨，也就是说，经济、社会和政治的转轨几乎是平行推进的。激进式的转轨理论认为，经济转轨是大规模的制度变迁，而且都是质变，“人不能分两步跨越一个峡谷”，制度变迁需要在短期内迅速完成。否则，旧体制会对新体制形成巨大阻力，使得转轨变得遥遥无期。

(3) 经济转轨初期，稳定化、私有化和自由化政策并举。

(4) 激进式转轨着眼于长期绩效，因此伴随着短期的经济社会混乱，甚至是退步。与渐进式转轨相比，短期内的收益不明显，经济社会风险比较大。

思考：

用经济增长理论分析两种模式的异同。

项目技能训练

一、单选题

1. 假设某国总人口为 3 000 万人，就业者为 1 500 万人，失业者为 500 万人，则该国的失业率为（　　）。

A. 17%　　B. 34%　　C. 25%　　D. 10%

2. 充分就业的含义是（　　）。

A. 人人都有工作，没有失业者　　B. 消灭了周期性失业时的就业状态

C. 消灭了自然失业时的就业状态　　D. 消灭了失业时的就业状态

3. 周期性失业是指（　　）。

A. 由某些行业生产的季节性变动所引起的失业

B. 由总需求不足而引起的短期失业

C. 由劳动力流动不能适应劳动力需求变动所引起的失业

D. 由经济中劳动力的正常流动引起的失业

4. 凯恩斯认为，决定消费需求的因素是（　　）。

A. 国民收入水平和边际消费倾向　　B. 利息率水平和边际消费倾向

C. 资本边际效率和利率水平　　D. 通货膨胀率和税率

5. 在通货膨胀中利益不受损的人是（　　）。

A. 债权人　　B. 债务人　　C. 养老金收入者　　D. 雇工

6. 成本推动的通货膨胀包括（　　）。

A. 工资推动通货膨胀　　B. 需求膨胀推动通货膨胀

C. 货币过度发行通货膨胀　　D. 部门间生产率增长差别导致通货膨胀

7. 关于菲利普斯曲线的形状，货币主义认为（　　）。

A. 向右下倾斜　　B. 一水平线

C. 一垂直线　　D. 短期内向右下倾斜，长期内为垂直线

8. 导致需求拉动的通货膨胀的因素有（　　）。

A. 投资需求增加　　B. 货币供给减少

C. 政府支出减少　　D. 政府收入增加

9. 根据菲利普斯曲线，降低通货膨胀率的办法是（　　）。

A. 减少货币供给量　　B. 增加货币供给量

C. 降低失业率　　D. 提高失业率

10. 奥肯定理说明了失业率每增加 1%，则实际国民收入减少 2.5%，在美国这种比例关系（　　）。

A. 一直如此，始终不变　　B. 只适用于经济实现了充分就业时的状况

C. 只适用于经济危机时期　　D. 在不同时期并不完全相同

11. 经济增长最基本的特征（　　）。

A. 国内生产总值的增加　　B. 技术进步
C. 制度和意识的调整　　D. 社会福利的增加
12. 经济周期中两个主要阶段是（　　）。
A. 繁荣和萧条　　B. 萧条和复苏　　C. 繁荣和衰退　　D. 衰退和复苏
13. 经济周期的四个阶段依次是（　　）。
A. 繁荣、衰退、萧条、复苏　　B. 衰退、萧条、复苏、繁荣
C. 萧条、复苏、繁荣、衰退　　D. 复苏、繁荣、衰退、萧条
14. 经济周期的中心是（　　）。
A. 价格的波动　　B. 利率的波动　　C. 国民收入的波动　D. 就业的波动
15. 持续时间为15～25年的经济周期是由经济学家（　　）提出的。
A. 基钦　　B. 朱格拉　　C. 库兹涅茨　　D. 康德拉季耶夫
16. 下列各项中属于外生经济周期理论的是（　　）。
A. 投资过度论　　B. 心理周期论
C. 消费不足论　　D. 太阳黑子周期论
17. 根据哈罗德模型，当资本—产量比率为4，储蓄率为20%时，则经济增长率为（　　）。
A. 5%　　B. 20%　　C. 25%　　D. 80%
18. 加速原理表明（　　）。
A. GDP增加导致投资的多倍减少　　B. GDP增加导致投资的多倍增加
C. 投资增加导致的GDP多倍增加　　D. 投资增加导致的GDP多倍减少
19. 强调经济增长会加剧收入分配不平等的经济增长模型是（　　）。
A. 哈罗德—多马经济增长模型　　B. 新剑桥经济增长模型
C. 新古典经济增长模型　　D. 增长极限论
20. 经济活动之所以发生周期性的波动，是由于（　　）。
A. 乘数的作用　　B. 加速数的作用
C. 技术变动的冲击　　D. 乘数和加速数的相互作用

二、判断题

1. 衡量一个国家经济中失业情况的最基本指标是失业率。（　　）
2. 在一个国家里，自然失业率是一个固定不变的数。（　　）
3. 只要存在失业工人，就不可能有工作空位。（　　）
4. 在任何经济中，只要存在着通货膨胀压力，就会表现为物价水平的上升。（　　）
5. 经济学家认为，引起工资推动的通货膨胀和利润推动的通货膨胀的根源都在于经济中的垄断。（　　）
6. 紧缩性缺口是指实际总需求大于充分就业的总需求时两者的差额。（　　）
7. 在总需求不变的情况下，总供给曲线向左上方移动所引起的通货膨胀称为供给推

动的通货膨胀。（　　）

8. 所有的经济学家都主张用通货膨胀来刺激经济。（　　）

9. 没有预料到的通货膨胀有利于雇主，而不利于雇工。（　　）

10. 凯恩斯主义、货币主义和理性预期学派围绕菲利普斯曲线的争论，表明了他们对宏观经济政策的不同态度。（　　）

11. 经济增长和经济发展所研究的问题是一样的。（　　）

12. 经济增长的充分条件是技术进步。（　　）

13. 经济周期的中心是国民收入的波动。（　　）

14. 朱格拉周期是一种短周期。（　　）

15. 刺激消费水平可以提高经济增长率。（　　）

16. 以总需求分析为中心是凯恩斯主义经济周期理论的特征之一。（　　）

17. 新古典模型认为，在长期中实现均衡增长的条件是储蓄全部转化为投资。（　　）

18. 经济周期是经济中不可避免的波动。（　　）

三、问答题

1. 通货膨胀是怎样形成的？对经济活动有什么影响？

2. 通货膨胀对经济活动有什么影响？

3. 试析需求拉动通货膨胀的形成及治理办法。

4. 说明经济增长与经济发展的关系。

项目十一

宏观经济政策

学习目标

1. 了解财政政策的含义和运用；
2. 了解货币政策的含义和运用。

重点难点

1. 财政政策的含义和运用；
2. 货币政策的含义和运用。

项目导言

20世纪90年代初期，美国、德国和日本这些发达的资本主义国家都跌落到经济低谷之中，就业增长停滞、收入减少。尽管大多数国家实现了价格水平的稳定，但人们不会忘记主要的西方国家在20世纪70年代和80年代初物价的飞涨。这些都意味着，寻求各种政策以实现增长与通货膨胀之间的适度平衡是至关重要的。

项目导入

——国务院十项措施扩大内需两年投资4万亿

2008年11月5日，国务院总理温家宝主持召开国务院常务会议，研究部署进一步扩大内需、促进经济平稳较快增长的措施。

会议认为，近两个月来，世界经济金融危机日趋严峻，为抵御国际经济环境对我国的不利影响，必须采取灵活审慎的宏观经济政策，以应对复杂多变的形势。当前要实行积极的财政政策和适度宽松的货币政策，出台更加有力的扩大国内需求的措施，加快民生工程、基础设施、生态环境建设和灾后重建，提高城乡居民特别是低收入群体的收入水平，促进经济平稳较快增长。

会议确定了当前进一步扩大内需、促进经济增长的十项措施。一是加快建设保障性安居工程。加大对廉租住房建设支持力度，加快棚户区改造，实施游牧民定居工程，扩大农村危房改造试点。二是加快农村基础设施建设。加大农村沼气、饮水安全工程和农村公路建设力度，完善农村电网，加快南水北调等重大水利工程建设和病险水库除险加固，加强大型灌区节水改造。加大扶贫开发力度。三是加快铁路、公路和机场等重大基础设施建设。重点建设一批客运专线、煤运通道项目和西部干线铁路，完善高速公路网，安排中西部干线机场和支线机场建设，加快城市电网改造。四是加快医疗卫生、文化教育事业发展。加强基层医疗卫生服务体系建设，加快中西部农村初中校舍改造，推进中西部地区特殊教育学校和乡镇综合文化站建设。五是加强生态环境建设。加快城镇污水、垃圾处理设施建设和重点流域水污染防治，加强重点防护林和天然林资源保护工程建设，支持重点节能减排工程建设。六是加快自主创新和结构调整。支持高技术产业化建设和产业技术进步，支持服务业发展。七是加快地震灾区灾后重建各项工作。八是提高城乡居民收入。提高明年粮食最低收购价格，提高农资综合直补、良种补贴、农机具补贴等标准，增加农民收入。提高低收入群体等社保对象待遇水平，增加城市和农村低保补助，继续提高企业退休人员基本养老金水平和优抚对象生活补助标准。九是在全国所有地区、所有行业全面实施增值税转型改革，鼓励企业技术改造，减轻企业负担1 200亿元。十是加大金融对经济增长的支持力度。取消对商业银行的信贷规模限制，合理扩大信贷规模，加大对重点工程、“三农”、中小企业和技术改造、兼并重组的信贷支持，有针对性地培育和巩固消费信贷增长点。初步匡算，实施上述工程建设，到2010年底约需投资4万亿元。为加快建设进度，会议决定，今年四季度先增加安排中央投资1 000亿元，明年灾后重建基金提前安排200亿元，带动地方和社会投资，总规模达到4 000亿元。

思考：

本案例中所使用的财政政策和货币政策体现在哪些措施上？

任务一

认识宏观经济政策的种类

理论知识

一、宏观经济政策目标

（1）充分就业，是指所有资源得到充分利用，目前主要用人力资源作为充分就业的标准；充分就业不是指百分之百的就业，一般来说，充分就业允许的失业率低于4%。

（2）物价稳定，即把通货膨胀率维持在低而稳定的水平上。物价稳定是指一般物价水平即总物价水平的稳定；物价稳定并不是通货膨胀率为零的状态，而是维持一种能为社会所接受的低而稳定的通货膨胀率的经济状态，一般指通货膨胀率在10%以下。

（3）经济增长，保持合意的经济增长率。经济增长是指单纯的生产增长，经济增长率并不是越高越好，经济增长的同时必须带来经济发展；经济增长率一般是用实际国民生产总值的年平均增长率来衡量的。

（4）国际收支平衡，是指国际收支既无赤字又无盈余的状态。国际收支平衡是一个对外经济目标，必须注意和国内目标的配合使用，同时正确处理国内目标与国际目标的矛盾。

二、宏观经济政策工具

（一）需求管理

即通过调节总需求来达到一定政策目标的宏观经济政策工具。其内容包括财政政策和货币政策。这是凯恩斯主义重视的政策工具。

（二）供给管理

即通过调节总供给来达到一定政策目标的宏观经济政策工具。其内容包括税收政策、投资政策等方面。这是新古典经济学和供给学派重视的政策工具。

三、财政政策

财政政策是指政府变动财政收入和财政支出以影响社会总需求，进而调节就业和国民收入的政策。

（一）财政收入

（1）各项税收：包括增值税、营业税、消费税、土地增值税、城市维护建设税、资源税、城市土地使用税、印花税、个人所得税、企业所得税、关税、农牧业税和耕地占用税等。

（2）专项收入：包括征收排污费收入、征收城市水资源费收入、教育费附加收入等。

（3）其他收入：包括基本建设贷款归还收入、基本建设收入、捐赠收入等。

（二）财政支出

（1）中央政府支出：购买、转移支付、给地方政府的拨款和债务利息。

（2）地方政府支出：购买、转移支付、净利息支付、补贴减企业利润。

（三）宏观财政政策的运用

（1）赤字财政政策：在萧条时期，国民收入小于充分就业的均衡，总需求不足，所以政府应该增加政府支出、减少税收以便刺激总需求的扩大，减少失业。

（2）紧缩财政政策：在膨胀时期，存在过度需求，会引起通货膨胀，所以政府应该减少政府支出、增加税收以便抑制总需求，减少通货膨胀。

（3）平衡性财政政策：政府通过财政活动对社会总需求的影响保持在中性。

（四）财政政策的局限性

1. 有些财政政策的实施会遇到阻力

如增税一般会遭到公众的普遍反对，减少政府购买可能会引起大垄断资本的反对，削减政府转移支付则会遭到一般平民的反对。

2. 财政政策会存在“时滞”

首先，财政政策的形成过程需要较长的时间。因为财政政策的变动一般是一个完整的法律过程，这个过程包括许多专门委员会的讨论、政府部门的研究、各利益集团的院外活动等。这样，在财政政策最终形成并付诸实践时，经济形势可能已经发生意想不到的变化。因此，就会影响其所要达到的目标。其次，财政政策发挥作用也有时滞。有些财政政策对总需求有即时的作用。如政府购买的变动对增加总需求有直接而迅速的作用，减税对增加个人可支配收入有即时的作用，但对消费支出的影响则要一定时间后才会产生。

3. 公众的行为可能会偏离财政政策的目标（动态不一致）

如政府采取增支减税政策扩大总需求时，人们并不一定会把增加的收入用于增加支出，也可能转化为储蓄。

4. 非经济因素

除此之外，财政政策的实施，还要受到政治因素的影响（如选举等）。

（五）赤字财政政策

在经济萧条时期，财政政策是增加政府的支出，减少政府的税收，这就必然带来财政赤字。凯恩斯认为，财政政策应该为实现充分就业服务，因此必须放弃财政收支平衡的旧信条，实行赤字财政政策。20 世纪 60 年代，美国的凯恩斯主义经济学家强调要把财政政策从害怕赤字的框框下解放出来，以充分就业为目标来制定财政预算，而不管是否有赤字。这样，赤字财政就成了财政政策的一项重要内容。

凯恩斯主义经济学家认为，赤字财政政策不仅必要，而且可能。原因有三：第一，债务人是国家，债权人是公众。国家与公众的根本利益是一致的。政府的财政赤字是国家欠公众的债务，也就是自己欠自己的债务。第二，政府的政权是稳定的，这就决定了债务得偿还是有保证的，不会引起信用危机。第三，债务用于发展经济，使政府有能力偿还债务，弥补赤字。这就是所谓的“公债哲学”。

政府实施赤字财政政策是通过发行公债来进行的。公债并不是直接卖给公众或厂商，因为这样可能会减少公众与厂商的消费和投资，使赤字财政政策起不到应有的刺激经济的作用。公债是由政府财政部发行，卖给中央银行，中央银行向财政部支付货币，财政部就可以用这些货币进行各项支出，刺激经济。中央银行购买的政府公债，可以在金融市场上根据宏观经济形势进行买卖。

四、货币政策

（一）货币政策的基本知识

1. 银行制度

西方国家的银行主要分为两类：中央银行和商业银行。

中央银行是国家的银行。主要职责是：

（1）作为银行的银行，接受商业银行的存款，向商业银行发放贷款，并领导与监督银行的业务活动。

（2）代表国家发行纸币。

（3）运用货币政策调节经济。

商业银行是私人办的银行。其业务是：

（1）吸收存款。

（2）发放贷款。

（3）代客结算。

2. 创造货币的机制

法定准备率是中央银行以法律形式规定的商业银行在所吸收存款中必须保持的准备金的比例。商业银行体系所创造出的货币量与法定准备率成反比。

（二）凯恩斯主义的货币政策

1. 货币政策的机制

货币政策是通过对货币供给量的调节来调节利息率，再通过利息率的变动来影响总需求。所以，凯恩斯主义货币政策的直接目标是利息率，最终目标是总需求变动。

通过货币供给（M）的增减影响利率（r），利率的变化则通过资本边际效率的影响使投资（I）以乘数方式增减，而投资的增减会进一步影响总支出（E）和总收入（Y），即 $M \to r \to I \to E \to Y$，其中关键性因素是利率。

2. 货币政策工具

（1）公开市场业务：是中央银行在金融市场上买进或卖出有价证券。买进有价证券实际上就是发行货币，从而增加货币供应量。卖出有价证券实际上就是回笼货币，从而减少货币供应量。

（2）贴现政策：贴现是指商业银行向中央银行贷款的方式。商业银行向中央银行进行贴现所付的利息率称为贴现率。贴现政策包括变动贴现率与贴现条件，其中最重要的是变动贴现率。中央银行降低贴现率或放松贴现条件，使商业银行得到更多的资金，这样就可以增加对客户的放款，放款的增加又可以通过银行创造货币的机制增加流通中的货币供应量，降低利息率；反之，则提高利息率。

（3）准备金规定：商业银行吸收的存款中用作准备金的比率称为准备率。中央银行变动准备率可以通过对准备金的影响来调节货币供应量。

3. 货币政策的运用

在萧条时期，$AD < AS$，为了刺激 AD，就要运用扩张性的货币政策，即在公开市场买进有价证券，降低贴现率并放松贴现条件，降低准备率等。

在繁荣时期，$AD > AS$，为了抑制 AD，就要运用紧缩性的货币政策，即在公开市场卖出有价证券，提高贴现率并严格贴现条件，提高准备率等。

实训任务

到网上收集资料，分析我国现行财政政策和货币政策的内容，讨论其是否合理并分析原因。

任务二

分析经济中的自动稳定因素

理论知识

一、财政制度中的自动稳定器

具有内在稳定器作用的财政政策，主要是个人所得税、公司所得税，以及各种转移支付。

个人所得税和公司所得税有其固定的起征点和税率。当经济萧条时，由于收入减少，税收也会自动减少，从而抑制了消费和投资的减少，有助于减轻萧条的程度。当经济繁荣时，由于收入增加，税收也会自动增加，从而抑制了消费和投资的增加，有助于减轻由于需求过大而引起的通货膨胀。

失业补助与其他福利支出这类政府转移支付，有其固定的发放标准。当经济萧条时，由于失业人数和需要其他补助的人数增加，这类转移支付会自动增加，从而抑制了消费与投资的减少，有助于减轻经济萧条的程度。当经济繁荣时，由于失业人数和需要其他补助的人数减少，这类转移支付会自动减少，从而抑制了消费与投资的增加，有助于减轻由于需求过大而引起的通货膨胀。

二、农产品价格维持制度

（一）凯恩斯效应（利率效应）

凯恩斯利率效应，又名凯恩斯效应。在宏观经济中决定利率的主要因素是货币供求，而货币实际量是由名义货币量和物价水平决定的，当物价水平上升，名义货币量不变时，实际货币量减少，即实际货币供应量减少；实际货币供应量减少，引起利率上升（物价和利率同方向的这种变化称为利率效应）；利率上升的后果就是投资减少，而投资支出减少就会引发社会总需求减少。物价和总需求反方向的变化称为凯恩斯效应。

（二）庇古效应（实际货币余额效应）

庇古效应为宏观经济学中利率传导机制的一种，描述消费、金融资产和物价水平的相互关系。这一理论首先由英国古典经济学家阿瑟·庇古在20世纪30年代提出。实际货币余额（M/P）为家庭财富的一部分，随着物价水平 P 的下降，实际货币余额会增加，消费者会感到富有，并更多地进行支出（消费）。表示为：价格 P 下降→货币持有者会更加富有→支出（自发性消费）增加→产出 Y 增加。人们后来将依据这种理论提出的物价水平下降造成的金融资产实际价值增加，从而产生消费刺激的效应，称之为庇古效应。

物价水平的变化，将引起既定数量的金融资产的实际价值上升或下降。如果物价水平的上升与家庭现有可支配货币收入的上升相对应，则可使其实际收入不变；但是，由于物价水平变动对所拥有的资产有实际抑制效应，仍可能促使家庭实际消费支出减少。相反，如果物价水平的下降与家庭现有可支配货币收入下降比例相对应，那么它仍可以由于所拥有资产的实际价值上升产生刺激效应，增加消费支出。庇古认为，如果人们手中所持有的货币及其他金融资产的实际价值增加（当一国物价水平下降时），将导致财富增加，人们更加富裕，就会增加消费支出，因而将进一步增加消费品的生产和增加就业，促使经济体系重新恢复平衡。还应当特别指出的是，庇古效应只在货物和劳务市场中起作用；它与凯恩斯效应不同，凯恩斯效应只在债券市场中起作用。

（三）累进所得税效应

累进所得税（Progressive Income Tax）是指税率随着个人应纳税款的增加而上升

（直至达到某一点为止）的所得税制度。具体而言，就是根据收入的高低确定不同的税率，对高收入者按高税率征税，对低收入者按低税率征税。

三、相机抉择

相机抉择是指政府在运用宏观经济政策调节经济时，可以根据市场情况或各项调节措施的特点，机动地决定和选择采取哪一种或哪几种政策措施。为了提高宏观经济政策的调节效果，需要对财政政策和货币政策的特点有所了解。

（一）财政政策与货币政策的比较

1. 作用方向

财政政策与货币政策对三个主要变量即均衡产量、均衡就业和均衡价格水平的作用方向是一致的。但是，对利率和投资这两个次要变量作用的方向却相反。扩张的财政政策会导致利率的上升；而扩张的货币政策会导致利率的下降。扩张的财政政策会有挤出效应，导致投资的减少；而扩张的货币政策，不仅没有挤出效应，而且使利率下降，而推动投资的上升。

2. 传导机制

财政政策直接作用于商品市场，间接作用于货币市场。而货币政策直接作用于货币市场，间接作用于商品市场。

3. 时滞

政府财政政策的提出和实施受到的影响大，所需时间长。而货币政策由中央银行提出和实施，独立性强，所需时间短。

财政政策直接作用于 GDP，但对通货膨胀的作用则是间接而缓慢的。货币政策对通货膨胀的作用是直接而快捷的，但对 GDP 的影响却比较间接和缓慢。

4. 受 IS 和 LM 斜率影响的大小

IS 曲线陡峭，财政政策的作用明显，而货币政策的作用不明显。LM 曲线陡峭，财政政策的作用不明显，而货币政策的作用明显。

（二）财政政策与货币政策的配合

两种政策工具各有特点，所以在实践中，要把财政政策与货币政策进行必要的松紧搭配，也称政策组合。政策组合可由双紧、双松、松财政紧货币、松货币紧财政；而后两者各自的松紧的程度也可以有所不同。一国的宏观政策，还取决于该国的微观基础和整个制度环境：美国更适合使用货币政策；而在中国，货币政策的基础还不健全，财政政策就更为重要。

四、供给管理政策

（一）收入政策及其措施

收入政策是通过控制工资与物价来制止通货膨胀的政策，其目的是制止通货膨胀。收入政策有以下三种形式：

1. 工资与物价冻结

政府采用法律手段禁止在一定时期内提高工资与物价。

2. 工资与物价指导线

政府为了制止通货膨胀，根据劳动生产率的增长率和其他因素，规定工资与物价上涨的限度，其中主要是规定工资增长率。

3. 税收刺激计划

以税收为手段来控制工资的增长。即政府规定货币工资增长率，即工资指导线，以税收为手段来付诸实施。

（二）指数化政策及其措施

定期地根据通货膨胀率来调整各种收入的名义价值，以使其实际价值保持不变。主要的指数化措施有工资指数化和税收指数化。

（三）人力政策及其措施

人力政策又称就业政策，是一种旨在改善劳动市场结构，以减少失业的政策。常见的措施有鼓励人力资本投资、完善劳动市场、协助工人进行流动等。

（四）经济增长政策

这类政策主要表现在增加劳动力的数量和质量、资本积累、技术进步、计划与平衡增长等方面。

实训任务

1. 事例与评论

（1）人民币公开市场业务启动及其背景分析。

（2）我国经济是否陷入了“流动性陷阱”？

（3）我国近年财政政策的主要内容。

（4）“踩油门”与“踩刹车”——扩张与紧缩的矛盾。

2. 实务思考题

（1）假定政府考虑用紧缩政策：一是取消投资津贴，二是增加所得税。用 IS—LM 曲线和投资需求曲线表示这两种政策对收入、利率和投资的影响。

（2）假定经济起初处于充分就业状态，现在政府要改变总需求构成，增加私人投资而减少消费支出，但不改变总需求水平，试问应当实行什么样的混合政策？用 LS—LM 图形表示这一政策建议。

项目技能训练

一、单选题

1. 宏观经济政策的目标是（　　）。

A. 充分就业和物价稳定　　　　　　B. 经济增长

C. 国际收支平衡　　D. 以上都是

2. 凯恩斯主义所重视的政策工具是（　　）。

A. 需求管理　　B. 供给管理

C. 需求管理和供给管理并重　　D. 以上都不是

3. 根据需求管理的原理，应该抑制总需求的条件是（　　）。

A. 总需求大于总供给　　B. 总需求等于总供给

C. 总需求小于总供给　　D. 以上都是

4. 在以下政策工具中，属于需求管理的是（　　）。

A. 收入政策　　B. 人力政策　　C. 货币政策　　D. 指数化政策

5. 属于内在稳定器的财政政策工具是（　　）。

A. 政府购买　　B. 政府公共工程支出

C. 政府转移支付　　D. 政府投资

6. 当法定准备率为20%，商业银行最初所吸收的存款为10 000美元时，银行所能创造的货币总量为（　　）。

A. 2 000美元　　B. 8 000美元　　C. 20 000美元　　D. 50 000美元

7. 央行在公开市场上买卖有价证券的直接目的是（　　）。

A. 调节债券价格　　B. 调节利率

C. 调节货币供给量　　D. 调节总需求

8. 当经济中存在失业时，所采用的货币政策工具是（　　）。

A. 在公开市场上买进有价证券　　B. 提高贴现率并严格贴现条件

C. 提高准备率　　D. 提高利率

9. 在西方国家最常用的收入政策工具是（　　）。

A. 工资—物价冻结　　B. 工资与物价指导线

C. 税收刺激计划　　D. 改善劳动力市场

10. 紧缩性货币政策运用会导致（　　）。

A. 减少货币供给量，降低利率　　B. 增加货币供给量，提高利率

C. 增加货币供给量，降低利率　　D. 减少货币供给量，提高利率

二、判断题

1. 充分就业和物价稳定是一致的，只要达到其中一项，也就实现了另一项。（　　）

2. 内在稳定器可以消除经济萧条和通货膨胀。（　　）

3. 商业银行体系所能创造出来的货币量与法定准备率成反比，与最初存款成正比。（　　）

4. 凯恩斯主义货币政策的主要目标是实现充分就业，而货币主义货币政策的主要目标是实现物价稳定。（　　）

5. 提高贴现率和准备率都可以减少货币供给量。（　　）

6. 商业银行在法律上独立于中央银行，中央银行在道义上对商业银行进行的劝告根本不起作用。（　　）

7. 扩张性财政政策包括增加政府支出和增税。（　　）

8. 货币主义认为，货币政策应该是一项刺激总需求的政策。（　　）

9. 收入政策以控制工资增长率为中心，其目的在于制止成本推动的通货膨胀。（　　）

10. 工资指数化是按通货膨胀率来调整实际工资水平。（　　）

三、问答题

1. 宏观经济政策目标有哪些？

2. 凯恩斯主义货币政策的常用工具有哪些？如何运用？

参考文献

1. 高鸿业．西方经济学（第七版）．北京：中国人民大学出版社，2018.

2. 吴汉洪．经济学基础（第五版）．北京：中国人民大学出版社，2018.

3. 姜国刚，赵东安．西方经济学教程．北京：电子工业出版社，2012.

4. 路剑，王双进．简明西方经济学．北京：电子工业出版社，2012.

5. ［美］保罗·萨缪尔森，威廉·诺德豪斯．微观经济学．北京：人民邮电出版社，2012.

6. ［美］R. 格伦·哈伯德，安东尼·P. 奥布赖恩．经济学（微观）．北京：机械工业出版社，2011.

7. ［美］约瑟夫·E. 斯蒂格利茨，卡尔·E. 沃尔什．经济学．北京：中国人民大学出版社，2010.

8. ［美］罗伯特·弗兰克．牛奶可乐经济学（完整版）．北京：中国人民大学出版社，2010.

9. ［美］罗伯特·J. 巴罗．宏观经济学．北京：机械工业出版社，2009.

10. ［美］哈尔·R. 范里安．微观经济学：现代观点．上海：格致出版社，上海三联书店，上海人民出版社，2009.

11. 刘海源．经济学基础．北京：高等教育出版社，2009.

12. 任保平，宋宇．微观经济学．北京：科学出版社，2009.

13. 刘华．经济学基础．大连：大连理工大学出版社，2008.

14. 厉以宁．西方经济学．北京：高等教育出版社，2006.

15. 黎诣远．西方经济学概论．北京：高等教育出版社，2005.

16. 吴易风．西方经济学．北京：中国人民大学出版社，2003.

17. ［美］曼昆．经济学原理．北京：北京大学出版社，2001.

18. ［美］萨缪尔森．经济学．北京：中国发展出版社，1999.

19. ［英］凯恩斯．就业利息和货币通论．北京：商务印书馆，1983.

图书在版编目（CIP）数据

经济学基础/黄倩，秦川主编．—2版．—北京：中国人民大学出版社，2018.9
21世纪高职高专规划教材．商贸类系列
ISBN 978-7-300-26177-5

Ⅰ.①经… Ⅱ.①黄… ②秦… Ⅲ.①经济学-高等职业教育-教材 Ⅳ.①F0

中国版本图书馆CIP数据核字（2018）第201461号

产教融合、校企合作开发教材
财经内控体系建设科研创新团队成果教材
21世纪高职高专规划教材·商贸类系列
经济学基础（第二版）
主　编　黄　倩　秦　川
副主编　潘　伟　刘盛坤　涂　悦
参　编　周世兵　熊梦鸿　谢　睿　牟　莉　杨作亚
Jingjixue Jichu

出版发行	中国人民大学出版社		
社　　址	北京中关村大街31号	**邮政编码**	100080
电　　话	010－62511242（总编室）		010－62511770（质管部）
	010－82501766（邮购部）		010－62514148（门市部）
	010－62515195（发行公司）		010－62515275（盗版举报）
网　　址	http://www.crup.com.cn		
经　　销	新华书店		
印　　刷	北京七色印务有限公司	**版　　次**	2014年9月第1版
开　　本	787 mm×1092 mm　1/16		2018年9月第2版
印　　张	13.25	**印　　次**	2023年8月第2次印刷
字　　数	282 000	**定　　价**	29.00元